Richard Bozulich

Strategien und Taktiken des Go-Spiels

Was man wissen muss, nachdem man die Regeln gelernt hat

Hebsacker Verlag

Titel der Originalausgabe: „The Second Book of Go.
What You Need to Know After You‘ve Learned the Rules“

Aus dem Englischen von Martin Langer

www.hebsacker-verlag.de
www.go-spiele.de / www.go-games.eu

1. Auflage: Hamburg 2009, unveränderter Nachdruck 2012, 2017, 2018, 2020, 2022 und 2023

Druck und Verarbeitung: WIRmachenDRUCK GmbH, Backnang.

Printed in Germany, ISBN 978-3-937499-05-5

Inhalt

Vorwort

Dieses Buch ist für alle Go-Spieler geschrieben, die die Regeln kennen und einige der grundlegendsten Taktiken und Strategien bereits verstanden haben, da sie ein Einführungsbuch über das Spiel gelesen und bereits einige Partien gespielt haben. Es wird vorausgesetzt, dass man die Begriffe *Sente* (Vorhand) und *Gote* (Nachhand) versteht, weiß, was ein *Ko* ist, und in der Lage ist, die neutralen Punkte zu bestimmen sowie den Spielstand am Ende des Spiels zu zählen.[1]

Das Ziel dieses Buches ist es, diesen Neulingen eine weiterführende Einführung in jede Phase des Spiels zu geben und einige strategische Missverständnisse zu beseitigen, von denen Anfänger oft geplagt werden und die meist weitere Fortschritte behindern. Anfänger überschätzen für gewöhnlich die Verteidigung und bedenken nicht, dass Angriff die beste Verteidigung ist. Indem die gegnerischen Steine angegriffen werden, kann man meist zugleich die eigene schwache Stellung konsolidieren. Dieses Konzept vom allerersten Augenblick der eigenen Go-Karriere an zu beherzigen wird den Weg durch die Spielgrade nach oben ebnen. In diesem Zusammenhang sind das zweite und vierte Kapitel die wichtigsten und sollten auch noch für Spieler von Nutzen sein, die sich bereits seit Jahren mühen, ein höheres Spielniveau zu erreichen.

Allen Lesern mit wenig Spielpraxis wird empfohlen, dieses Buch parallel mit der vierbändigen Reihe *Graded Go Problems for Beginners* zu studieren.[2] Durch das Lösen der annähernd 1.500 Probleme in dieser Reihe wird es fast zur zweiten Natur, Steine zu fangen und zu bestimmen, ob Gruppen von Steinen tot oder lebendig sind.

Die vorliegende zweite Auflage ist eine vollständige Überarbeitung der 1987 veröffentlichten Erstausgabe. Sie ist neu organisiert und jetzt in zwei Teile geteilt: Strategie und Taktik. Da einige Kapitel der alten Ausgabe den Inhalt von *Go: A Complete Introduction to the Game* wiederholten, sind sie in dieser Ausgabe entfallen. Stattdessen sind zwei neue Kapitel über das Zählen von Freiheiten und Wettläufe um Leben und Tod (*Semeai*) eingefügt worden, die Richard Hunter verfasst hat. Es ist das erste Mal, dass eine derart umfassende Behandlung dieser Themen in englischer Sprache veröffentlicht wird. Den Autoren ist eine ähnlich detaillierte Behandlung – auch in der japanischen Literatur – nicht bekannt.

Zum Schluss soll John Power, David Thayer und James Davies für ihre Hilfe und Anregungen beim Schreiben dieses Buches gedankt werden. Besonderer

[1] Eine Übersicht über die in diesem Buch verwendeten japanischen Go-Termini ist am Ende des Buches abgedruckt.

[2] Eine Liste mit der in diesem Buch empfohlenen Go-Literatur ist ebenfalls am Ende dieses Buches abgedruckt.

Dank gebührt Rob van Zeijst für die Beispiele im dritten und vierten Kapitel. Dank gebührt auch Richard Hunter für Kapitel Sieben und Acht dieser Ausgabe und für das genaue Korrekturlesen der anderen Kapitel.

Januar 1998
Richard Bozulich

1. Teil : Strategie

Die Eröffnung ist der Teil einer Go-Partie, in dem man seine Strategie plant. Wohin man seine Steine setzt, bestimmt die Art von Partie, die man spielen wird. Das normale Vorgehen ist, wie im ersten Kapitel erläutert wird, in den Ecken zu beginnen, sich entlang der Seiten auszudehnen und sich dann in die Mitte zu bewegen. Während dieses Stadiums kommt es oft zu scharfen Auseinandersetzungen, die *Josekis* genannt werden. Die Wahl des richtigen *Josekis* ist strategisch äußerst anspruchsvoll, da man das Ergebnis im Verhältnis zu den anderen Steinen auf dem Brett bedenken muss. Für die grundlegenden *Josekis* im dritten Kapitel sind jeweils die Stellungen dargestellt, in denen diese *Josekis* gespielt werden können.

Im Gegensatz zu Gleichaufpartien ist die schwarze Strategie in Vorgabe-Partien einfacher, weil die vorgegebene Platzierung der Steine auf den Vorgabepunkten Schwarz einen enormen Entwicklungsvorsprung bietet. Da Weiß innerhalb der schwarzen Einflusssphäre spielen muss, wird er sich, wenn Schwarz seinen ursprünglichen Vorteil richtig nutzt, ständig in der Defensive befinden. Im zweiten Kapitel wird dargestellt, wie Schwarz die Initiative behalten kann und so den Weißen in der Defensive hält. Diese Methode wird in vier strategischen Grundsätzen für Vorgabepartien auf Seite 25 zusammengefasst.

Im Mittelspiel werden die abgesteckten Gebietsanlagen in Gebiet umgewandelt. Der Kern der Aufgabe besteht darin, schwache Gruppen zu identifizieren und sie so anzugreifen, dass sich die eigenen Einflusssphären zu gesichertem Gebiet verfestigen. Aufbauend auf Stellungen, die in den ersten drei Kapiteln erreicht worden sind, zeigt das vierte Kapitel dies anhand konkreter Beispiele. Das Kapitel endet mit fünf Grundsätzen, die als Leitlinien für die strategische Anlage des Mittelspiels dienen können.

Die Grundlagentexte, die normalerweise für die Themen in diesem Teil verwendet werden, sind *In the Beginning* von Ishigure Ikuro, *Get Strong at the Opening* von Richard Bozulich und *38 Basic Joseki* von Kosugi Kiyoshi und James Davies. Die beste Einführung in das Mittelspiel stellt sicherlich *Attack and Defense* von Ishida Akira und James Davies dar. Das richtige Buch über den Umgang mit starken feindlichen Stellungen ist *Get Strong at Invading* von Richard Bozulich. Mit diesen Büchern kann man sich die strategischen Grundlagen beim Go erarbeiten.

1. Kapitel: Eröffnungszüge

Gebiet abstecken

Beim Go versucht jeder Spieler, mehr Gebiet zu kontrollieren als sein Gegner. Um dies zu erreichen, sollte jeder Stein so effizient wie möglich gesetzt werden. Diagramm 1 zeigt drei verschiedene Stellungen. Unten rechts hat Schwarz neun Punkte Gebiet mit nur sechs Steinen gesichert. Links am Rand hat Schwarz ebenfalls neun Punkte Gebiet abgesteckt, aber er hat neun Steine verwendet. In der Mitte des Brettes haben die schwarzen Steine auch neun Punkte umschlossen, aber hier sind dafür zwölf Steine nötig.

Aus diesen Stellungen kann man ein wichtiges Konzept der Eröffnung (*Fuseki*) verallgemeinern: Es ist am einfachsten, Gebiet in der Ecke zu sichern, schwieriger am Rand und am schwierigsten in der Mitte. Das Gleiche gilt für die Augenform und das Leben. Daraus ergibt sich die Reihenfolge, in der starke Spieler im Allgemeinen ihre Züge machen: Zuerst spielen sie in den Ecken, dann dehnen sie sich entlang der Ränder aus und erst danach bewegen sie sich in die Mitte.

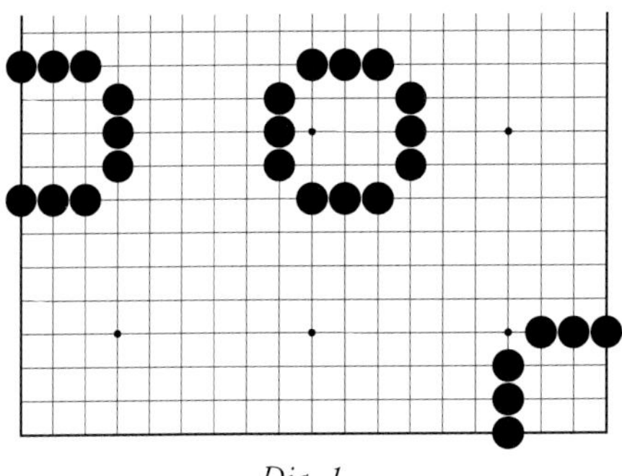

Dia. 1

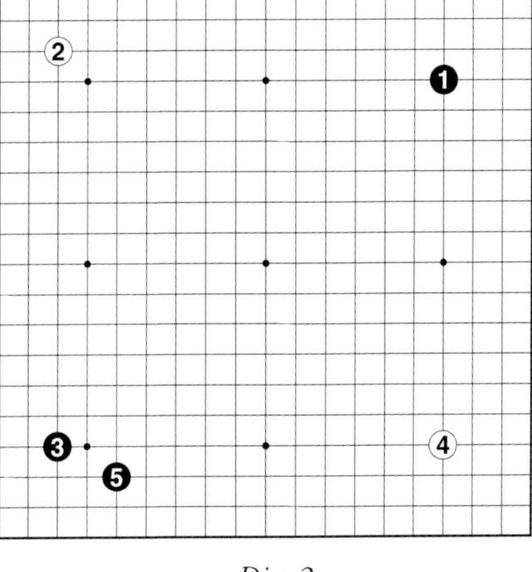

Dia. 2

Die Eröffnung einer Go-Partie, die in Diagramm 2 bis 4 exemplarisch dargestellt ist, folgt diesem Muster. Sowohl Schwarz als auch Weiß setzen in Diagramm 2 zunächst Steine in die Ecken. In Diagramm 3 werden Spielzüge entlang der Ränder gemacht. Schließlich werden in Diagramm 4 Züge in Richtung der Brettmitte gespielt.

Während der Eröffnung sollte das Ziel sein, Gebiet abzustecken. Es ist nicht so schlimm, wenn das Gebiet nicht sicher ist; Teile davon können bereits während der Eröffnung gesichert werden, das Meiste jedoch nicht. Erst im Mittelspiel folgt die Aufgabe, das abgesteckte Gebiet auch zu sichern. Ein Teil des beanspruchten

Gebietes wird dann gegnerisches Gebiet und Teile des gegnerischen Gebiets werden eigenes – das ist völlig normal. Es kommt darauf an sicherzustellen, immer ein Gleichgewicht auf dem Brett zu erhalten, wenn ein Gebietsaustausch stattfindet.

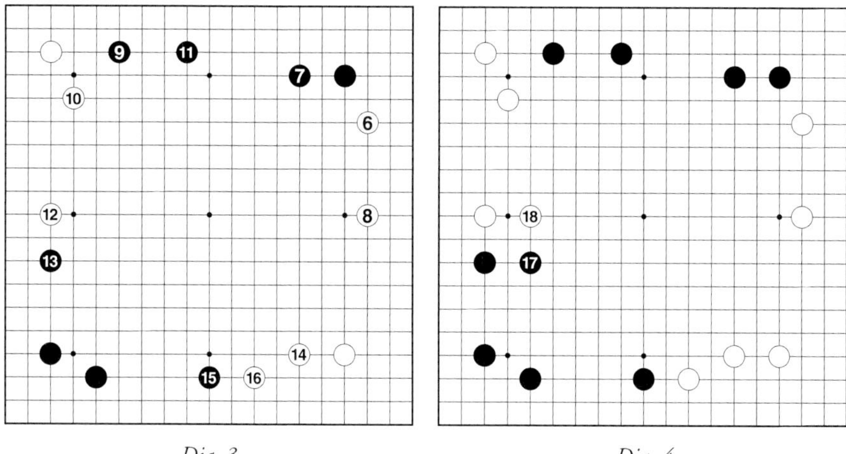

Dia. 3 *Dia. 4*

Eine schlechte Strategie ist es, die Züge nur auf einen Teil des Brettes zu konzentrieren. Man mag ein sicheres Gebiet bekommen, aber der Gegenspieler wird eine große Übermacht auf dem Rest des Brettes aufbauen, die man niemals ausgleichen wird. In Diagramm 5 konzentriert sich Schwarz darauf, ein absolut sicheres Gebiet unten rechts abzugrenzen, während Weiß seine Steine über das ganze Brett verteilt. Nach 17 Zügen hat Schwarz rund 30 Punkte sicheres Gebiet, aber Weiß hat einen Einfluss, der mehr als 100 Punkte wert ist. Schwarz kann

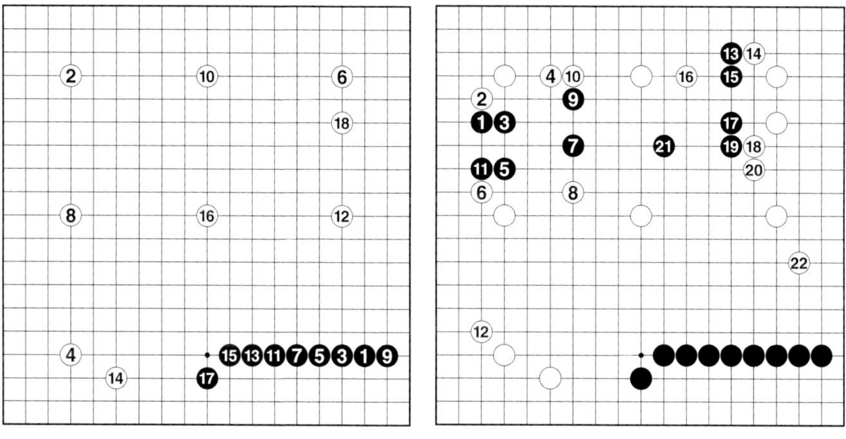

Dia. 5 *Dia. 6*

wahrscheinlich in einige dieser Einflussgebiete eindringen, aber er wird nicht in der Lage sein, die weiße Führung aufzuholen. Denn während Schwarz wie in Diagramm 6 invadiert, wird Weiß große Teile seines Gebiets sichern können. In der Tat ist allein das weiße Areal oben rechts nach Zug 22 ungefähr genauso groß wie das schwarze Gebiet unten rechts.

Züge in der Ecke

Es gibt fünf Standardpunkte, um den ersten Zug in der Ecke zu spielen. In Diagramm 7 steht Schwarz 1 auf dem 4-4-Punkt, dem sogenannten Sternpunkt (*Hoshi*). Dieser Zug wird gespielt, wenn man auf Einfluss spielen und seine Steine schnell entwickeln möchte. Man darf nicht erwarten, mit diesem Zug während der Eröffnung Gebiet zu sichern.

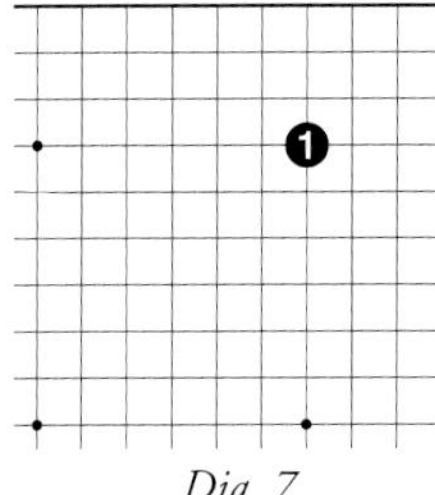

Dia. 7

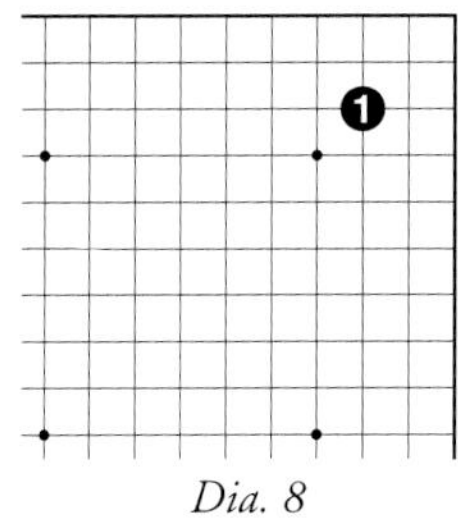

Dia. 8

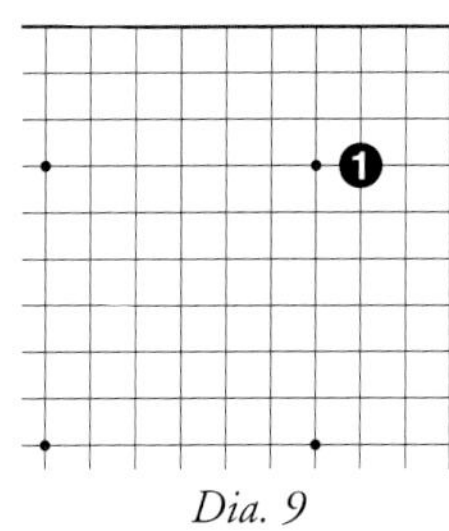

Dia. 9

Schwarz 1 in Diagramm 8 auf dem 3-3-Punkt (*San-San*) ist der Zug, der die Ecke mit einem Stein sichert. Sein Einfluss in Richtung Brettmitte ist jedoch gering.

Schwarz 1 in Diagramm 9 auf dem 3-4-Punkt (*Komoku*) ist auch ein gebietsorientierter Zug, aber er betont etwas stärker die rechte Seite. Wenn Schwarz hier zieht, erwartet er sowohl Gebiet auf der rechten Seite als auch ein wenig in der Ecke.

Schwarz 1 in Diagramm 10 auf dem 5-3-Punkt (*Mokuhazushi*) betont stark die obere Seite. Der Großteil der Ecke wird Weiß zugestanden.

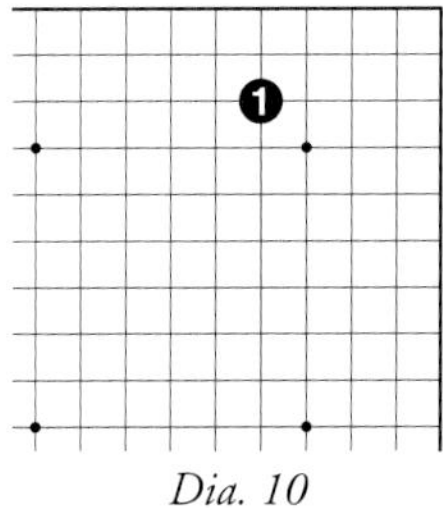

Dia. 10

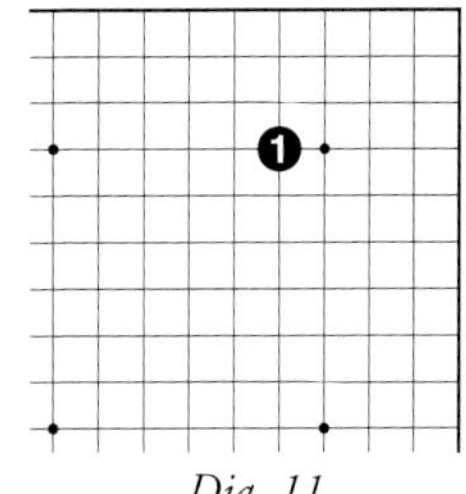

Dia. 11

Schwarz 1 in Diagramm 11 auf dem 5-4-Punkt (*Takamoku*) gesteht die Ecke vollständig Weiß zu und zielt auf Einfluss in die Mitte und entlang der oberen Seite.

Der 6-3-Punkt, der 6-4-Punkt und der 5-5-Punkt werden gelegentlich als Eröffnungszüge gespielt, sie sind jedoch nicht Standard und für jemanden, der gerade mit Go anfängt, nicht zu empfehlen. Man sollte im Übrigen darauf achten, dass es strategisch unklug ist, zu Beginn einer Partie auf der zweiten Linie zu spielen.

Eckabschlüsse

Wenn ein Spieler seinen Stein in einer Ecke gesetzt hat, ist eine mögliche Fortsetzung, dort unmittelbar einen weiteren Stein zu spielen, um den eigenen Gebietsanspruch zu verfestigen. Solche Züge werden Eckabschlüsse (*Shimari*) genannt. Auch wenn Eckabschlüsse enge Züge sind, ist es eine gute Strategie, sie zu spielen. Es gibt drei Standard-Eckabschlüsse: den kleinen Rösselsprung (*Kogeima-Shimari*), den großen Rösselsprung (*Ogeima-Shimari*) und den 1-Punkt-Sprung (*Ikken-Shimari*).

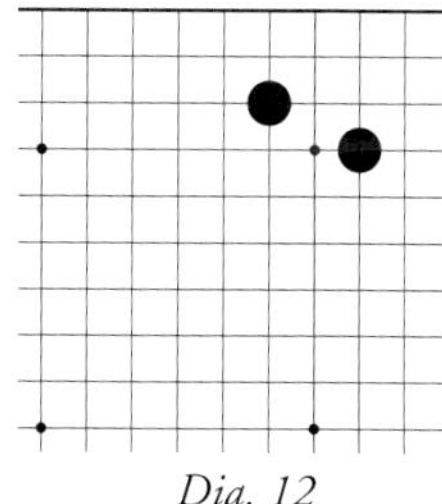

Dia. 12

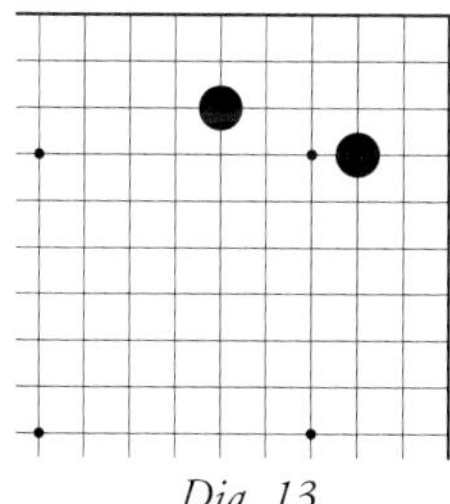

Dia. 13

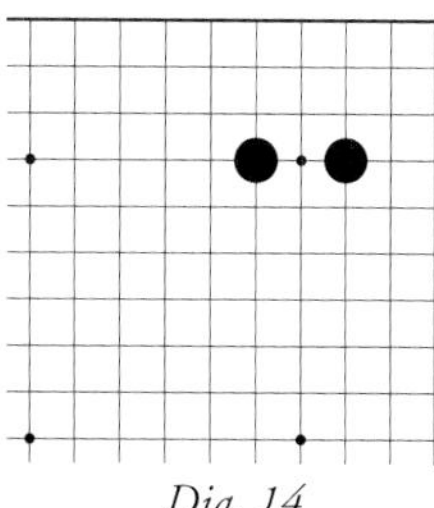

Dia. 14

Die Formation in Diagramm 12 ist ein *Kogeima-Shimari*. Dieser Eckabschluss sichert das Eckgebiet fest, aber er ist etwas schwach zur Mitte hin.

Diagramm 13 zeigt das *Ogeima-Shimari*. Es sichert ebenfalls die Ecke, ist aber lockerer als Diagramm 12 und auch schwach bezüglich des Einflusses in die Mitte. Auch wenn Schwarz die Ecke gesichert hat, könnte es Weiß noch gelingen, Schwarz das Gebiet in der Ecke abzunehmen, im Austausch aber würde Schwarz dann aber Einfluss zum Zentrum erhalten.

Wenn Schwarz Wert auf die Mitte legt, wird er das *Ikken-Shimari* in Diagramm 14 spielen. Das Gebiet in der Ecke ist dann aber nicht so sicher wie in Diagramm 12, weil dieses *Shimari* nach links hin offen ist.

Die Eckabschlüsse in Diagramm 12 und 14 sind derzeit die populärsten, aber auch das Ogeima-Shimari in Diagramm 13 wird häufig gespielt. Es gibt andere, weiterfassende Abschlüsse, aber die sind weder Standard noch für Neulinge sauber anzuwenden.

Annäherungszüge

Abhängig von der eigenen Strategie, möchte man den Gegner davon abhalten, einen Eckabschluss zu machen. In diesen Fällen werden Annäherungszüge (*Kakari*) gespielt.

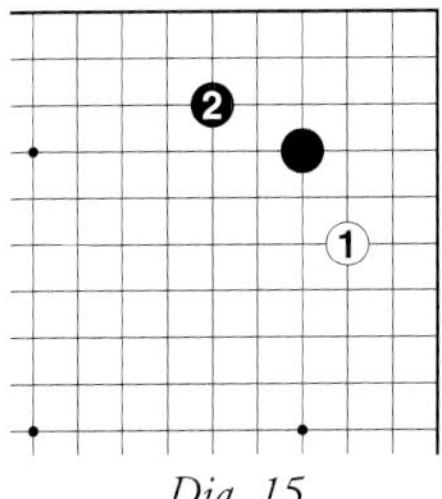
Dia. 15

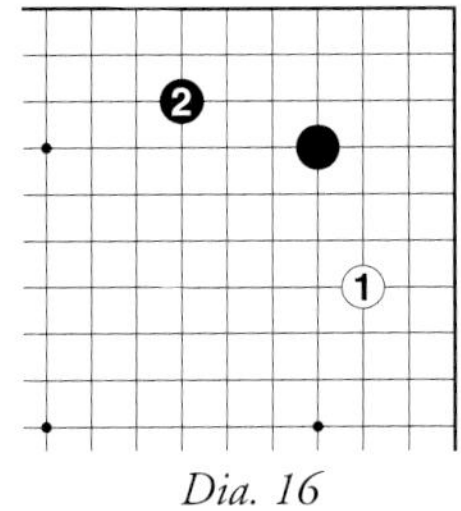
Dia. 16

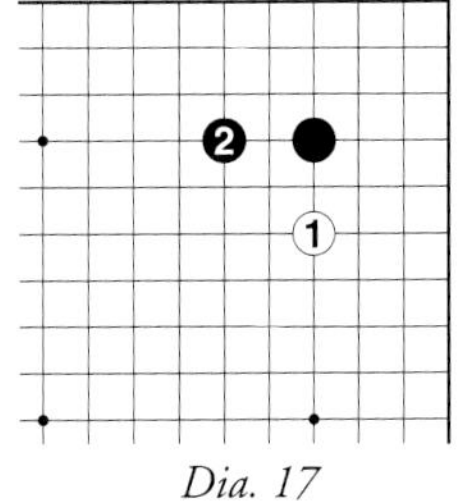
Dia. 17

Diagramm 15 bis 18 zeigen die verschiedenen Annäherungszüge, die gegen einen Stein auf dem 4-4-Punkt gespielt werden können. Mögliche schwarze Erwiderungen sind ebenfalls dargestellt.

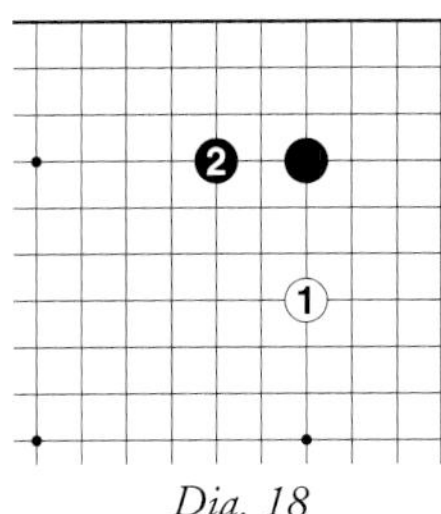
Dia. 18

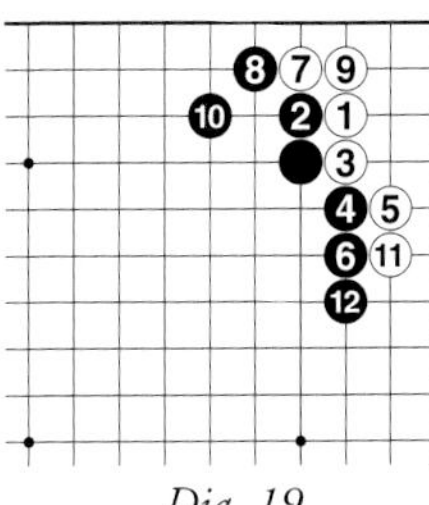
Dia. 19

Invadieren auf dem 3-3-Punkt in Diagramm 19 ist eine weitere Möglichkeit. In diesem Fall zeigt die Sequenz bis Schwarz 12 das zu erwartende Ergebnis: Weiß erhält sicheren Gewinn in der Ecke, aber Schwarz starken Außeneinfluss.

Diagramm 20 und 21 zeigen Annäherungszüge, die gewöhnlich gegen einen Stein auf dem 3-3-Punkt gespielt werden, sowie mögliche schwarze Erwiderungen.

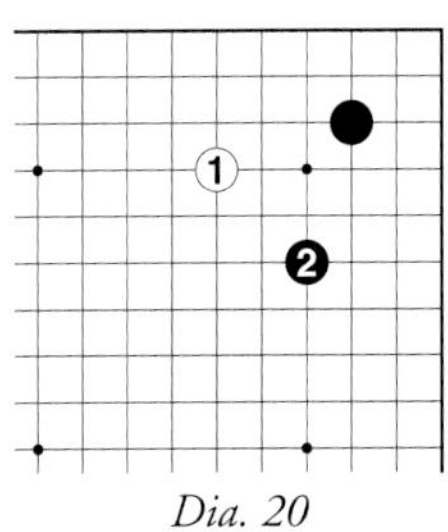
Dia. 20

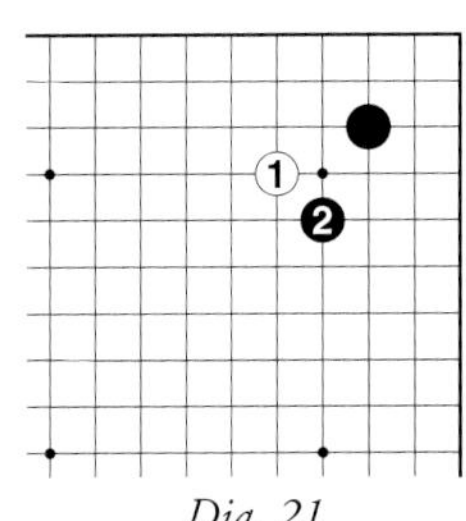
Dia. 21

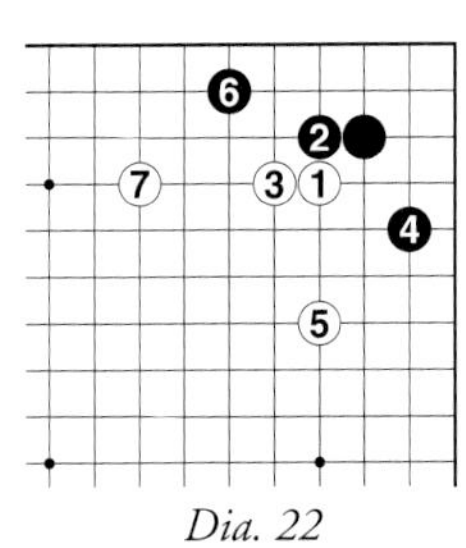
Dia. 22

Mit Weiß 1 in Diagramm 22 direkt über den schwarzen Stein auf dem 3-3-Punkt zu ziehen, ist ein starker Zug. Die Sequenz bis Weiß 7 ergibt für Schwarz sicheren Gewinn in der Ecke und Weiß erhält Einfluss nach außen.

Gegen einen Stein auf dem 5-4-Punkt ist der normale Zug Weiß 1 in Diagramm 23. Diagramm 24 zeigt eine typische Sequenz, die sich aus diesem Zug ergibt: Schwarz erhält äußeren Einfluss, während Weiß Gewinn in der Ecke bekommt.

Einem Stein auf dem 5-3-Punkt wird sich Weiß gewöhnlich mit a oder b in Diagramm 25 annähern. Wenn Weiß a spielt, kann Schwarz auf Einfluss zielen, indem er mit 2 und 4 in Diagramm 26 drückt und sich dann entlang des oberen Randes mit 6 ausdehnt. Im Gegenzug erhält Weiß Gebiet entlang der rechten Seite.

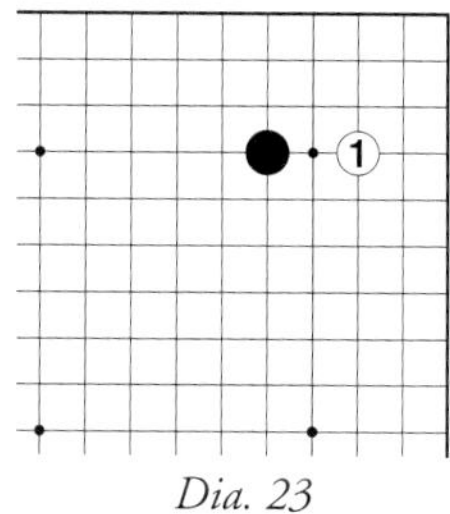

Dia. 23

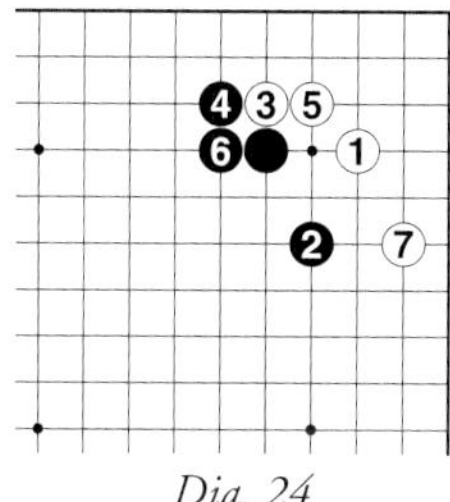

Dia. 24

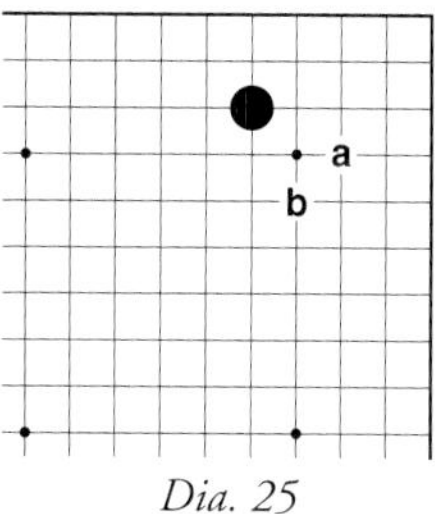

Dia. 25

Wenn Weiß sich mit 1 in Diagramm 27 annähert, kann sich Schwarz mit 2 und 4 Gebiet in der Ecke sichern, während Weiß mit 5 eine Stellung entlang der rechten Seite aufbaut.

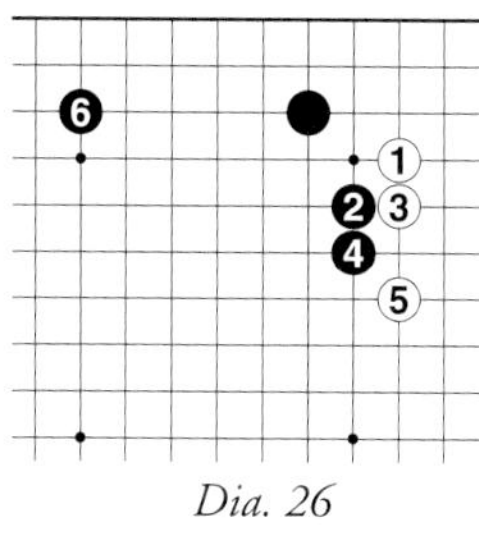

Dia. 26

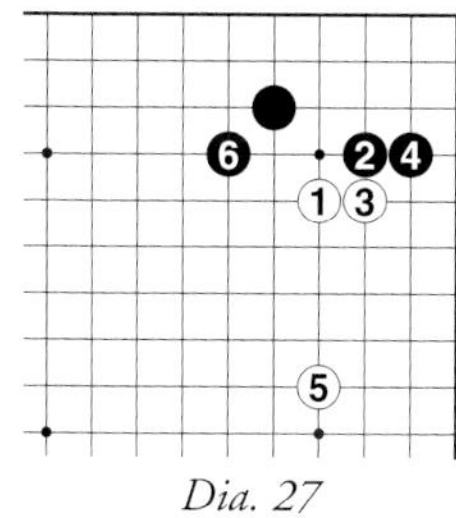

Dia. 27

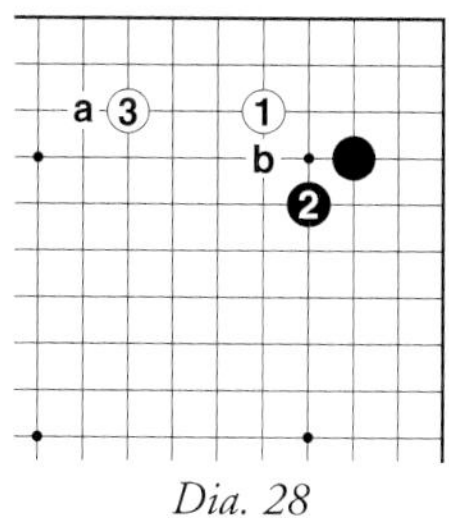

Dia. 28

Gegen einen Stein auf dem 3-4-Punkt gibt es zwei übliche Annäherungszüge: Der eine ist Weiß 1 in Diagramm 28. Der Diagonalzug auf Schwarz 2 ist eine mögliche Erwiderung, worauf sich Weiß auf 3 oder a ausdehnen kann. Dabei sichert er eine Stellung am oberen Rand. Statt auf 1 könnte Weiß sich auch auf b annähern.

Klemmzüge

Den Annäherungszug Weiß 1 mit dem Klemmzug (*Hasami*) auf 2 in Diagramm 29 anzugreifen ist sehr druckvoll, da Weiß davon abgehalten wird, sich entlang der Seite auszudehnen. Weiß muss mit 3 in Diagramm 30 in die Mitte ziehen. Die Sequenz bis 15 ist ein mögliches Ergebnis: Schwarz bekommt Gebiet auf der rechten und oberen Seite, während Weiß eine Stellung zur Mitte hin etabliert.

Der Klemmzug in Diagramm 29 ist ein strenger Angriff und kann zu heftigen Kämpfen führen. Andere mögliche Klemmzüge für Schwarz sind a bis e in Diagramm 31. Die Auswahl hängt jeweils von der Stellung der Steine in den anderen Ecken des Brettes ab.

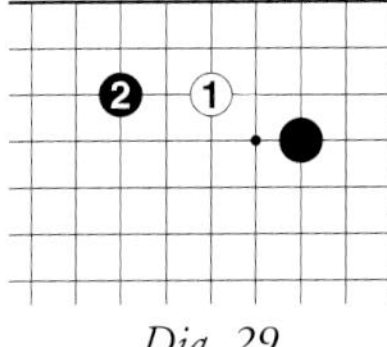

Dia. 29

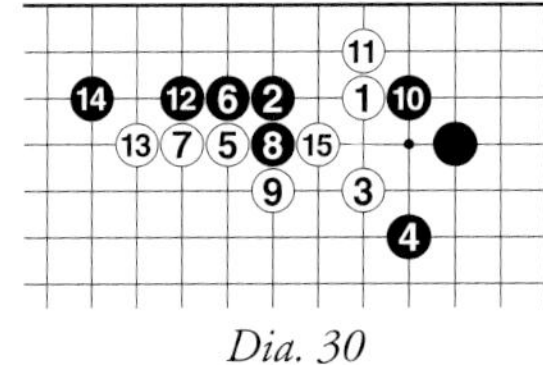

Dia. 30

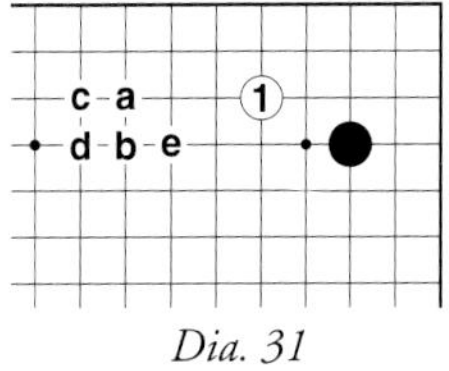

Dia. 31

Wenn Schwarz den hohen Klemmzug 2 in Diagramm 32 spielt, bildet die Sequenz bis Schwarz 6 eine der Standardabfolgen (*Joseki*), die entstehen können. Schwarz hat Gebiet auf der rechten Seite abgesteckt, während Weiß einen Teil der Ecke besetzt.

Schwarz 2 in Diagramm 33 ist gegen einen Annäherungszug der weitest mögliche Klemmzug. Die Sequenz bis Weiß 9 ist eines der *Josekis*, das sich nach diesem Klemmzug ergibt.

Der Grund, warum Schwarz 2 in Diagramm 34 keinen Klemmzug darstellt, ist der, dass er Weiß erlaubt, eine ideale 2-Punkt-Ausdehnung auf 3 zu spielen. Ein Zug wie Schwarz 2 wird allgemein als zu nachgiebig angesehen.

Wenn Weiß einen hohen Annäherungszug wie 1 in Diagramm 35 spielt, ist das gleiche Sortiment von Klemmzügen wie auf Weiß 1 in Diagramm 31 verfügbar, d.h. a bis f, zusätzlich können die Züge g bis i gespielt werden. Die entstehenden

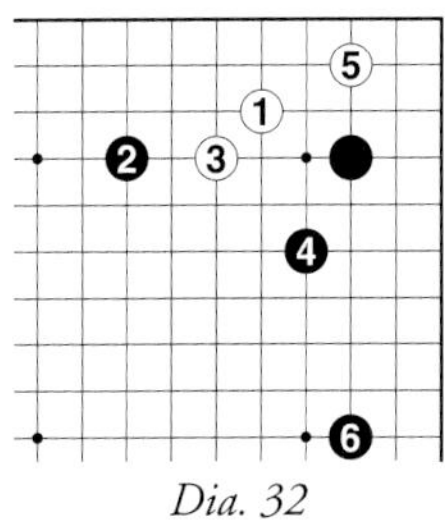

Dia. 32

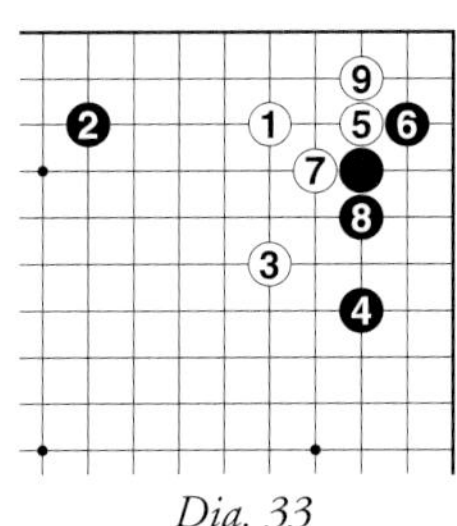

Dia. 33

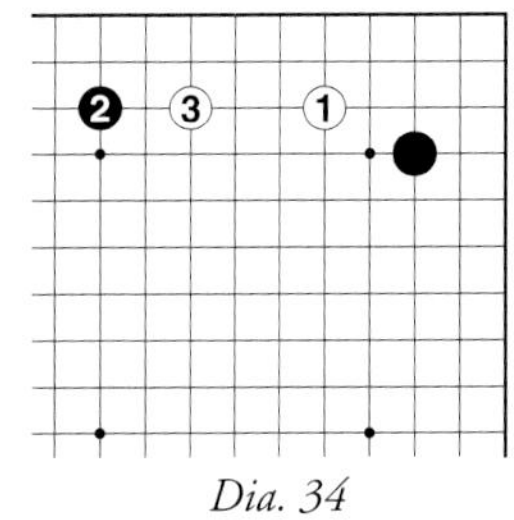

Dia. 34

Josekis sind häufig sehr komplex; alles, was man sich für den Fall merken muss, wenn man sich mit einem Klemmzug konfrontiert sieht, ist, in die Mitte heraus zu ziehen. Ein typisches Beispiel für diese Strategie zeigt Diagramm 36.

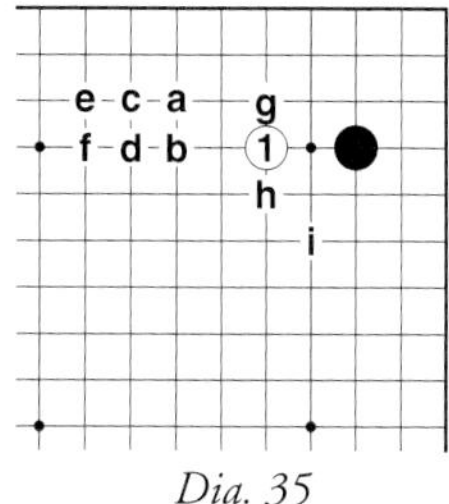

Dia. 35

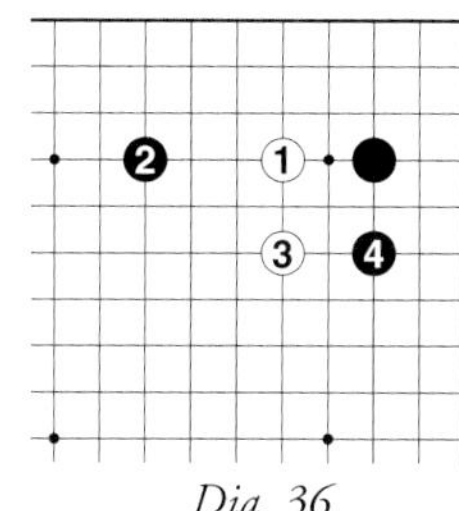

Dia. 36

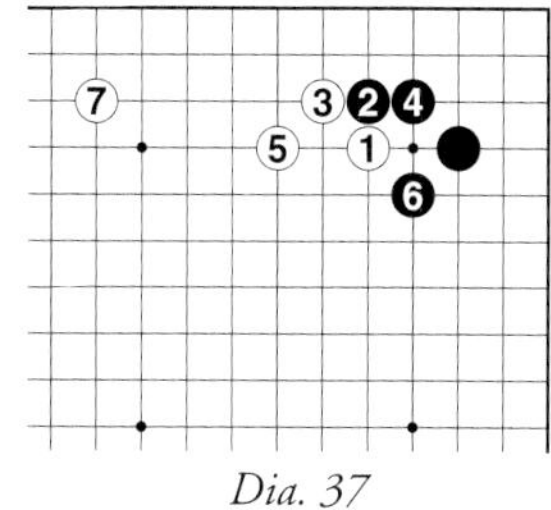

Dia. 37

Anlegen an einen Annäherungszug mit 2 in Diagramm 37 führt zu einem wichtigen *Joseki.* Bis Weiß 7 sichert sich Schwarz Profit in der Ecke, während Weiß am oberen Rand gewinnt. Eine andere Variation dieses *Josekis* ist in Diagramm 38 dargestellt.

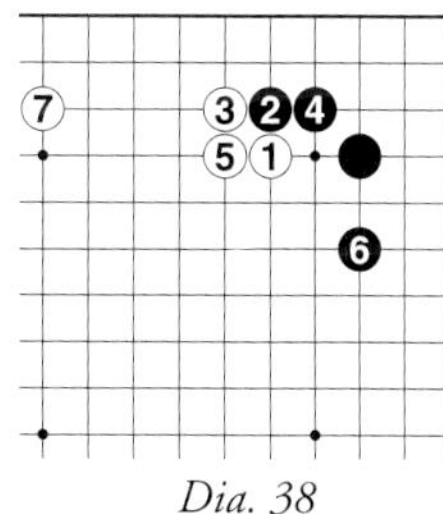

Dia. 38

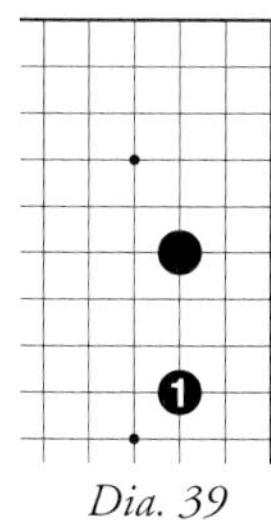

Dia. 39

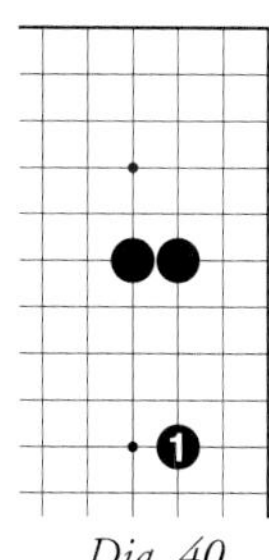

Dia. 40

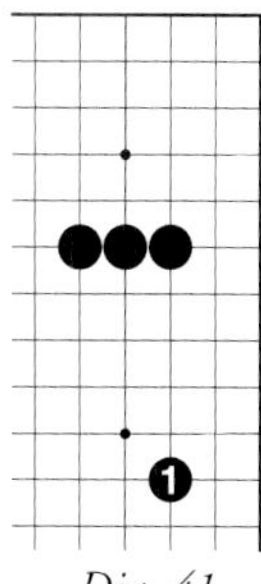

Dia. 41

Ausdehnungen

Wenn man sich in den Ecken etabliert hat, folgt als nächster Schritt die Ausdehnung entlang der Ränder. Diese Ausdehnungen sollten jedoch nicht nur in Übereinstimmung mit den eigenen Steinen gespielt werden, sondern sie sollten auch möglichst die Pläne des Gegners durchkreuzen.

Ausdehnungen müssen effektiv gespielt werden – nicht zu nah oder zu weit. Für einen einzelnen Stein auf der dritten Linie ist eine 2-Punkt-Ausdehnung wie Schwarz 1 in Diagramm 39 ideal. Wenn man, wie in Diagramm 40, eine Mauer aus zwei Steinen hat, ist eine 3-Punkt-Ausdehnung am besten. Falls Weiß invadiert, kann man ihn gegen die Mauer drücken und ihn entweder töten oder einen anderen Ausgleich erhalten. Eine Mauer aus drei Steinen wie in Diagramm 41 ermöglicht eine 4-Punkt-Ausdehnung, und so weiter. Dies ist jedoch keine eiserne

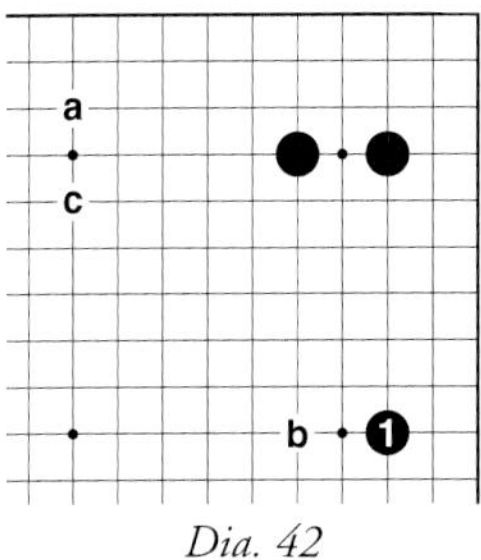

Dia. 42

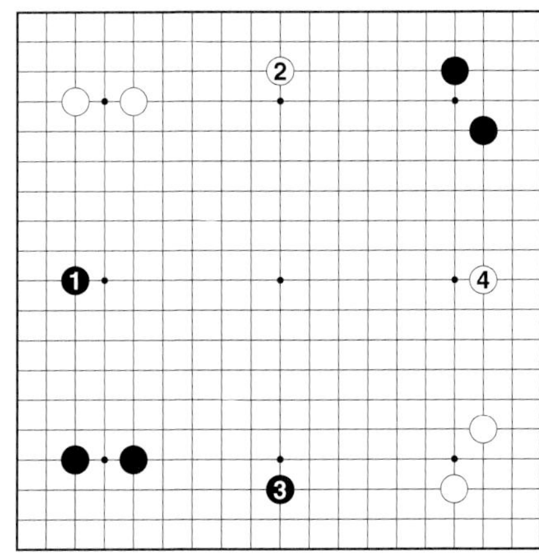
Dia. 43

Regel: Das eine Mal wird man sich ein bisschen weiter ausdehnen wollen, ein anderes Mal sollte man besonnen sein und sich weniger ausdehnen. Die beste Ausdehnung wird immer durch die aktuelle Brettstellung bestimmt.

Ein Eckabschluss kann als Mauer betrachtet werden und man sollte sich von ihm in senkrechter Richtung zu den beiden Steinen ausdehnen, so zum Beispiel mit Schwarz 1 in Diagramm 42. Eine Ausdehnung parallel zur Linie durch die Eckabschlusssteine (a in Diagramm 42) ist sicher ein großer Zug, aber wenn man nur die lokale Stellung betrachtet, ist Schwarz 1 effektiver. Der Grund ist folgender: Ein weiterer Stein auf b zusätzlich zu 1 baut einen effektiveren Gebietskasten, als er mit Schwarz a und c entstehen würde.

In Diagramm 43 gibt es zwei schwarze und zwei weiße Eckabschlüsse auf dem Brett. Da sich auf der linken Seite schwarze und weiße Eckabschlüsse gegenüber stehen, ist Schwarz 1 der wichtigste Punkt. Weiß 2 und Schwarz 3 sind gleichwertig, denn sie reduzieren beide den Einfluss des jeweils gegnerischen Eckabschlusses. Weiß 2 auf 3 wäre genauso gut, aber dann würde Schwarz mit 3 auf 2 spielen. Da Weiß 4 nicht in der Richtung liegt, in die die beiden Eckabschlüsse rechts ihren Einfluss ausstrahlen, ist er der unwichtigste der vier Züge.

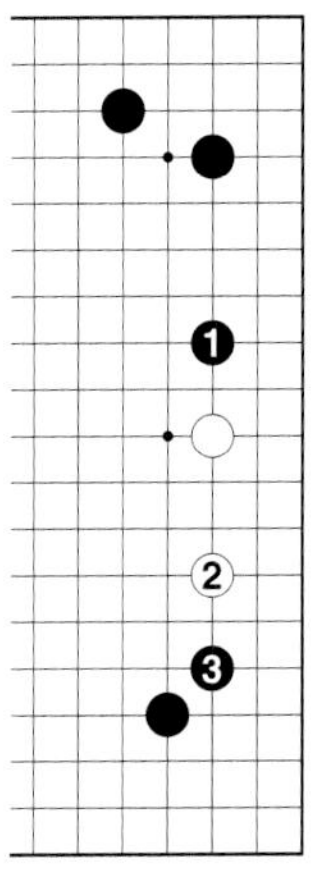
Dia. 44

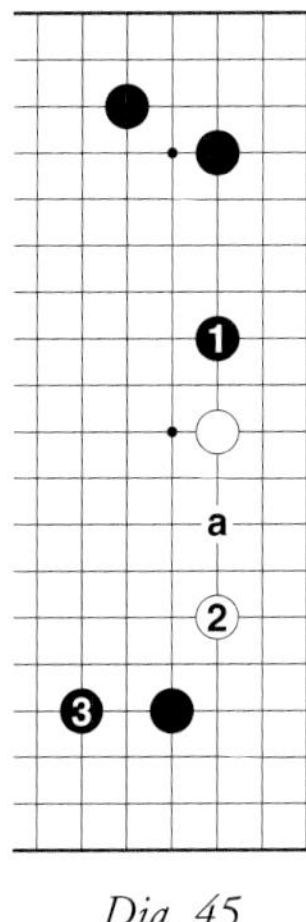

Dia. 45

Wenn man einen Stein auf dem 4-4-Punkt, dem 3-3-Punkt oder einen Eckabschluss hat, wird man sich gewöhnlich wie in Diagramm 43 bis zur Mitte des Randes ausdehnen. Stehen jedoch auch gegnerische Steine an diesem Rand, wird man nicht in der Lage sein, sich so weit auszudehnen. In Diagramm 44 besetzt Weiß den Mittelpunkt der rechten Seite, daher kann Schwarz sich nur bis 1 ausdehnen. Daraufhin spielt Weiß mit 2 eine 2-Punkt-Ausdehnung und etabliert eine Basis für seine Steine – dies ist ein natürlicher Abtausch. Weiß könnte sich auch mit 2 in Diagramm 45 ausdehnen, aber nach 3 zielt Schwarz auf eine Invasion auf a. Wenn Weiß es unterlässt, sich auf 2 in Diagramm 44 oder 45 auszudehnen, wird der einsame weiße Stein durch 1 in Diagramm 46 unter Druck gesetzt.

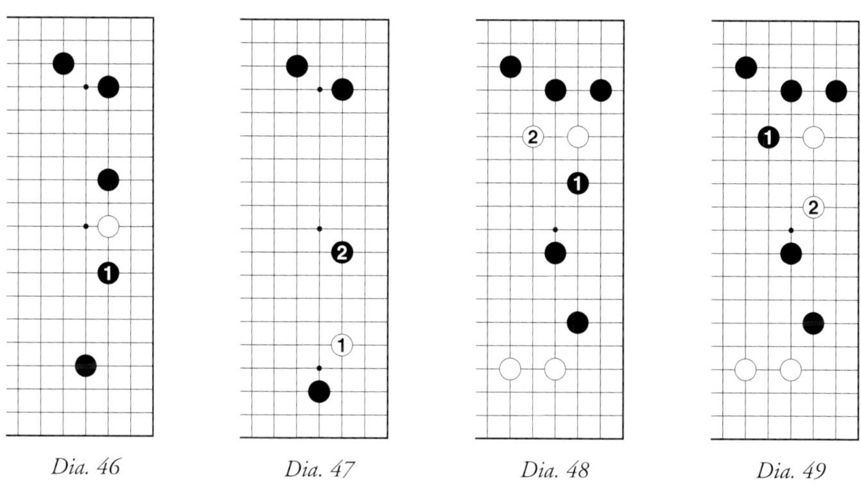

Dia. 46 *Dia. 47* *Dia. 48* *Dia. 49*

Die besten Züge sind die, die mehr als einen Zweck verfolgen, also z.B. Züge, die Gebiet machen, während sie angreifen. Gelegenheiten, solche Züge zu spielen, tauchen während der Eröffnung häufig auf. In Diagramm 47 macht Weiß mit 1 einen Annäherungszug. Als Erwiderung spielt Schwarz 2. Dieser Zug ist sowohl ein Klemmzug als auch eine Ausdehnung – Schwarz 2 steckt mit dem Eckabschluss oben eine lockere Gebietsanlage ab und setzt den weißen Stein auf 1 unter Druck.

Schwarz 1 in Diagramm 48 folgt der gleichen Idee. Das schwarze Gebiet wird mit 1 größer, während Weiß gezwungen wird, mit 2 in die Mitte zu springen, ein Zug dessen einziger Wert in der Verteidigung liegt – er greift weder an noch macht er Gebiet.

Man vergleiche Diagramm 48 mit 49, wo Schwarz oben mit 1 angreift und Weiß auf 2 spielt. Der Unterschied ist erschreckend: Die weißen Steine sind sicher geworden, während die schwarzen Steine darunter unsicher geworden sind. Der Gebietsunterschied zwischen den beiden Diagrammen beträgt mehr als zwanzig Punkte.

Beispielpartien

Diagramm 50 zeigt die Eröffnung der fünften Partie des Kisei-Titelkampfes von 1986. Sie ist ein gutes Beispiel dafür, wie Ausdehnungen während der Eröffnung gespielt werden. Nachdem beide Seiten mit den ersten Zügen die Ecken besetzt haben, spielt Weiß auf 6, um die schwarze Vorherrschaft auf der rechten Seite zu begrenzen. Anstatt auf 7 hätte Schwarz sich auch auf a ausdehnen können, aber es ist normalerweise größer, eine Ausdehnung von einem Eckabschluss aus statt von einem einzelnen Stein auf 4-4 aus zu spielen. Schwarz 9 und 11 sind Standarderwiderungen. Die obere rechte Ecke ist nun fast sicheres Gebiet. Weiß 12 kann sowohl als Ausdehnung von dem Stein auf 10 als auch von dem Stein auf 2 betrachtet werden. In diesem Sinne handelt es sich um einen Zug mit einem doppelten Zweck.

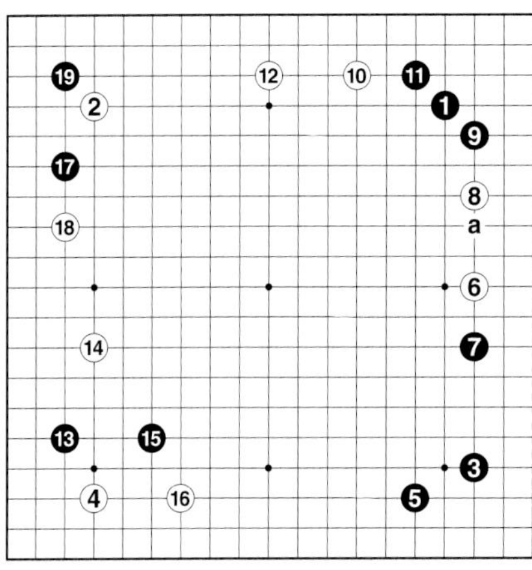

Dia. 50

Das Spiel auf der rechten Seite ist jetzt zu einem vorläufigen Abschluss gekommen und die linke Seite gerät in das Zentrum der Aufmerksamkeit. Die Züge 13 bis 16 sind ein *Joseki*, danach spielt Schwarz auf 17 den letzten Annäherungszug. Das gibt Weiß die Gelegenheit, auf 18 zu spielen, was einen starken Klemmzug mit einer Ausdehnung von 14 kombiniert. Mit der Invasion auf 19 beginnt danach das Mittelspiel.

Diagramm 51 zeigt ein Spiel aus der Vorrunde des Kisei-Turniers von 1986. Nachdem das *Joseki* unten rechts bis Zug 12 ausgespielt ist, ist die Ausdehnung auf 13 ein großer Zug. Wegen der hohen Stellung von 12 ist die weiße Gruppe unten offen und braucht eigentlich einen weiteren Stein, um eine sichere Basis zu erhalten. Es besteht jedoch keine große Gefahr für diese Steine und da eine schnelle Entwicklung in der Eröffnung wichtig ist, spielt Weiß links auf 14. Das ist ein Zug mit zwei Zielen: Er ist eine Ausdehnung

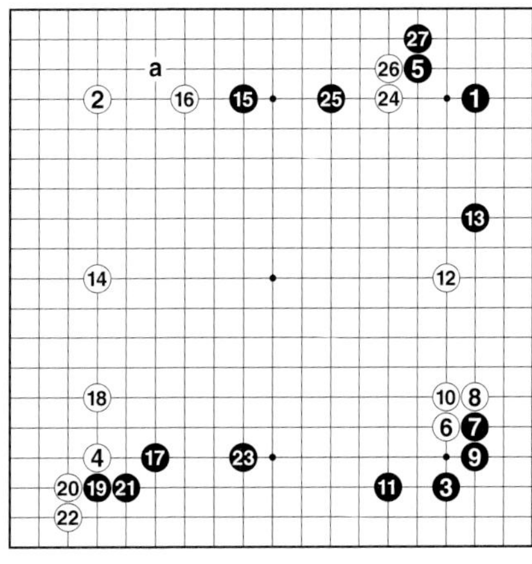

Dia. 51

sowohl von dem Stein auf 2 als auch von dem Stein auf 4. Die Formation Weiß 2-4-14 übt einen starken Einfluss zur Mitte hin aus und hat auf Japanisch einen eigenen Namen: *San-Ren-Sei*. Sie kann in gewissem Sinne mit einem Eckabschluss verglichen werden, der sich über die gesamte linke Seite ausdehnt und dessen Einfluss auf das gesamte Brett strahlt.

Schwarz 15 soll diesen Einfluss reduzieren. Er dient aber auch als eine Ausdehnung vom schwarzen Eckabschluss in der oberen rechten Ecke. Und er zielt auf a als Fortsetzung, denn dieser Zug würde für Schwarz oben eine hervorragende Stellung ergeben. Weiß 16 beugt dem vor und dient zugleich als Ausdehnung von dem Stein auf 2.

Als nächstes spielt Schwarz einen Annäherungszug auf 17. Die Abfolge bis 23 ist ein *Joseki*. Das weiße Gebiet in der unteren linken Ecke ist danach weitgehend gesichert, während Schwarz eine Stellung am unteren Rand etabliert hat.

Weiß 24 entspricht einem Annäherungszug und Schwarz 25 wird sowohl zu einem Klemmzug als auch zu einer Ausdehnung.

Diagramm 52 zeigt die erste Partie des Meijin-Titelkampfes von 1985. Vor der Ausdehnung auf 17 auf der rechten Seite wechselt Schwarz zu 9 und spielt bis 15 ein *Joseki* aus, um eine Basis auf der linken Seite zu etablieren. Man beachte dabei, dass Weiß 10 sowohl ein Klemmzug gegen 9 als auch eine Ausdehnung von 2 aus ist.

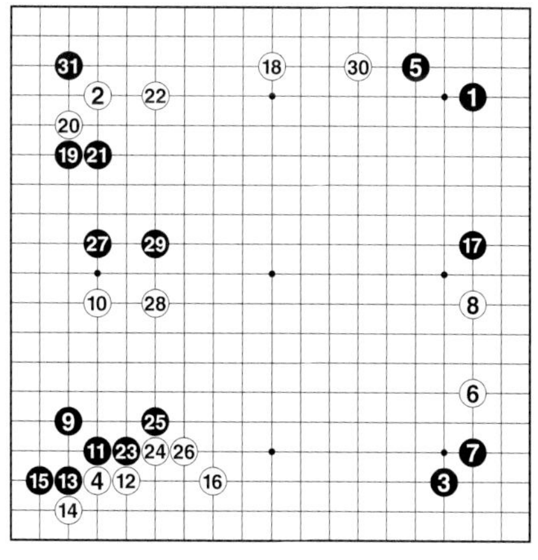

Dia. 52

Nachdem Schwarz von seinem Eckabschluss eine Ausdehnung nach 17 gespielt hat, dehnt sich Weiß mit 18 oben von 2 aus. Schwarz macht mit 19 den letzten Annäherungszug. Weiß 20 und Schwarz 21 sind ein Standardabtausch.

Vor der Ausdehnung auf 27 spielt Schwarz mit 23 und 25 zwei Züge, die jeweils eine weiße Reaktion erzwingen. Er errichtet so eine Mauer, die Schwarz 27 sowohl zu einem Klemmzug als auch zu einer Ausdehnung macht.

Weiß und Schwarz ziehen mit 28 und 29 in die Mitte und Weiß spielt mit 30 die letzte Ausdehnung. Mit der Invasion auf 31 beginnt Schwarz danach das Mittelspiel.

2. Kapitel: Vorgabestrategie

In Vorgabepartien ist Schwarz klar im Vorteil. Und die beste Art, diesen Vorteil zu nutzen, besteht darin, von Anfang an offensiv zu spielen. Schwarz muss bei hoher Vorgabe keinesfalls defensiv spielen, am wenigsten in der Eröffnung, vielmehr muss Weiß dies tun. In diesem Kapitel wird gezeigt, wie man Weiß in einer Vorgabepartie angreift. Als schwacher Spieler wird man meist Partien mit hoher Vorgaben spielen, daher hat man ausreichend Gelegenheit, diese Angriffsstrategie zu üben. Man sollte dabei nicht verzweifeln, wenn viele Partien verloren gehen. Wenn man den Grundsätzen folgt, die in diesem Kapitel dargestellt werden, werden es starke Spieler auf Dauer schwer haben, gegen diese Vorgaben zu gewinnen.

Auf den weißen Zug auf 1 mit Schwarz 2 zu erwidern ist nicht schlecht, aber wenn man bedenkt, dass Schwarz bereits den markierten Stein hat, spielt er nicht so scharf, wie er könnte. Da Weiß seine Steine mit der Sequenz bis 5 festigen kann, greifen die schwarzen Steine nicht länger wirkungsvoll an.

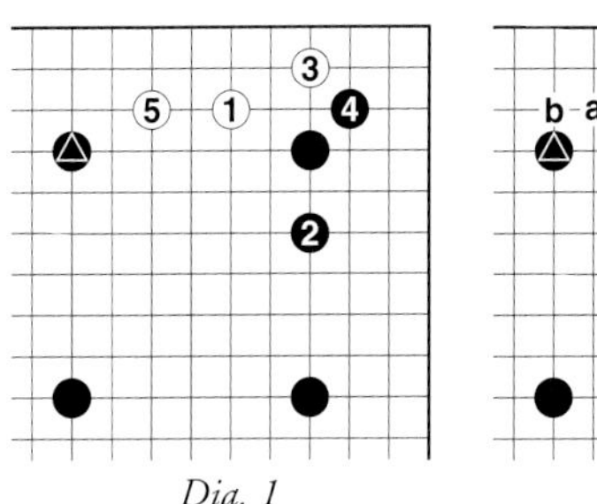

Dia. 1

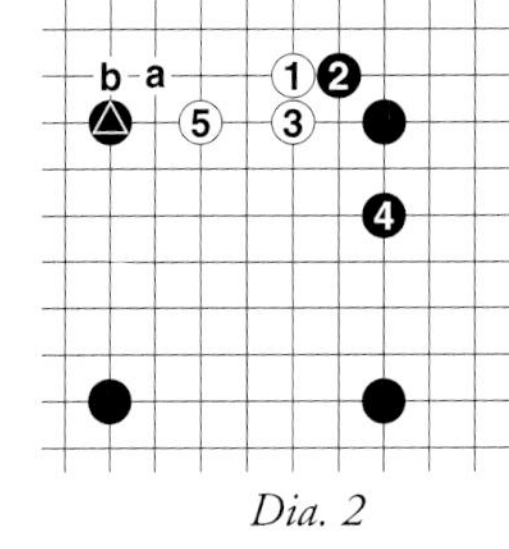

Dia. 2

Wenn der markierte Stein auf dem Brett steht, ist die beste Art, auf den weißen Annäherungszug zu reagieren, 2 und 3 in Diagramm 2 abzutauschen, bevor man mit 4 auf der rechten Seite spielt. Die natürliche Ausdehnung für die zwei weißen Steine auf 1 und 3 geht bis zu dem markierten Stein, aber da Schwarz hier bereits steht, kann sich Weiß nur bis 5 ausdehnen, was zu einer eingeengten, überkonzentrierten Stellung führt. Danach spielt Schwarz a oder b, um Weiß in die Mitte zu treiben. Im Verlauf dieses Angriffs errichtet Schwarz auf der linken Seite eine Mauer.

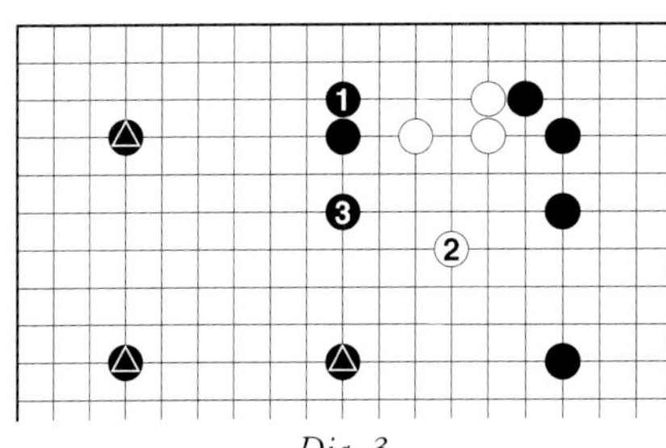

Dia. 3

Schwarz 1 in Diagramm 3 macht es für Weiß schwierig, am Rand zwei Augen zu bekommen, weshalb er mit 2 in die Mitte springen muss. Schwarz setzt mit 3 nach – sein Zug arbeitet dabei mit seinen drei markierten Steinen zusammen –, um links eine große Gebietsanlage (*Moyo*) aufzuziehen.

Weiß 4 in Diagramm 4 versucht, die drei schwarzen Steine in der rechten oberen Ecke zu isolieren. Schwarz verstärkt in Ruhe mit 5 seine Ecke und zwingt Weiß dazu, 6 zu spielen, um seine Stellung intakt zu halten. Als nächstes fügt Schwarz mit 7 einen weiteren Stein zu seinem *Moyo* hinzu, was eine weiße Invasion dort enorm erschwert.

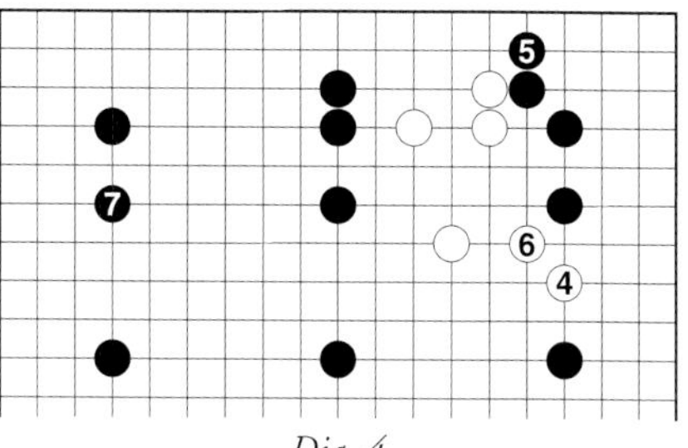

Dia. 4

Wenn Weiß es unterlässt, auf 6 in Diagramm 4 zu spielen, wird Schwarz durchstechen und Weiß mit der Sequenz bis 5 in Diagramm 5 in zwei Gruppen trennen. Die beiden weißen Steine rechts und die fünf Steine links sind nun in großer Gefahr. Ein geschickter Zug gegen die Gruppe links könnte diese sogar töten.

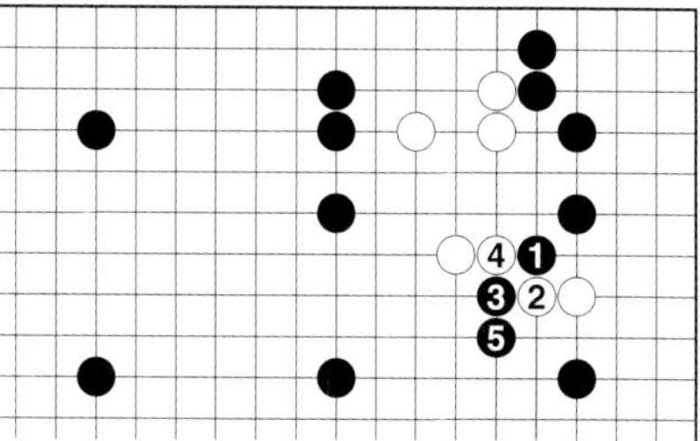

Dia. 5

Ein Moyo errichten

In einer Neun-Steine-Vorgabepartie, in der die eigenen Steine alle Vorgabepunkte besetzen, sollte man versuchen, mindestens ein *Moyo* aufzuziehen. Das erreicht man mit Angriffzügen wie 1 und 3 in Diagramm 3, indem man die äußere Mauer des *Moyos* errichtet und dann die schwachen inneren Stellen mit Zügen wie Schwarz 7 in Diagramm 4 verstärkt, sobald Weiß notwendige Deckungszüge macht.

Auch wenn Weiß in das unvollständige *Moyo* mit Zügen wie 1 und 3 in Diagramm A invadiert, kann man am oberen Rand mit 2 und 4 ein großes, nahezu wasserdichtes Gebiet errichten. Wenn Weiß andererseits von der anderen Seite mit 1 und 3 in Diagramm B invadiert, nimmt sich Schwarz mit 2 und 4 sicheren Gewinn am

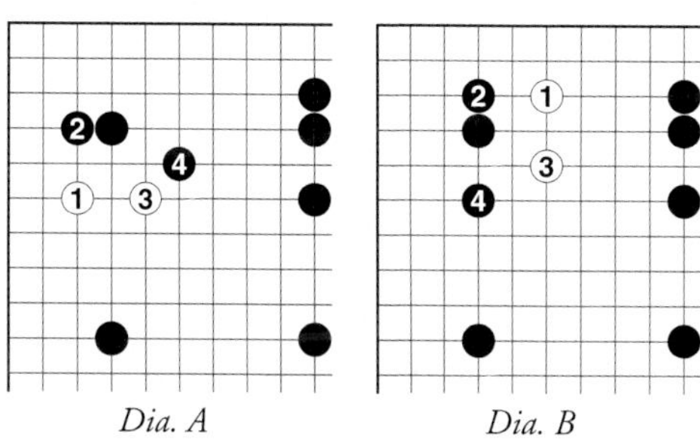

Dia. A *Dia. B*

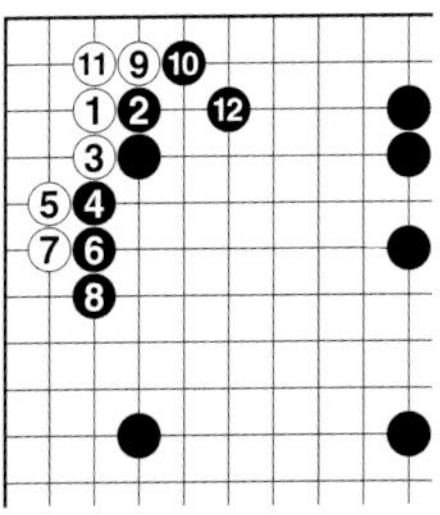

Dia. C

linken Rand. Die beiden weißen Steine, eingequetscht zwischen zwei schwarzen Stellungen, sind extrem verwundbar.

Wenn Weiß die Ecke mit 1 in Diagramm C auf dem 3-3-Punkt invadiert, errichtet Schwarz bis 12 ein sehr großes Gebiet.

Weiß könnte auch versuchen, mit einem Zug wie 4 in Diagramm D in das *Moyo* einzudringen. Das ist jedoch unangemessen, denn mit der Sequenz bis 9 wird Weiß wie in Diagramm 5 in zwei verwundbare Gruppen getrennt.

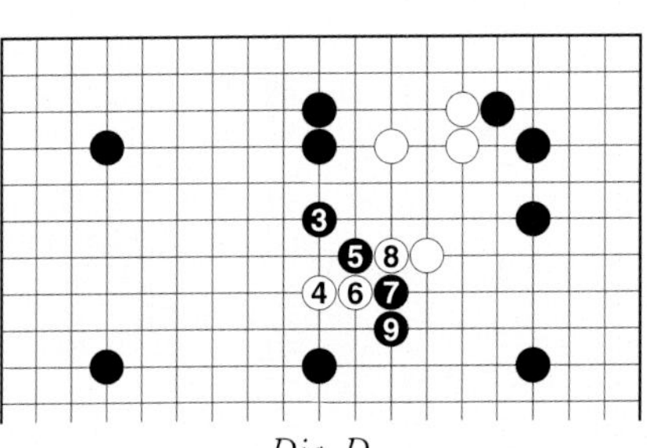

Dia. D

Wenn Schwarz erstmal den markierten Stein in Diagramm E gespielt hat, verfügt Weiß nur noch über wenig Spielraum für eine Invasion, da kaum noch Schwachpunkte vorliegen, auf die er abzielen könnte. Ein weißer Stein auf a würde wahrscheinlich sterben, daher ist es besser für Weiß, mit b oder c eine lebende Gruppe in der Ecke zu installieren.

Wenn Weiß auf dem 3-3-Punkt in Diagramm F invadiert, lebt er mit der Folge bis 11, jedoch viel kleiner als in Diagramm C. Schwarz muss 12 spielen, um die Schwachstelle in seiner Form zu beseitigen, aber er schließt mit einem sicheren Gewinn von mehr als 35 Punkten ab.

Anlegen auf 1 in Diagramm G ist eine weitere Möglichkeit. Weiß kommt mit der Sequenz bis 11 in der Ecke zum Leben, aber in diesem Fall endet Schwarz mit Vorhand, denn seine Steine stehen so dicht, dass er den Schnittpunkt zwischen 2 und 6 nicht fürchten muss.

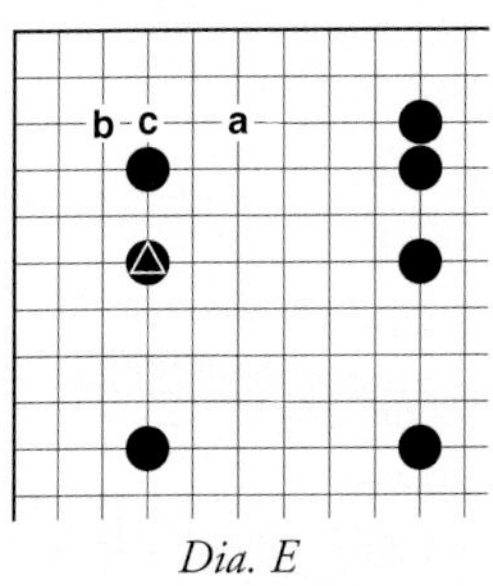

Dia. E

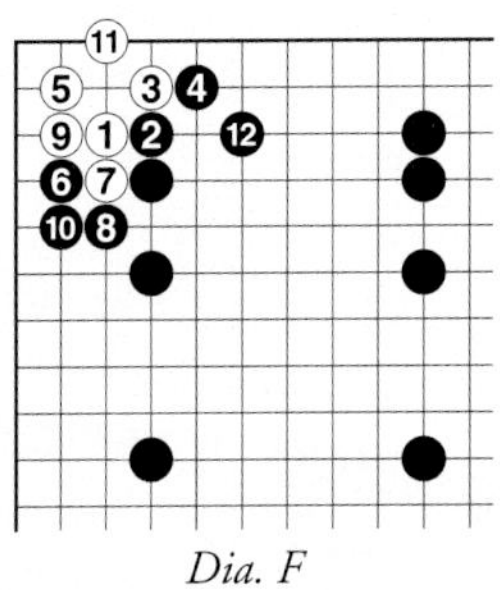

Dia. F

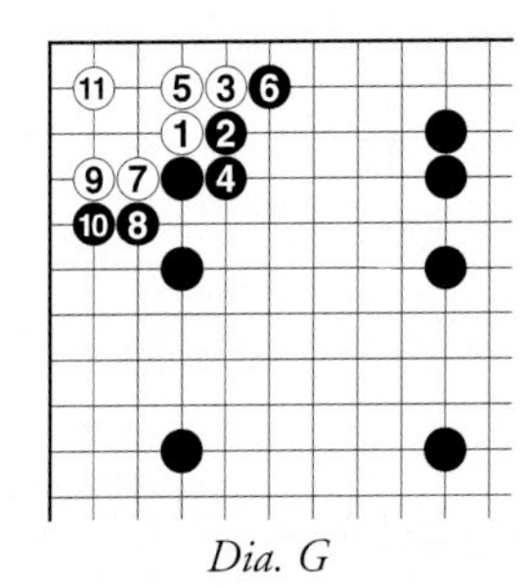

Dia. G

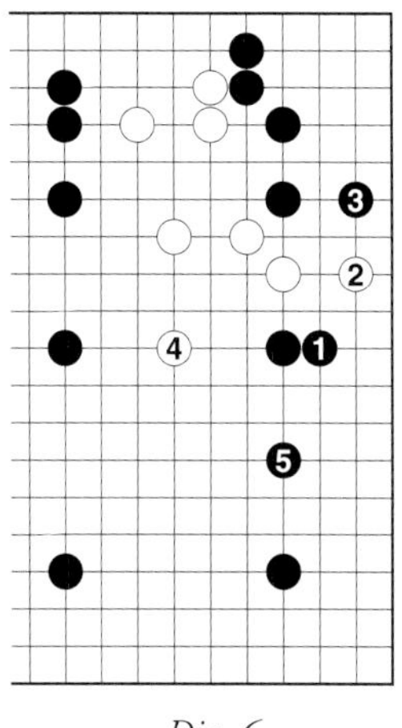

Dia. 6

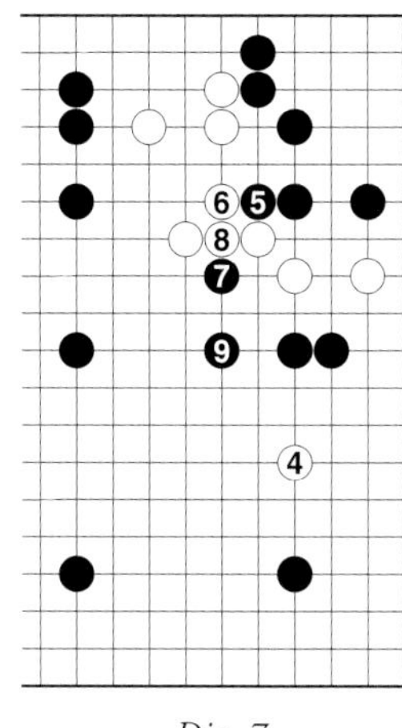

Dia. 7

Nach Weiß 6 in Diagramm 4 ist Schwarz 1 in Diagramm 6 ein kraftvoller Zug, der Weiß unter Druck hält. Weiß tauscht zuerst 2 gegen 3 ab und springt dann mit 4 heraus. Schwarz steckt daraufhin auf der rechten Seite mit 5 Gebiet ab.

Weiß 4 in Diagramm 6 kann nicht ausgelassen werden. Wenn Weiß versucht, mit einem Klemmzug auf 4 in Diagramm 7 anzugreifen, führt Schwarz mit 5 bis 9 einen Gegenangriff aus. Die weiße Gruppe oben steckt nun in ernsthaften Schwierigkeiten und bei geschickten Zügen von Schwarz wird sie nicht überleben.

Gruppen töten oder leben lassen

Die meisten Leser dieses Buches, auch erfahrene Spieler, scheitern in der Hitze des Gefechts häufig dabei, Gruppen zu töten, die eigentlich sterben sollten. Wenn man die Züge bis zum Tod der Gruppe, die man angreift, nicht wirklich vorausberechnen kann, ist es meist besser, sie leben zu lassen. Die Tatsache, dass eine Gruppe theoretisch tot sein sollte, bedeutet nicht, dass es notwendig ist, sie zu töten. Schließlich ist beim Go nicht das Ziel, Gruppen zu töten, sondern am Ende mehr Gebiet als der Gegner zu haben.

Wenn man nicht weiß, wie man eine Gruppe töten kann, sollte man es auch nicht versuchen. Besser ist dann, man quält sie von außen. Während Weiß darum kämpft, Augen für seine gefährdete Gruppe zu machen, wird man außen Einfluss gewinnen und zugleich die Basis für einen großen Gebietsvorsprung legen. Weiß wird in der Regel sein zweites Auge in Nachhand machen müssen, dann kann man sich einen Punkt nehmen, der an einer anderen Stelle des Brettes Gebiet sichert. Diagramm H veranschaulicht diese Idee.

Wenn Weiß versucht, mit 1 und 3 ins Freie auszubrechen, blockiert Schwarz den Ausgang mit 2 und 4 und stärkt seine Mauer. Nachdem Weiß mit 5 und 7 ein Auge gemacht hat, spielt Schwarz 8. Dieser Zug ist nicht wirklich notwendig, um Weiß am Ausbruch zu hindern. Schwarz könnte

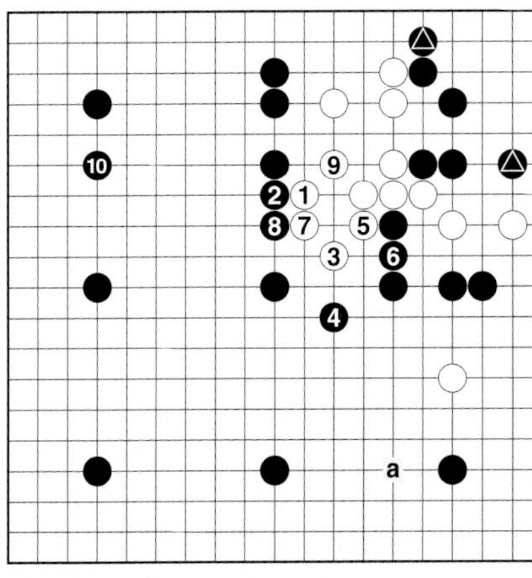

Dia. H

stattdessen aufs Ganze gehen und versuchen, die weiße Gruppe zu töten. Aber Schwarz 8 ist ein solider Zug, der jegliche Schwächen aus der schwarzen Stellung nimmt, die Weiß ausnutzen könnte. Weiß hat jetzt keine andere Wahl, als mit 9 zwei Augen zu machen. Weiß lebt also in Nachhand und Schwarz nutzt diese Möglichkeit, sein *Moyo* mit 10 zu stärken (a wäre alternativ auch ein guter Zug).

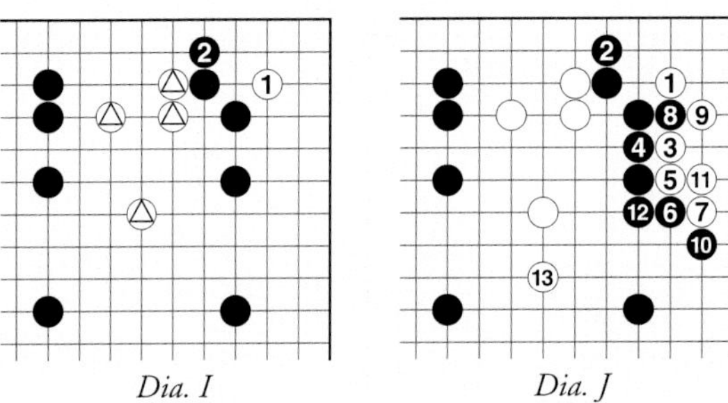
Dia. I Dia. J

Weiße Eckinvasionen sind häufig entmutigend für schwächere Spieler. Dass Schwarz einige Steine um eine Ecke herum gespielt hat, bedeutet jedoch nicht, dass dort auch eigenes Gebiet entsteht. In Diagramm H hat Schwarz mindestens 18 Punkte sicheres Gebiet in der oberen rechten Ecke, aber nur wegen der beiden markierten Steine.

Wenn Weiß in der Stellung in Diagramm I in die Ecke auf den 3-3-Punkt invadiert, sollte Schwarz nicht versuchen, diesen Stein zu fangen. Stattdessen sollte er Weiß leben lassen und darauf abzielen, seine Stellung auszubauen, um die sich ergebende Stärke zu nutzen, die vier markierten Steine anzugreifen. Mit diesem Ziel im Hinterkopf streckt Schwarz auf 2 herunter. Danach wird Weiß Schwierigkeiten haben, Augen für seine Gruppe links zu bauen.

Nach der Sequenz bis Schwarz 12 in Diagramm J ist Weiß in der Ecke lebendig, daher versucht er, mit seiner Gruppe aus vier Steinen mit 13 zu entkommen.

Anschließend blockiert Schwarz, nachdem er zuerst mit 14 und 16 in Diagramm K Antworten forciert hat, den weißen Fluchtweg in die Mitte mit 18 und 20. Mit der Sequenz bis 33 lebt Weiß nur knapp. In der Zwischenzeit hat Schwarz eine Mauer errichtet, deren Einfluss über das gesamte Brett strahlt.

Außerdem ist Schwarz am Zug. Er könnte auf 34 spielen, auch a wäre ein guter Zug. Wenn man sich das Brett in Diagramm K anschaut, sieht man zwar, dass die beiden weißen Gruppen überlebt haben. Aber Weiß hat nur fünf oder sechs Punkte Gebiet mit seiner Gruppe in der Mitte und um die drei Punkte mit seinen Steinen in der Ecke gemacht – zusammen also bestenfalls zehn Punkte. Schwarz dagegen hat kein festes Gebiet, aber der Einfluss, den er in der Brettmitte aufgebaut hat, wird es ihm erlauben, im weiteren Verlauf der Partie sehr viel Gebiet zu machen. Wir werden in Kapitel 4 auf diesen Punkt zurückkommen.

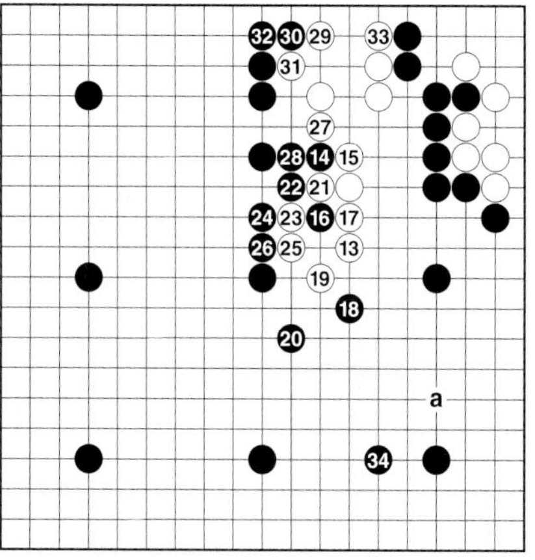

Dia. K

Zusammenfassend sollte es in einer Partie mit hohen Vorgaben das strategische Ziel sein, Weiß wie folgt unter Druck zu halten:

- Weiß zwingen, in die Mitte zu laufen, indem man seinen Augenraum begrenzt (Schwarz 1 in Diagramm 3). So hält man Weiß davon ab, große Gebiete abzustecken.
- Weiß in die Mitte folgen und in Verbindung mit anderen Vorgabesteinen ein *Moyo* aufziehen (Schwarz 3 in Diagramm 3). Der Einfluss, der so erzeugt wird, ist die Grundlage des Gebiets, das im Mittelspiel entsteht.
- Nicht zu sehr versuchen, Gruppen zu töten. Man lässt sie leben und konzentriert sich darauf, Einfluss aufzubauen, indem man Steine einkreist und sie zwingt, auf begrenztem Raum zu leben.
- Wenn Weiß einen notwendigen Deckungszug macht, spielt man einen gebietsmäßig großen Zug, z.B. zur Verstärkung des eigenen *Moyos* (Schwarz 7 in Diagramm 4).

Man darf sich jedoch wegen der Einfachheit der Sequenzen in den oben dargestellten Diagrammen nichts vormachen. Auch wenn man den erklärten Mustern und Grundsätzen folgt, wird Weiß viele trickreiche Züge spielen und man wird viele Partien verlieren, bis die eigenen analytischen Fähigkeiten und Techniken zu den strategischen Einsichten aufgeschlossen haben.

In verschiedenen Büchern werden unterschiedliche „Patentrezepte“ für den sicheren Sieg verbreitet, aber keines von ihnen wird funktionieren, bis man sie mit Technik untermauern kann. Das bedeutet unter anderem, in *Tesuji*, Leben-und-Tod-Problemen und im Endspiel stark zu werden. Über Go-Strategie so nachzudenken, wie es oben aufgezeigt worden ist, wird jedoch eine stabile Basis für die Zukunft legen.

Und nun noch zu ein paar anderen Zügen, die Weiß nach Schwarz 4 in Diagramm 2 spielen könnte.

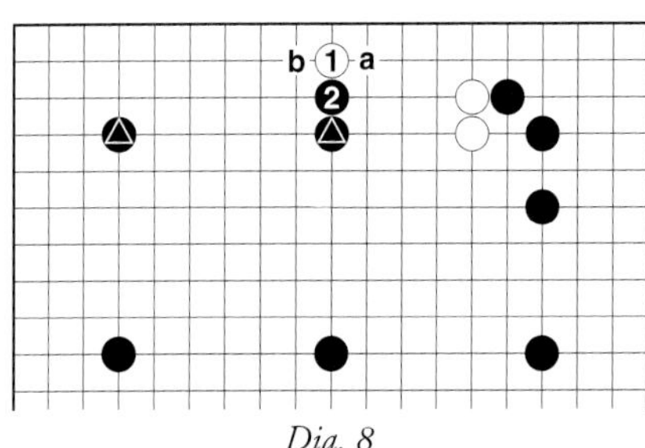

Dia. 8

Weiß 1 in Diagramm 8 zielt auf den Schwachpunkt des Vorgabesteins am Rand. Unerfahrene Spieler geraten häufig in Panik, wenn sie einen solchen Zug sehen. Sie fürchten, dass Weiß ihnen mit einem solchen Zug das gesamte Gebiet oben entreißt. Diese Furcht basiert auf der falschen Annahme, das Gebiet oben gehöre bereits Schwarz, da er bereits die markierten Steine auf dem Brett hat. Aber diese Steine sichern nicht das Randgebiet, sie stecken nur einen Anspruch darauf ab. Vielmehr zielen Steine auf der vierten Linie auf die Mitte, nicht auf den Rand. Daher sollte man sich, wenn ein Seiten- oder Eckgebiet invadiert wird, auf die Mitte richten, um einen Ausgleich zu erhalten, indem man Weiß in der Ecke einschließt, wenn er dort invadiert, oder ihn auf eine niedrige Stellung drückt, wenn er am Rand invadiert. Am besten ist es daher, auf 2 zu spielen. Egal, wie Weiß antwortet, a oder b, Schwarz wird einen Vorteil daraus erzielen.

Wenn Weiß sich als Antwort auf 2 mit 3 in Diagramm 9 zurückzieht, wird Schwarz mit 4 blocken. Wenn Weiß seine Stellung dann mit 5 verstärkt, verteidigt Schwarz seinen Schwachpunkt auf a mit 6. Weiß wird dann wahrscheinlich seinen nächsten Zug woanders spielen, aber seine Stellung ist nicht wirklich sicher.

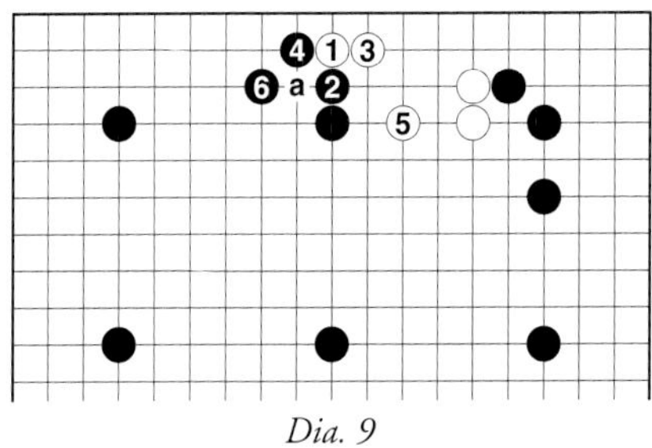

Dia. 9

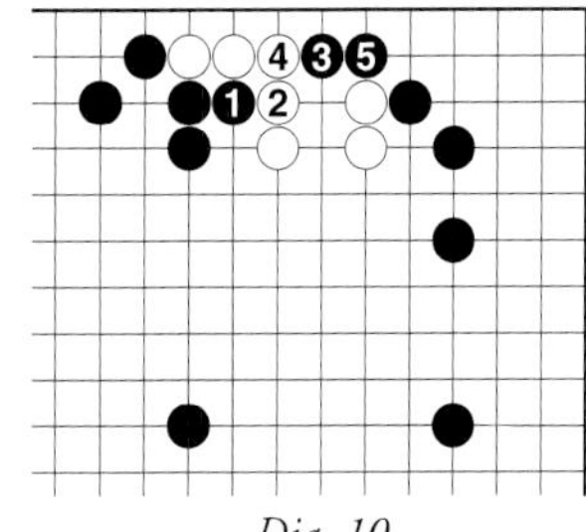

Dia. 10

Weiß wird bei Vorgabepartien in der Regel auf dem Brett von einer Stelle zur anderen springen und schwache Gruppen zurücklassen müssen. Daher sollte Schwarz bereit sein, einen K.O.-Schlag zu setzen und, sobald er Gelegenheit dazu erhält, mit 1 in Diagramm 10 angreifen. Wenn Weiß 2 spielt, trifft Schwarz mit 3 den vitalen Punkt. Antwortet Weiß auf 4, bindet Schwarz mit 5 an die Ecke an und die weißen Steine treiben augenlos in einem Meer von schwarzen Steinen. Während Weiß sich bemüht, zwei Augen zu bekommen, baut Schwarz sowohl sicheres Gebiet auf der rechten Seite als auch ein *Moyo* auf der linken auf. Wenn Weiß statt 4 auf 5 spielt, fängt Schwarz zwei Steine, indem er auf 4 spielt, und die weiße Gruppe muss genauso kämpfen, um zwei Augen zu bekommen.

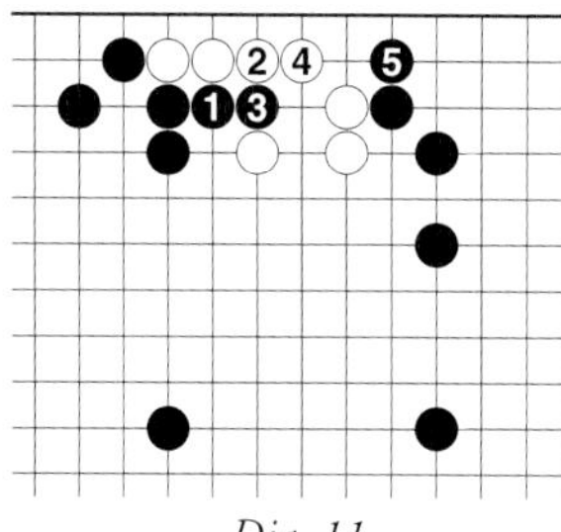

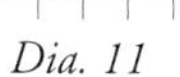

Dia. 11

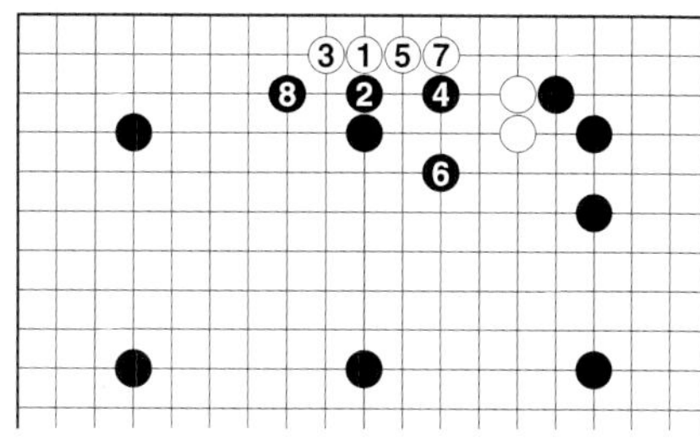

Dia. 12

Wenn Weiß auf 1 und 3 mit 2 und 4 in Diagramm 11 antwortet, nimmt Schwarz mit 5 die Ecke. Der weißen Gruppe fehlen wieder zwei Augen, während Schwarz links und rechts stärker wird.

Was passiert, wenn Weiß mit 3 in Diagramm 12 in das schwarze Gebiet zieht? Die schwarze Strategie sollte es dann sein, Weiß mit 4 und 8 auf eine niedrige Stellung auf der zweiten Linie zu zwingen. Nach Weiß 5 spielt Schwarz mit 6 gute Form und, wenn Weiß mit 7 anbindet, setzt Schwarz weiter mit seiner Strategie fort, Weiß auf der zweiten Linie zu halten. Schwarz darf statt auf 6 nicht auf 7 spielen, denn bei dem Versuch, Weiß zu töten, würde er selbst geschnitten.

Weiß könnte nach 6 mit 7 in Diagramm 13 den Ort der Handlung wechseln. In diesem Fall nimmt Schwarz mit 8 das Gebiet rechts, denn die zwei markierten weißen Steine haben nicht mehr genug Raum, um zu leben.

Weiß kann auf diesem Teil des Brettes selbst dann nicht leben, wenn er mit 1 in Diagramm 14 in die Ecke springt. Schwarz blockt mit 2 und spielt die Sequenz bis 6. Es gibt keinen

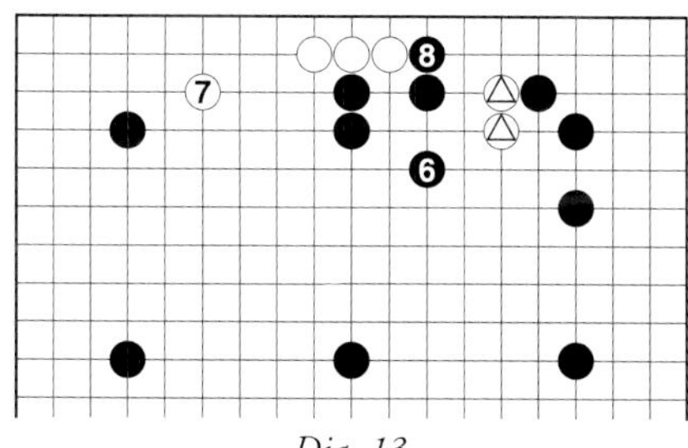

Dia. 13

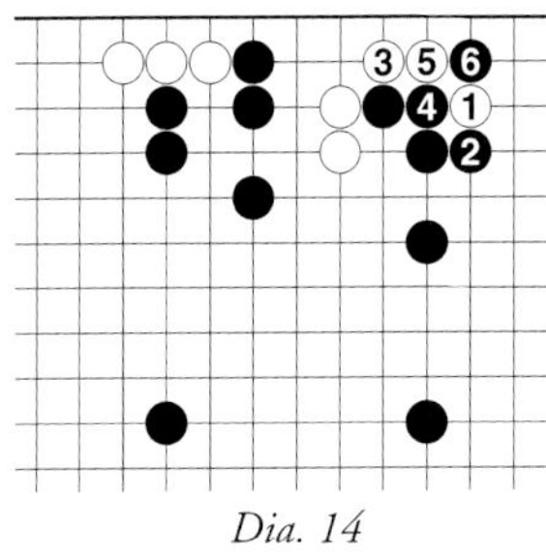

Dia. 14

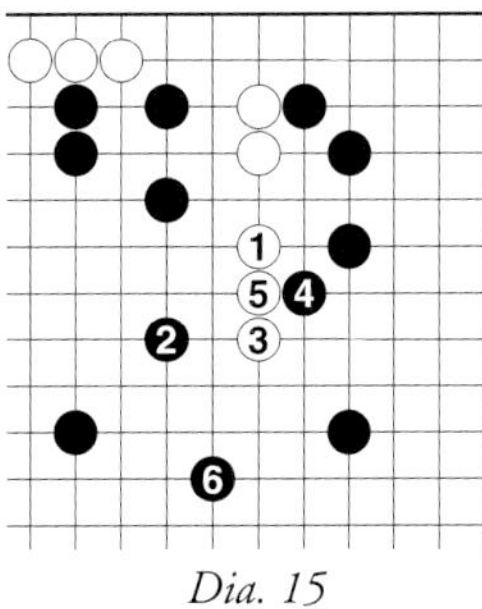

Dia. 15

Weg, wie Weiß oben zwei Augen bekommen kann. Wegrennen mit 1 und 3 in Diagramm 15 ist genauso zwecklos: Schwarz hat zu viele Steine in der Mitte. Schwarz spannt mit 2 und 6 ein Netz, und es gibt für Weiß kein Entrinnen.

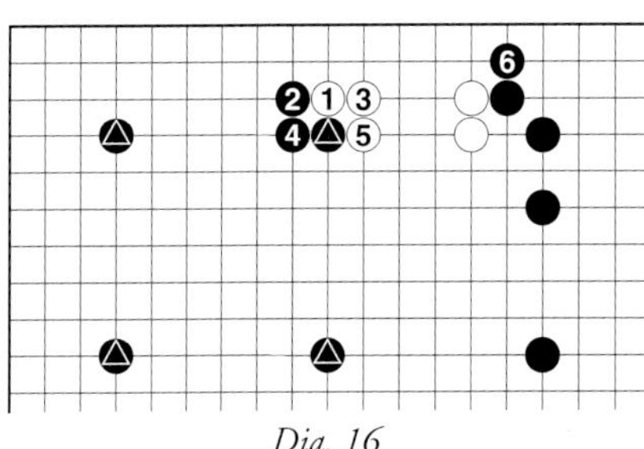

Dia. 16

Weiß 1 in Diagramm 16 ist ein weiterer Schwachpunkt des seitlichen Vorgabesteins. Schwarz sollte von außen mit 2 drücken und dann mit 4 verbinden. Weiß erzeugt mit 5 eine kleine Gruppe, aber Schwarz nimmt mit 6 das Gebiet in der Ecke. Wegen dieses Zuges ist die weiße Gruppe immer noch unsicher, daher wird er wahrscheinlich heraus in die Mitte ziehen müssen, um zwei Augen zu bekommen. Schwarz kann dann diese Gruppe noch weiter belästigen.

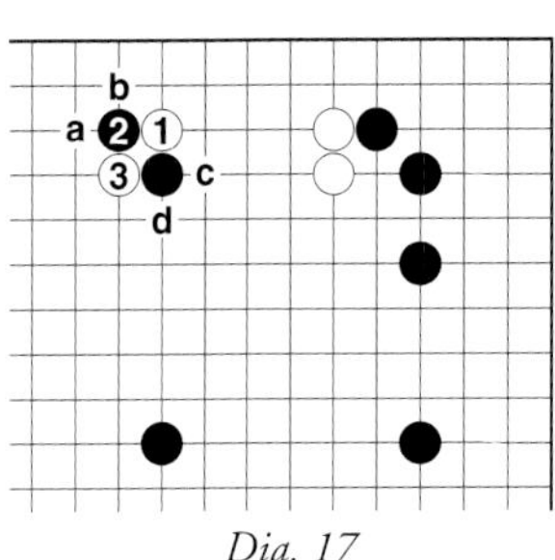

Dia. 17

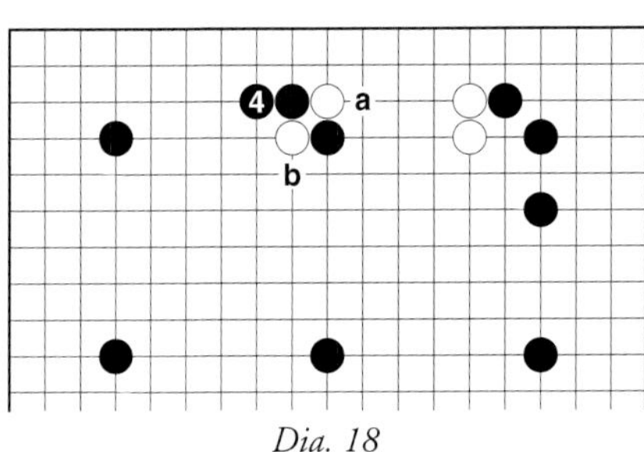

Dia. 18

Weiß könnte als Antwort auf Schwarz 2 mit 3 in Diagramm 17 schneiden. Es gibt ein Sprichwort, das besagt: „Im Kreuzschnitt verfangen? Strecken!" Aber in welche Richtung? Es gibt vier Punkte, auf die Schwarz strecken kann: a, b, c und d.

Strecken auf 4 in Diagramm 18 ist die einfachste Art zu spielen. Dieser Zug beinhaltet gleichzeitig zwei Drohungen: einen Stein am Rand mit a zu fangen und einen Stein mit b in einer Treppe zu fangen.

Wenn Weiß also den markierten Stein in Diagramm 19 spielt, fängt Schwarz den Stein oben mit der Sequenz bis 7. Das Ergebnis ist sehr schlecht für Weiß.

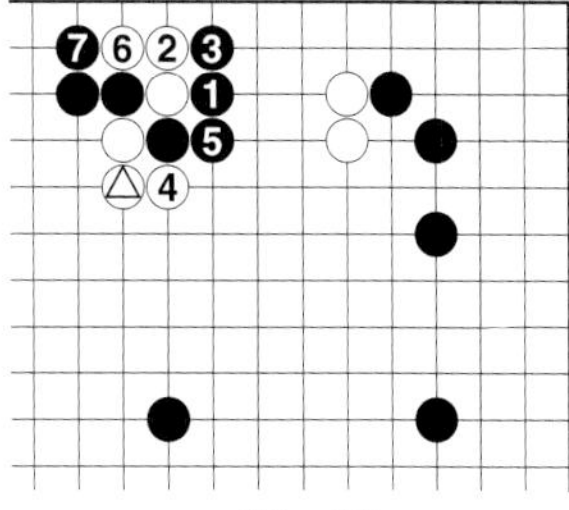

Dia. 19

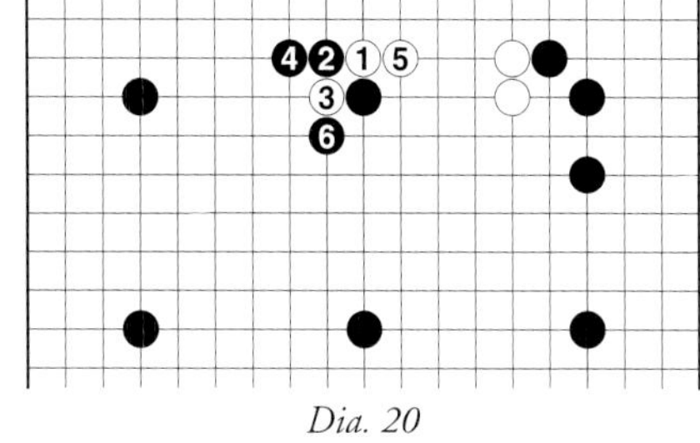

Dia. 20

Der beste weiße Zug in dieser Stellung ist 5 in Diagramm 20. Schwarz fängt jetzt mit 6 den Stein auf 3 in einer Treppe.

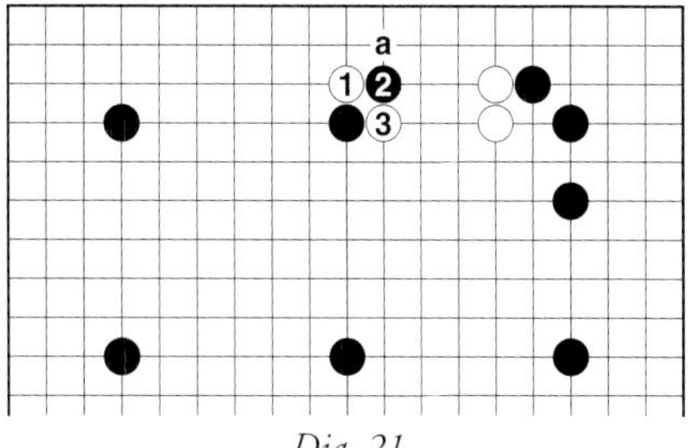

Dia. 21

Schwarz 2 in Diagramm 21 ist auch möglich, aber das kann zu einem komplizierten Kampf führen, wenn Weiß auf 3 schneidet oder auf a spielt. Wegen der ursprünglichen Vorgaben, die ihm gegeben worden sind, kann Schwarz zweifellos aus jedem Kampf mit einem Vorteil hervorgehen, aber man kann hier viele Fehler machen. Wer jedoch in Experimentierlaune ist, sollte Züge wie diesen ausprobieren. Man wird dabei wahrscheinlich etwas lernen.

Man sollte aber auch die klassische Strategie beherrschen, wie sie durch Schwarz 2, 4 und 6 in Diagramm 16 charakterisiert wird. Weiß wird gezwungen, eine kleine kompakte Gruppe aufzubauen, die gegen Angriffe verwundbar ist. Während des Einschließens der weißen Steine mit 2 und 4 erlangt Schwarz im Zusammenspiel mit seinen markierten Vorgabesteinen Einfluss. Dann realisiert er mit 6 sicheren Gewinn in der rechten Ecke – ein Zug, der zugleich den Augenraum der weißen Gruppe bedroht.

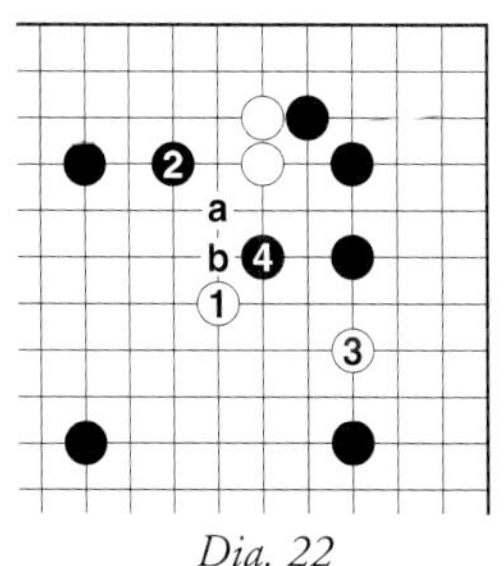

Dia. 22

Ein weiterer Zug, den Weiß versuchen könnte, ist mit 1 in Diagramm 22 leichtfüßig in die Mitte zu springen. Schwarz trifft daraufhin mit 2 den vitalen Punkt. Auf a zu spielen und die Verbindung sicherzustellen würde die weißen Steine augenlos und für Angriffe extrem verwundbar zurücklassen, daher wechselt Weiß, in der Hoffnung, Komplikationen zu erzeugen, mit 3 die Richtung. Schwarz 4 jedoch trennt Weiß in zwei Gruppen. Weiß hat nun mit a und b zwei Möglichkeiten.

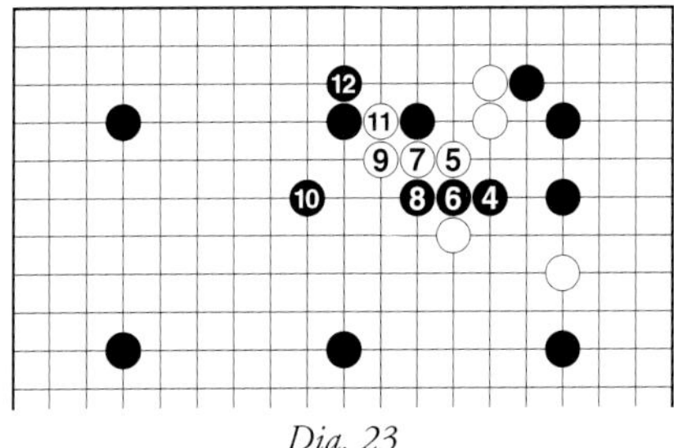
Dia. 23

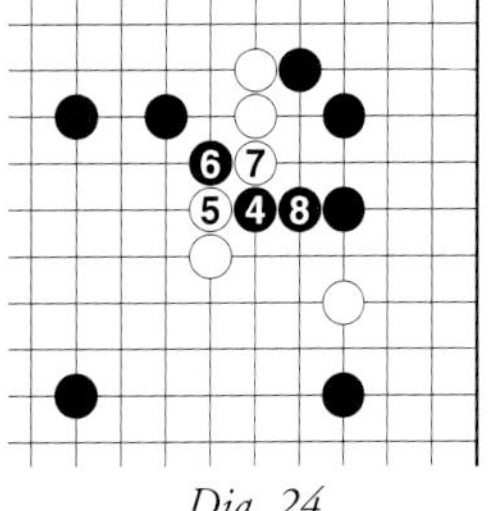
Dia. 24

Wenn Weiß 5 in Diagramm 23 spielt, ist seine Gruppe oben nach der Sequenz bis 12 in großen Schwierigkeiten, und seine Steine auf der rechten Seite sind im Schatten der schwarzen Mauer praktisch bedeutungslos.

Damit bleibt Weiß 5 in Diagramm 24. Aber die weißen Steine werden in der Sequenz bis Schwarz 8 in zwei Gruppen getrennt. Können die weißen Steine oben noch zwei Augen bekommen?

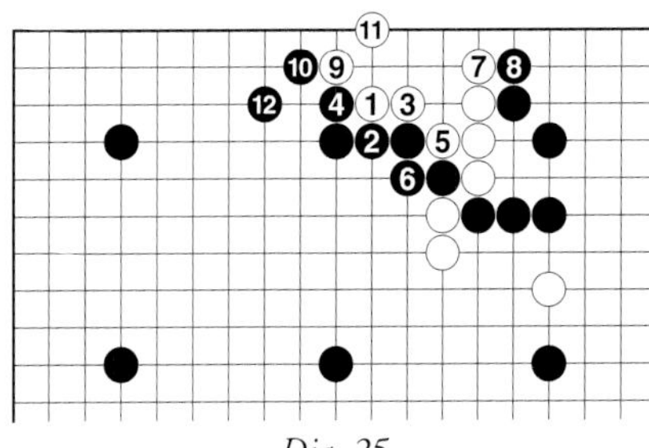
Dia. 25

Weiß kann mit der Sequenz bis 11 in Diagramm 25 leben. Nach 12 leben die weißen Steine so wie sie sind, aber Weiß muss sich um seine Steine außen kümmern. In dieser Sequenz hat Schwarz Gebiet in der rechten Ecke gemacht und gewinnt Einfluss auf der linken Seite, Weiß dagegen muss sich um seine Steine rechts kümmern, die immer noch angegriffen werden. Schwarz sollte in der Lage sein, auch dabei zu profitieren.

Die Sequenz bis 7 in Diagramm 26 ist eine Strategie, die von Weiß gerne in Vorgabepartien verwendet wird. Indem der markierte Stein mit 7 gedeckelt wird, erhofft Weiß entweder, die Partie kompliziert zu gestalten, wenn Schwarz zu entkommen versucht, oder aber diesen Stein tatsächlich großräumig zu fangen. Unter keinen Umständen darf man Weiß die Partie in diese Richtung lenken

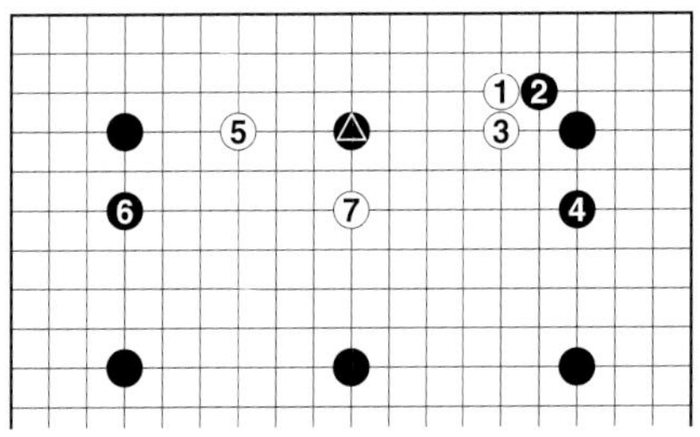
Dia. 26

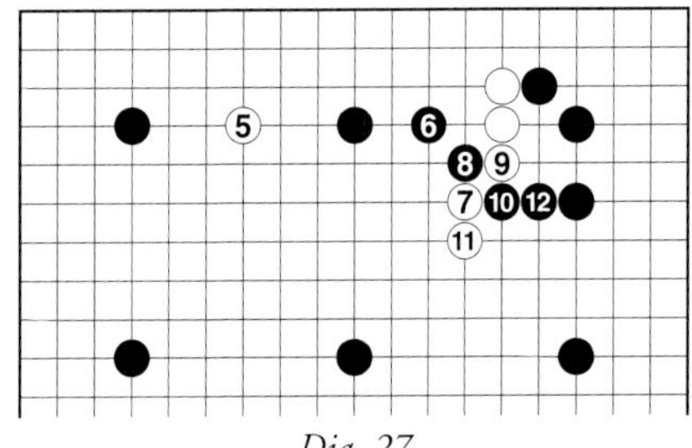
Dia. 27

lassen. Man muss vermeiden, in diese Deckelungsstrategie hineingezogen zu werden – man beginnt stattdessen seinen eigenen Angriff.

Schwarz 6 in Diagramm 27 ist der vitale Punkt. Wenn Weiß auf 7 springt, trennt Schwarz ihn mit der Sequenz bis 12 in zwei Gruppen.

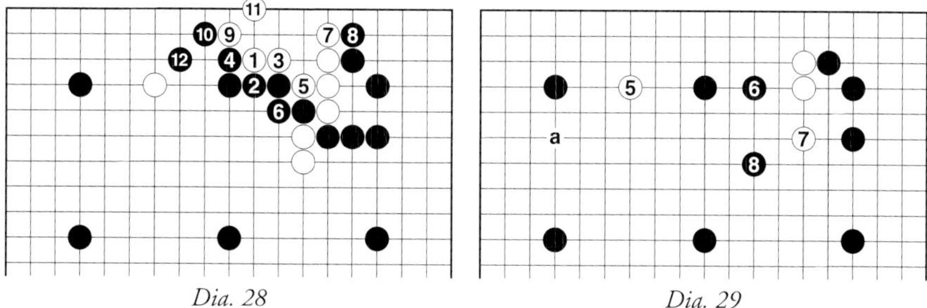

Dia. 28 *Dia. 29*

Wie in Diagramm 25 kann Weiß nur im kleinen Maßstab zum Leben kommen, während Schwarz mit der Sequenz bis 12 in Diagramm 28 überwältigenden Einfluss erlangt. Die Aussichten für die drei weißen Steine außen sind angesichts dieses dominierenden schwarzen Einflusses eher trübe.

Wenn Weiß einfach mit 7 in Diagramm 29 springt, folgt Schwarz ihm mit 8 und baut ein großräumiges *Moyo* auf. Unabhängig davon, ob Weiß zwei Augen macht oder mit seinen Steinen entkommt, kann Schwarz danach auf a spielen und damit den weißen Stein 5 unter Druck setzen.

Was macht man, wenn Weiß Schwarz 6 ignoriert und mit 7 in Diagramm 30 einen weiteren Annäherungszug gegen den markierten schwarzen Stein in der linken Ecke spielt? Man könnte das ignorieren und den Gewinn mitnehmen, indem man die weißen Steine rechts mit 8 und 10 fängt. Weiß könnte dann den markierten Stein mit 11 einsperren. Obwohl dieser Stein leben kann, wäre es besser, die Züge 8 und 10 zurück zu halten und den markierten Stein in die Mitte zu führen, indem man statt auf 8 selbst auf 11 spielt. Die weißen Steine auf 5, 7 und 11 strahlen sonst einen Einfluss aus, der den Einfluss der schwarzen Vorgabesteine eliminiert.

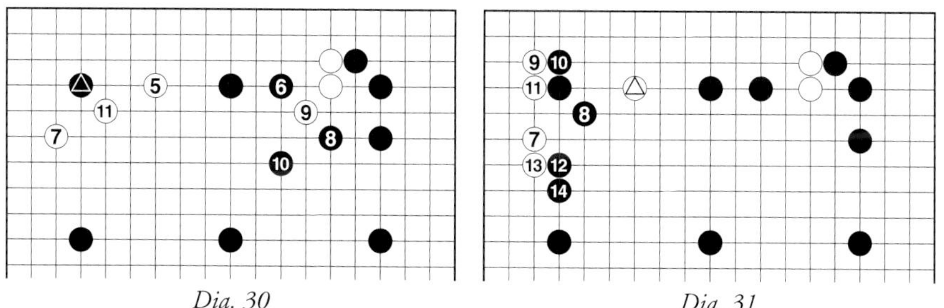

Dia. 30 *Dia. 31*

Der Hauptnutzen von Schwarz 8 in Diagramm 31 liegt darin, dass der markierte weiße Stein und 7 getrennt gehalten werden. In dieser Art Stellung ist es normal, die Ecke mit 9 auf dem 3-3-Punkt zu invadieren. Schwarz blockt mit 10 – dieser Zug steht im Einklang mit dem Prinzip, eine Mauer in die Richtung der eigenen Stärke zu errichten. Diese Mauer wächst in der Sequenz bis 14.

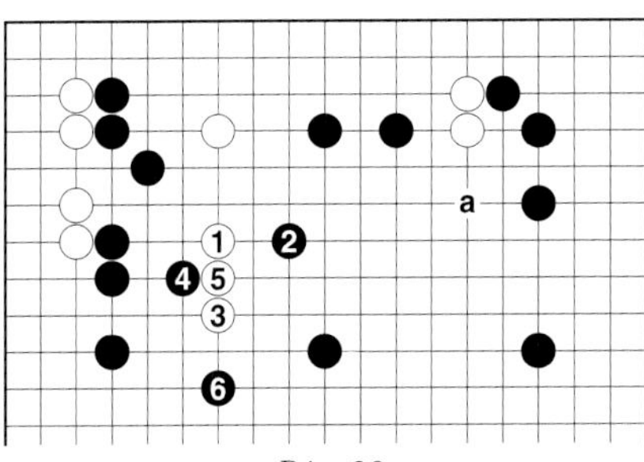

Dia. 32

Schwarz hat jetzt feste Stellungen rechts und links. Weiß muss versuchen, seine Steine zu retten – die einen zu retten, besiegelt jedoch das Schicksal der anderen, weil Schwarz eine weitere Mauer in der Mitte errichten wird. Wenn Weiß z.B. versucht mit 1 in Diagramm 32 wegzurennen, setzt ihn Schwarz mit 2, 4 und 6 unter starken Druck. Seine Steine rechts sind gleichfalls verwundbar. Wenn man den Kampf vermeiden will, der nach Schwarz 6 entsteht, könnte man die Situation links so belassen, wie sie ist, und rechts mit 6 auf a angreifen.

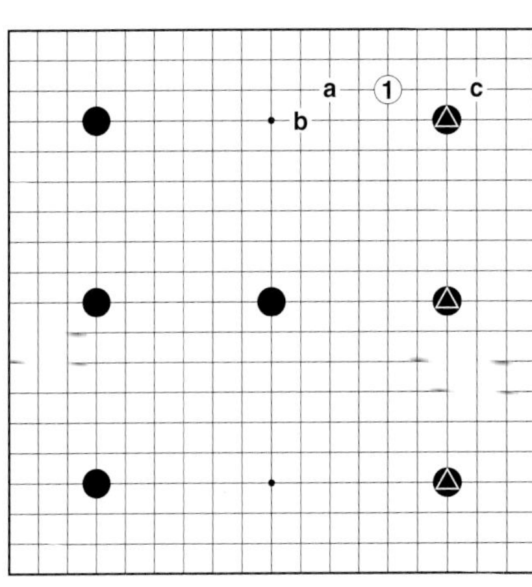

Dia. 33

Bei niedrigeren Vorgaben hat Weiß mehr Spielraum. Daher ist es dann nicht so einfach wie in 9-Steine-Partien, ihn herumzuschupsen. Bei sieben Steinen Vorgabe ist man jedoch immer noch sehr stark auf dem Brett und die Strategie sollte ebenfalls sein, ein *Moyo* aufzubauen.

In 6- oder 7-Steine-Partien besetzen die Vorgabesteine die drei Vorgabepunkte entlang der Seiten des Brettes. Das ist die *San-Ren-Sei*-Stellung (die drei markierten Steine in Diagramm 33), die bereits in Kaptitel Eins vorkam (Diagramm 51). Wenn Weiß mit 1 in Diagramm 33 einen Annäherungszug macht, ist die stärkste Antwort, mit einem Klemmzug auf a in die Offensive zu gehen. Schwarz b ist ebenfalls ein guter Zug. Diese Züge werden von Profis häufig in Gleichaufpartien gespielt. Weiß beantwortet diesen Zug gewöhnlich mit einer Eckinvasion auf c.

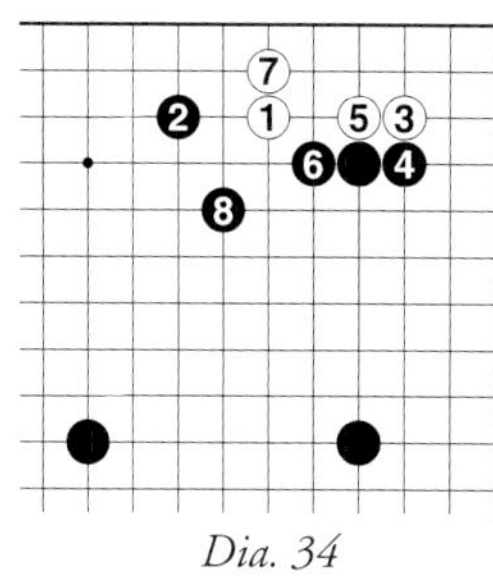

Dia. 34

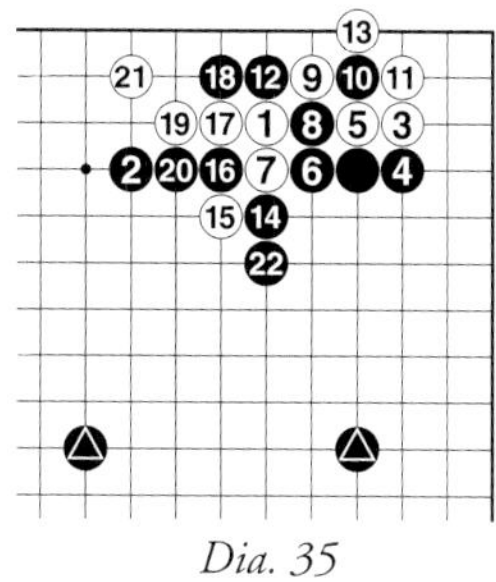

Dia. 35

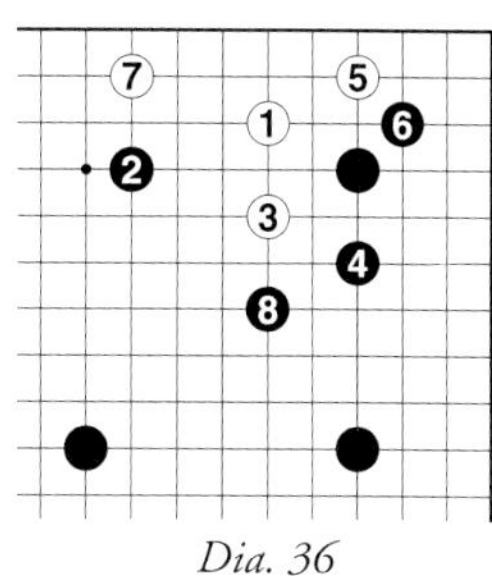

Dia. 36

Wenn Weiß die Ecke mit 3 in Diagramm 34 invadiert, ist das angestrebte Ergebnis, dass man Weiß in der Ecke leben lässt und mit der Sequenz bis Schwarz 8 ein *Moyo* baut.

Schwarz 2 in Diagramm 35 ist ein lockerer Klemmzug, daher wird die Ecke viel größer, wenn Weiß invadiert. Andererseits ist die schwarze Mauer, die dabei entsteht, auch stärker. Die Zugfolge bis Schwarz 22 ist ein *Joseki*, wobei die Reihenfolge der Züge wichtig ist. Obwohl es viele Variationen dieses *Josekis* gibt, hat doch jeder Zug seine Bedeutung. Abweichungen von der richtigen Reihenfolge können zu katastrophalen Ergebnissen führen. Die Gesamtstrategie ist die gleiche wie zuvor: Schwarz schließt Weiß am Rand ein und errichtet in Kombination mit seinen zwei markierten Steinen ein *Moyo*.

Als Antwort auf Schwarz 2 in Diagramm 36 könnte Weiß versuchen, die schwarze *Moyo*-Strategie zu durchkreuzen, indem er auf 3 springt. Die Sequenz bis Schwarz 8 ist ein weiteres *Joseki*. Obwohl Schwarz nicht in der Lage war, einen Kasten aufzuziehen, ist sein Gebiet auf der rechten Seite fast sicher.

Der Klemmzug auf Schwarz 2 in Diagramm 34 lässt Weiß den geringsten Spielraum. Aus diesem Grund ist er in Vorgabepartien zu empfehlen, bis man mehr Erfahrung gesammelt hat. Es werden noch ein paar Variationen dieses Klemmzugs betrachtet, um zu zeigen, was zu tun ist, wenn Weiß die *Moyo*-Strategie zu durchkreuzen versucht.

Das normale *Joseki* auf den 1-Punkt-Klemmzug ist in Diagramm 34 dargestellt. In Diagramm 37 spielt Weiß 7 als Antwort auf Schwarz 6. Der nächste schwarze Zug nach 8 ist entweder 10 oder a. Schwarz spielt 10, wenn er die Entwicklung oder Verteidigung oben betonen will und er spielt a, wenn er die rechte Seite betonen will.

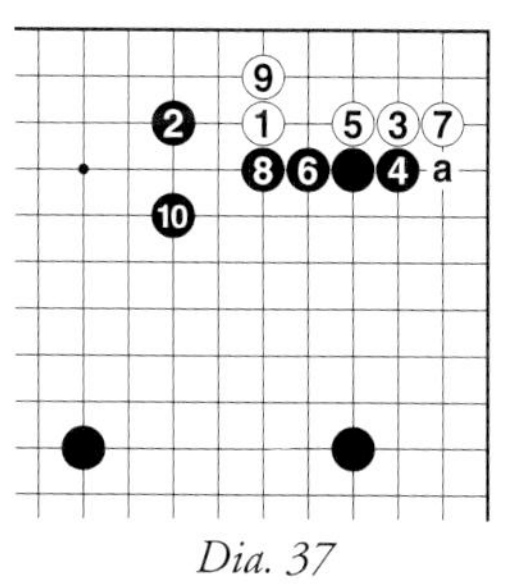

Dia. 37

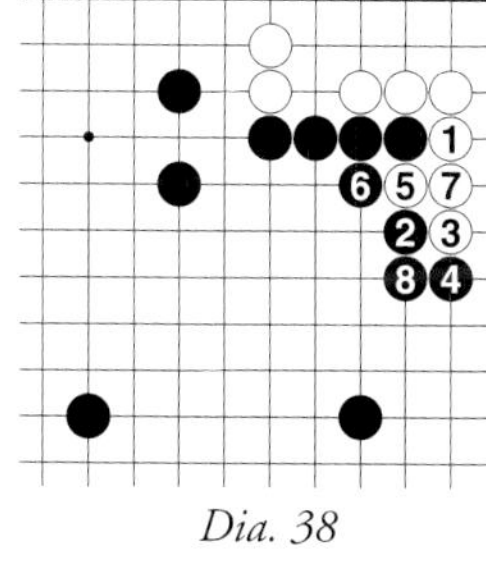

Dia. 38

Später im Spiel kann Weiß die Folge bis 8 in Diagramm 38 spielen, indem er eine große Delle in das schwarze Gebiet auf der rechten Seite drückt. Schwarz könnte entschiedener reagieren, indem er mit 2 auf 7 spielt, aber das könnte wegen des Schnittpunkts auf 5 gefährlich sein. Wie Schwarz verteidigt, hängt von der Stellung rechts ab, die Sequenz bis Schwarz 8 ist jedoch die sicherste.

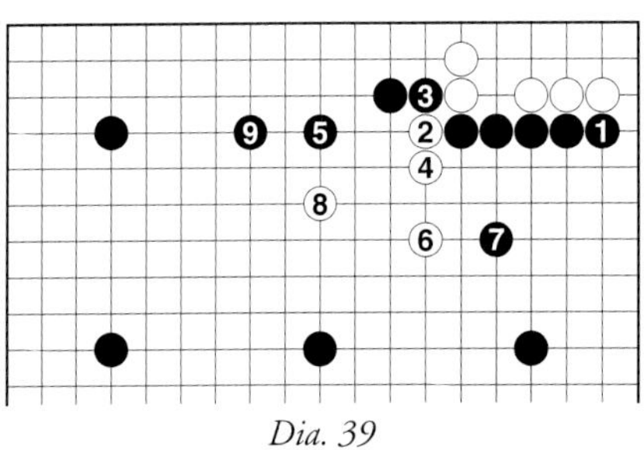

Dia. 39

Schwarz 1 in Diagramm 39 ist auch ein starker Zug, speziell in einer 7-Steine-Partie. In einer Gleichaufpartie würde Weiß die Sequenz von 2 bis 8 spielen, aber wenn Schwarz Steine auf den Vorgabepunkten hat, ist das unklug. Schwarz macht rechts und oben Gebiet, während die weißen Steine ziellos in der Mitte treiben.

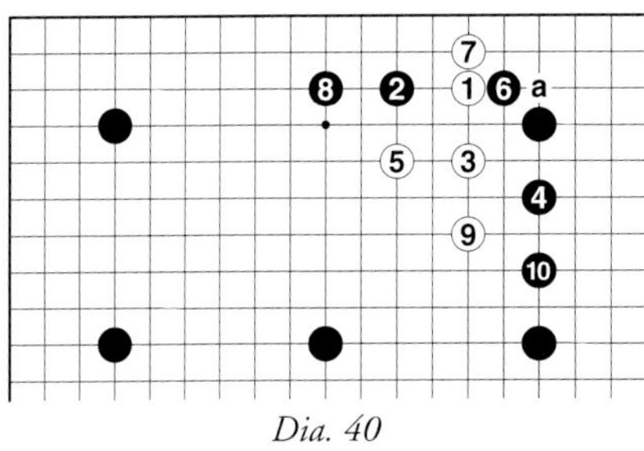

Dia. 40

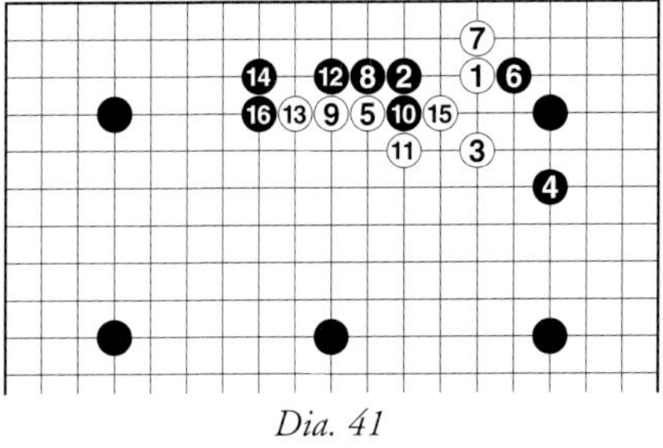

Dia. 41

Die schwarze *Moyo*-Strategie als Antwort auf 2 in Diagramm 40 mit einem Sprung auf 3 zu durchkreuzen, führt für Weiß zu keinem guten Ergebnis. Die Sequenz bis 10 stellt nur eine Möglichkeit dar, aber die weißen Steine sind augenlos und verwundbar (man beachte den Abtausch 6 und 7, ohne den Weiß ein Auge erhalten könnte, indem er auf a anlegt). Schwarz andererseits hat rechts Gebiet abgesteckt und mit 8 und 10 wichtige Schlüsselpunkte besetzt.

In einer weiteren Variante spielt Weiß mit 5 in Diagramm 41 auf die Schulter von 2. Nach 14 muss Weiß auf 15 zurückkommen, um die Schwäche in seiner Form zu beseitigen. Nach Schwarz 16 sind die weißen Steine verwundbar, da ihnen Augen fehlen.

Anlegen auf 3 in Diagramm 42 ist eine weitere Taktik, die Weiß versuchen kann. Nach dem Abtausch 4 und 5 springt Schwarz auf 6. Weiß fängt mit der Sequenz bis 11 einen Stein und das *Joseki* kommt mit Schwarz 12 zu einem vorläufigen Ende. Das schwarze *Moyo* links nimmt mit 8 und 10 bereits Form an.

Wenn Weiß die Situation so belässt, kann Schwarz zurückkommen und 1 und 3 in Diagramm 43 spielen. Nach Weiß 4 spielt Schwarz mit 5 gute Form und sichert Gebiet auf der rechten Seite.

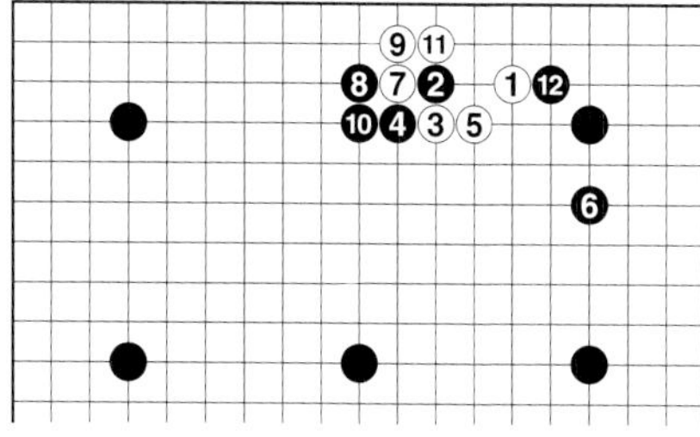

Dia. 42

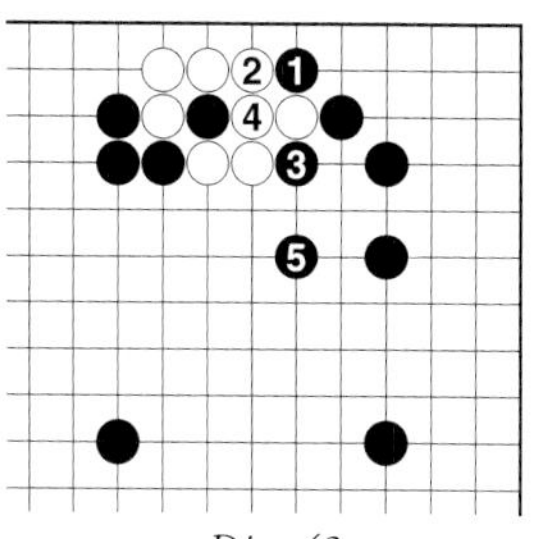

Dia. 43

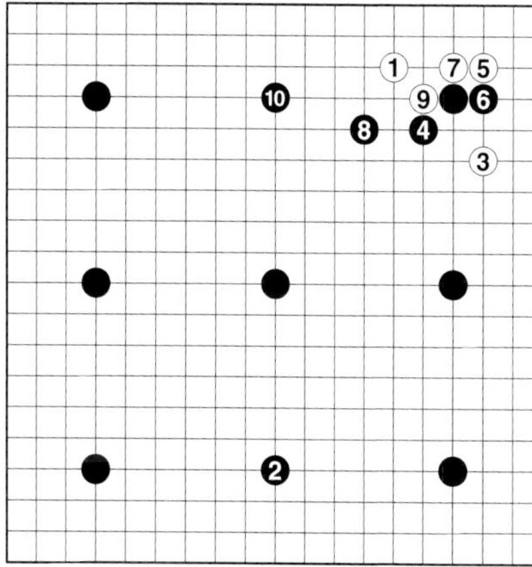

Dia. 44

In einer 6- oder 7-Steine-Partie kann Schwarz den weißen Annäherungszug auf 1 auch ignorieren und mit 2 in Diagramm 44 einen freien Vorgabepunkt auf der gegenüberliegenden Seite besetzen. Wenn Weiß seinen zweiten Annäherungszug auf 3 macht, muss Schwarz nur mit 4 in die Mitte ziehen, woraufhin Weiß normalerweise mit 5 in die Ecke invadiert. Die Sequenz könnte bis Schwarz 10 fortgesetzt werden – bis auf die obere rechte Ecke fühlt sich Schwarz dann so, als ob er mit neun Steinen Vorgabe spielen würde.

Dass Weiß die zwei markierten schwarzen Steine mit 1 in Diagramm 45 fangen kann, sollte wenig Sorgen bereiten. Schwarz kann 2 spielen und die Mitte absichern. Weiß hat etwas Gewinn in der Ecke, aber Schwarz ist verbunden, nutzt seine Vorgabesteine und hat eine geradezu unüberwindliche Führung aufgebaut.

Später in der Partie kann Schwarz die beiden markierten Steine nutzen, um mit 1 und 3 in Diagramm 46 Zwangszüge zu tätigen. Nach der Sequenz bis Schwarz 7 sind die weißen Steine strategisch isoliert und der Bereich zur Mitte im oberen rechten Quadranten sollte schwarzes Gebiet werden.

Man kann diese Strategie auch in einer 5-Steine-Partie anwenden, so wie es mit der Sequenz bis Schwarz 8 in Diagramm 47 dargestellt ist. Nach Weiß 9 könnte

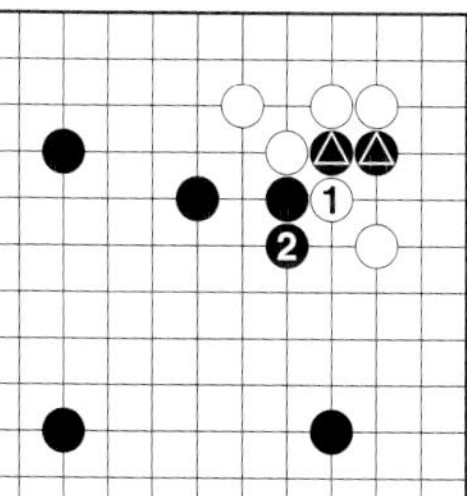

Dia. 45

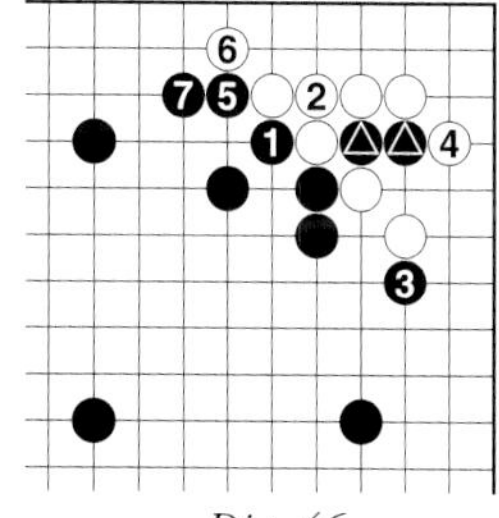

Dia. 46

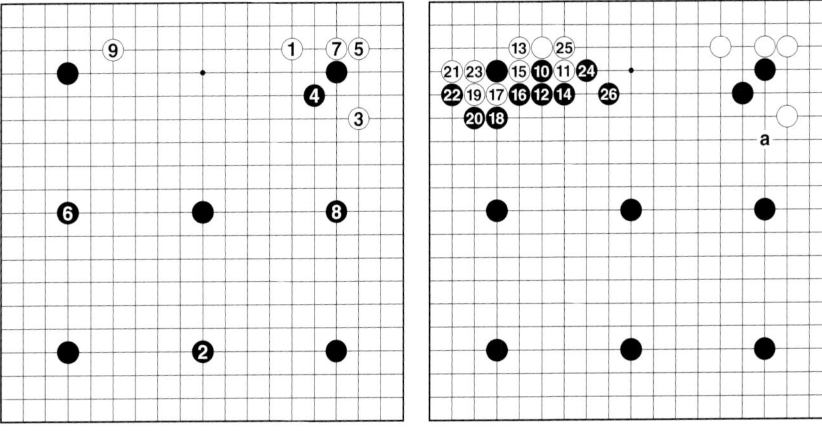

Dia. 47 Dia. 48

Schwarz mit 10 in Diagramm 48 anlegen und mit der Sequenz bis 26 eine nach unten gerichtete Mauer errichten. Auch wenn die beiden oberen Ecken an Weiß abgetreten wurden, sollte Schwarz in der Lage sein, mit der weiter oben im Kapitel beschriebenen *Moyo*-Strategie unten mehr als genug Gebiet zu bekommen. Der strategisch wichtige Punkt ist jetzt auf a – wenn Schwarz diesen Punkt bekommt, sind die weißen Steine auf dem oberen Teil des Brettes eingeschlossen.

Diagramm 49 zeigt die *Moyo*-Strategie in einer 3-Steine-Partie, mit dem Autor als schwarzem Spieler gegen eine chinesische Profi-1-Dan-Spielerin.

Schwarz nimmt zügig mit 4, 6 und 8 drei der seitlichen Vorgabepunkte. Während des Kampfes, der oben rechts stattfindet, richtet Schwarz es so ein, dass er mit 16 und 18 ein *Moyo* aufbaut. Dann zieht er seine Gruppe aus dem

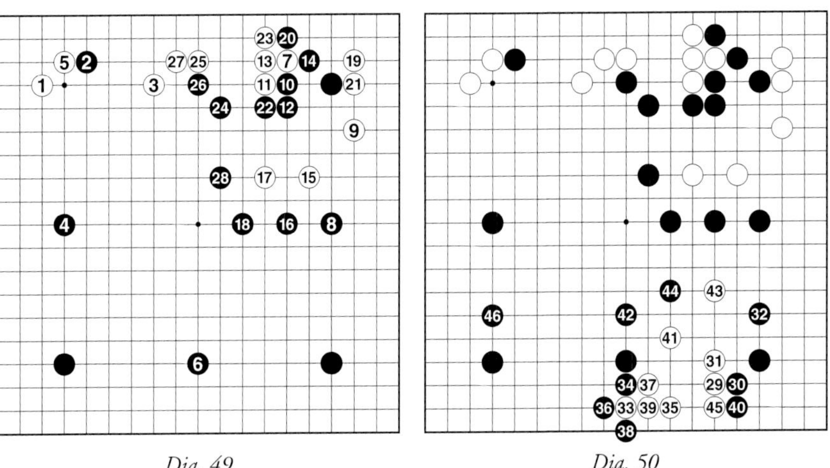

Dia. 49 Dia. 50

Bereich oben rechts heraus und schließt die Sequenz ab, indem er den strategisch wichtigen Punkt 28 nimmt. Weiß hat kleine Gebiete in zwei Ecken und oben am Rand bekommen, aber strategisch hat Schwarz die Partie bereits gewonnen.

Weiß richtet die Aufmerksamkeit als nächstes nach unten rechts, indem sie mit 29 in Diagramm 50 einen Annäherungszug macht, aber die Stärke, die Schwarz in diesem Bereich aufgebaut hat, erlaubt Weiß nicht, hier irgendwelche Vorteile zu erlangen. Weiß kommt mit der Sequenz bis 45 gerade zum Leben, aber Schwarz hat die untere rechte Ecke abgesteckt und weiteren Einfluss zur Mitte aufgebaut. Zum Schluss verstärkt Schwarz mit 46 die linke Seite. Weiß fällt weit zurück.

Vorgabe-Go zu spielen, indem man den aggressiven Stil verfolgt, der in diesem Kapitel beschrieben wird, ist die beste Art, schnell ein starker Spieler zu werden. Man wird am Anfang viele seiner Partien verlieren, aber in dem Maße, in dem sich die Technik verbessert, wird man ein ernsthafter Gegner, dem andere Spieler nicht länger Vorgaben geben wollen. Die Schwierigkeit dieser Strategie besteht darin, die abgesteckten Gebietsanlagen in sicheres Gebiet zu verwandeln. Aber das ist Teil der Mittelspiel-Technik, der man in allen Partien ausgesetzt ist, sowohl in Gleichauf- als auch in Vorgabepartien. Dieses Thema wird in Kapitel 4 behandelt.

Um das Studium des Vorgabe-Go fortzuführen, sollen hier drei Bücher genannt werden, die Vorgabe-Go im Sinne des aggressiven Stils analysieren, wie er in diesem Kapitel dargestellt wird. Es sind *Handicap Go* von Nagahara Yoshiaki, *Kage's Secret Chronicles of Handicap Go* von Kageyama Toshiro und *Get Strong at Handicap Go* von Richard Bozulich. Diese drei Bücher vermitteln ein viel tieferes Verständnis der Konzepte, als das hier in diesem kurzen Kapitel möglich ist.

3. Kapitel: Josekis

Josekis sind Standardsequenzen, die normalerweise aus den ersten Annäherungs- und Klemmzügen in den Ecken entstehen. Es gibt auch Mittelspiel-*Josekis*, die an den Seiten gespielt werden oder während der Angriffe auf Eckabschlüsse auftreten. In der Geschichte des Go sind ständig neue *Josekis* entwickelt worden – einige bleiben, während andere wieder ausrangiert werden. Damit eine Sequenz als *Joseki* betrachtet wird, müssen die Züge logisch und natürlich sein sowie keiner Seite einen übermäßigen Vorteil gegenüber der anderen verschaffen. Jedoch kann ein *Joseki*, dessen Ergebnis in der einen Stellung als ausgeglichen bewertet wird, in einer anderen Stellung ein schlechteres Ergebnis ergeben. Daher kann man nicht blind eine Zugfolge in einer Ecke spielen, nur weil sie ein *Joseki* ist. Man muss ständig die Stellung auf dem gesamten Brett bedenken und wie sich die Steine auf einem Teil des Brettes zu den Steinen auf den anderen Teilen verhalten.

In den beiden vorangegangenen Kapiteln ist bereits eine Anzahl *Josekis* dargestellt worden. Im Folgenden werden einige weitere vorgestellt. Die Betonung wird dabei auf der Frage liegen, nach welchen Grundsätzen man sich, unter Berücksichtigung der Stellung auf dem Rest des Brettes, für ein *Joseki* entscheidet.

Josekis, die vom 4-4-Punkt ausgehen

Gegen einen Stein auf dem 4-4-Punkt wird am häufigsten die Annäherung im *Keima* (kleiner Rösselsprung) von Weiß in Diagramm 1 gespielt. Annäherungszüge auf a oder b können unter bestimmten Umständen auch gespielt werden, aber sie haben beide einen Hauptnachteil: Eine Eckinvasion auf c ist danach keine effektive Fortsetzung. Die normalen schwarzen Antworten auf Weiß 1 sind a, b und c in Diagramm 2. Wenn jedoch der markierte schwarze Stein in Diagramm 3 schon steht, sind Klemmzüge auf Schwarz 2 oder a besonders effektiv. Andere gängige Klemmzüge sind b und c. Sie können auch angewandt werden, ohne dass der markierte Stein bereits steht. Anlegen auf d ist eine besondere Strategie, um schnell das Gebiet auf der rechten Seite zu stabilisieren und Einfluss in Richtung der Mitte aufzubauen.

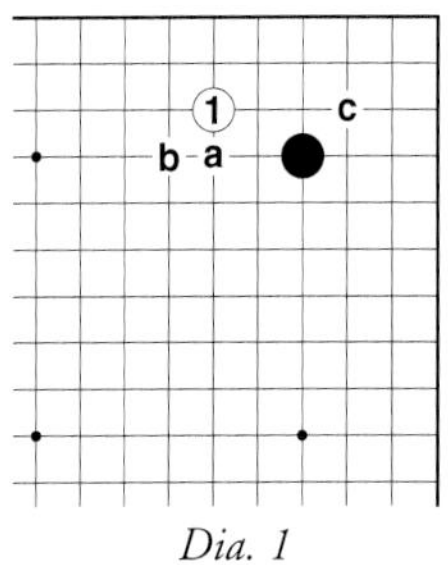

Dia. 1

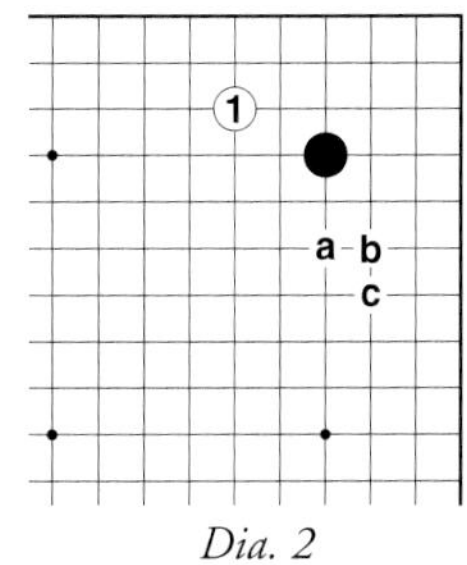

Dia. 2

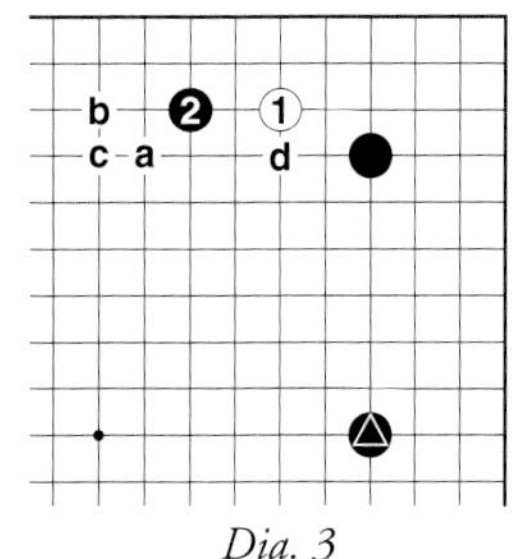

Dia. 3

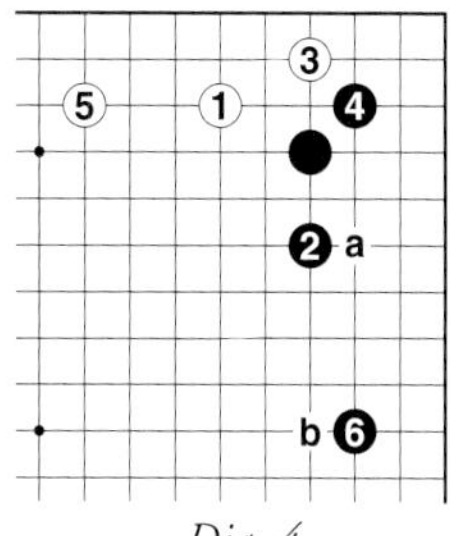

Dia. 4

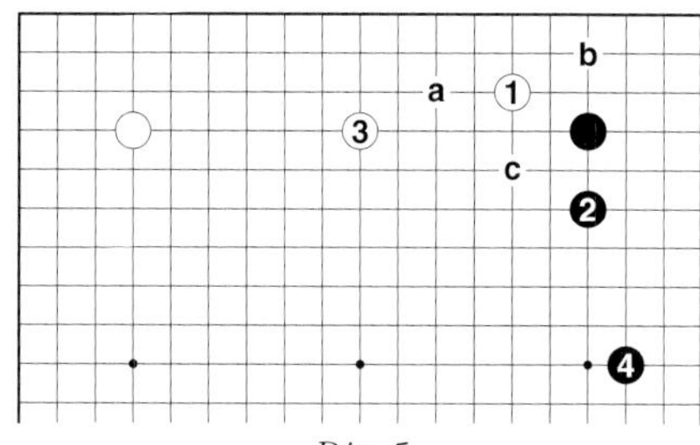

Dia. 5

Wenn die rechte Seite von Weiß nicht besetzt ist, ist der Ein-Punkt-Sprung von Schwarz 2 in Diagramm 4 die normale Antwort auf Weiß 1. Die Sequenz bis Schwarz 6 ist das Standard-*Joseki.* Weiß erhält oben eine stabile Position, während Schwarz Ansprüche auf das Gebiet auf der rechten Seite erhebt. Wenn Schwarz bereits einen Stein auf 6 oder b hat, ist Schwarz 2 sogar noch besser.

Wenn Weiß eine Stellung in der linken oberen Ecke hat, kann er sich nach Schwarz 2 auch leicht auf 3 in Diagramm 5 ausdehnen. Schwarz 4 schließt das *Joseki* ab. In diesem Fall ist die weiße Stellung dünn, so dass Schwarz auf eine Invasion auf a zielen kann. Stattdessen kann Schwarz jedoch auch auf b springen, um das Gebiet in der Ecke zu sichern. Falls Schwarz sich dafür entscheidet, kann Weiß seine Stellung durch den Sprung nach c verstärken.

Wenn die obere Seite offen ist, ist es schlecht, zuerst mit 2 in Diagramm 6 anzulegen und dann nach 4 zu springen. Weiß kann nun eine ideale Ausdehnung von seinen zwei Steinen 1 und 3 nach 5 machen.

Falls Schwarz jedoch den markierten Stein in Diagramm 7 stehen hat, ist Anlegen mit 2 ein guter Zug. 5 ist dann für Weiß die weiteste mögliche Ausdehnung. Von den zwei Steinen 1 und 3 aus ist diese Ausdehnung jedoch etwas zu kurz. Deshalb arbeiten die weißen Steine nicht mit maximaler Effizienz.

Wenn Weiß die Zugfolge in Diagramm 4 umkehrt und sich wie in Diagramm 8 erst nach 3 ausdehnt, würde Schwarz mit 4 anlegen, um 5 zu erzwingen. Weiß endet so mit einer etwas überkonzentrierten Stellung.

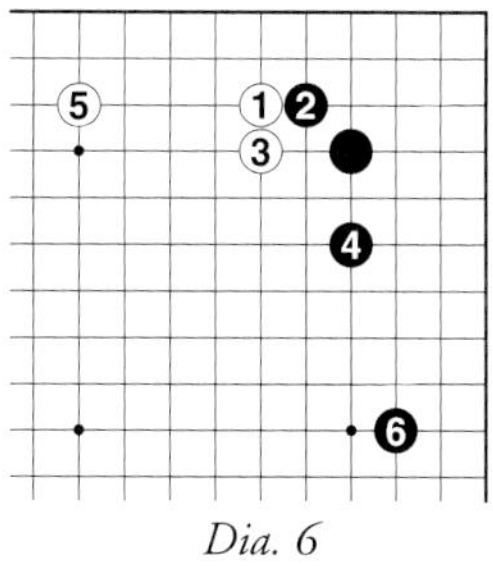

Dia. 6

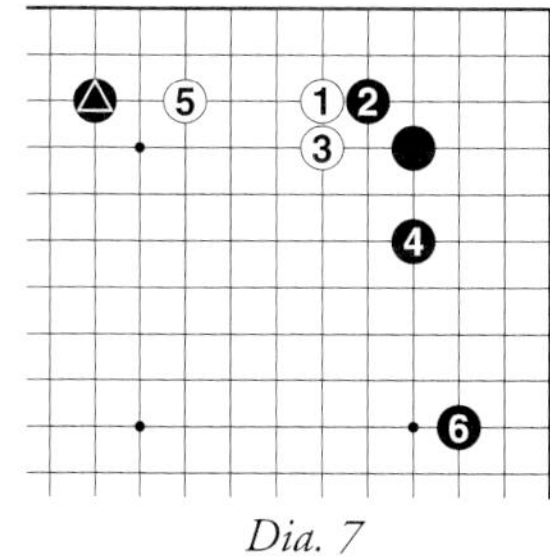

Dia. 7

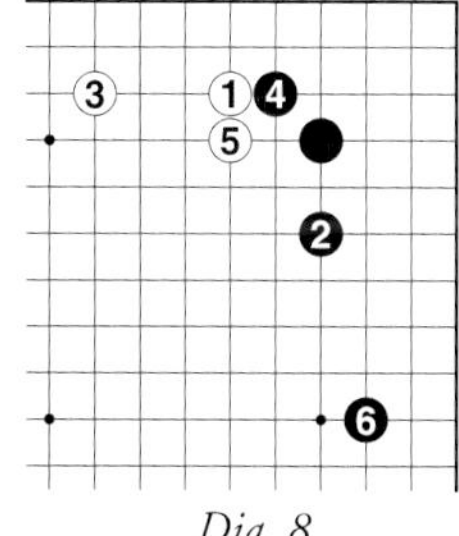

Dia. 8

Wenn Weiß, wie in Diagramm 9, schon den markierten Stein oder einen Stein irgendwo auf der rechten Seite gespielt hat, ist das *Keima* von Schwarz 2 die angemessene Antwort auf Weiß 1. Manchmal kann auch der große Rösselsprung (*Ogeima*) auf a gespielt werden. Wenn Schwarz 2 in Diagramm 10 spielt, kann Weiß später auf a zielen, was die Basis dieser Steine unterminieren würde.

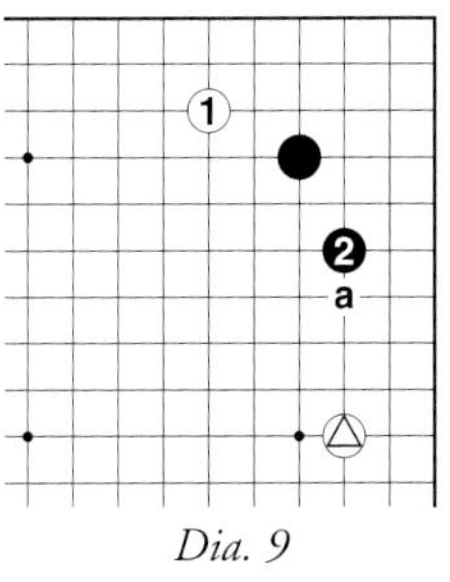

Dia. 9

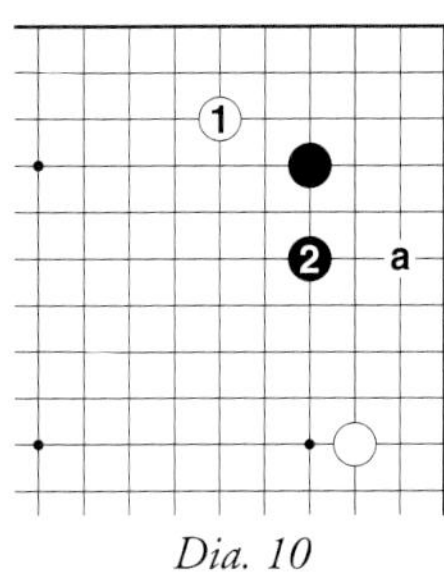

Dia. 10

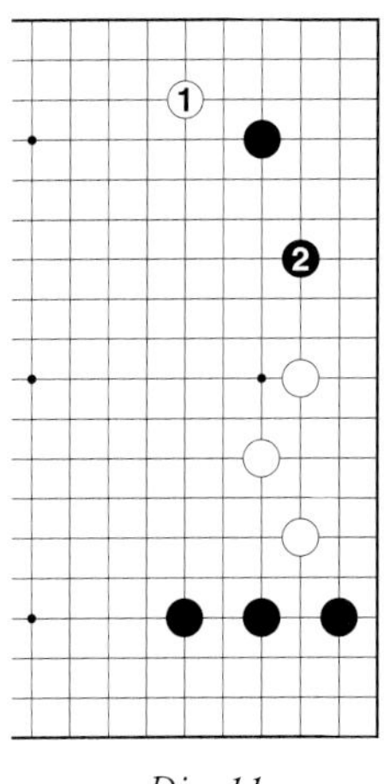

Dia. 11

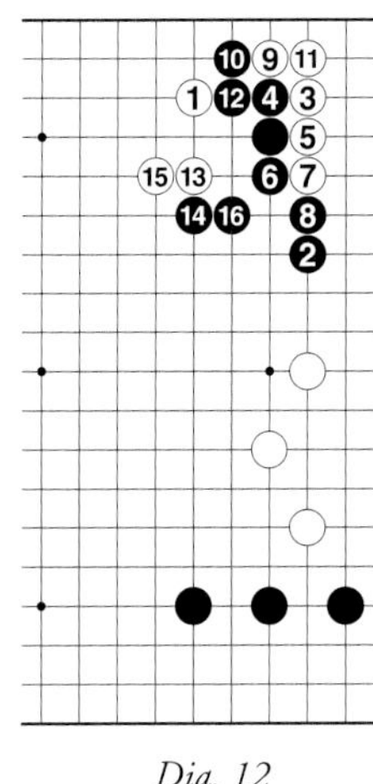

Dia. 12

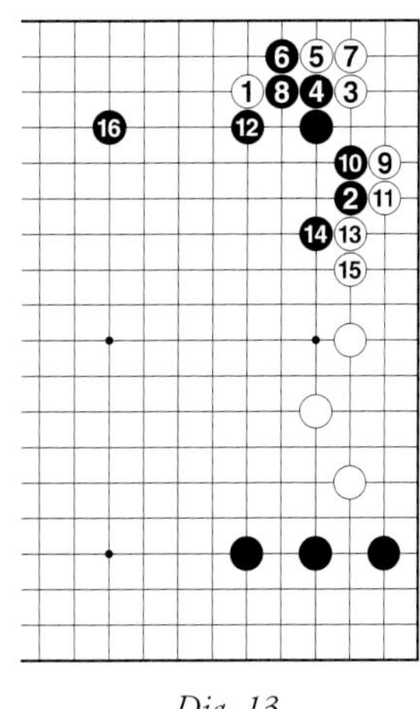

Dia. 13

Wenn Weiß wie in Diagramm 11 unten eine starke Stellung hat, wäre Schwarz 2 unangemessen. Weiß könnte auf 3 in Diagramm 12 invadieren, und eine Sequenz wie die hier gezeigte wäre das Ergebnis. Weiß lebt in der Ecke und hat Stellungen auf der oberen und der rechten Seite aufgebaut, während die schwarzen Steine verletzbar und ohne Basis bleiben.

Wenn Schwarz die nähere Ausdehnung auf 2 in Diagramm 13 gespielt hat, kann Weiß mit der Sequenz bis 11 in der Ecke leben, aber Schwarz kann durch den Zug auf 12 gute Form erhalten, so dass seine Steine nicht in Gefahr sind. Wenn Weiß mit 13 und 15 weiter auf der rechten Seite spielt, spielt Schwarz 16 und steckt sich ein großes Gebiet oben ab. Weiß hat sich die Ecke gesichert, diese ist jedoch klein und der weiße Einfluss auf die Mitte hat nicht wesentlich zugenommen.

Nach Schwarz 2 könnte Weiß seine Stellung am oberen Rand durch die Züge 3 und 5 in Diagramm 14 stabilisieren. Schwarz würde dann 6 spielen und darauf

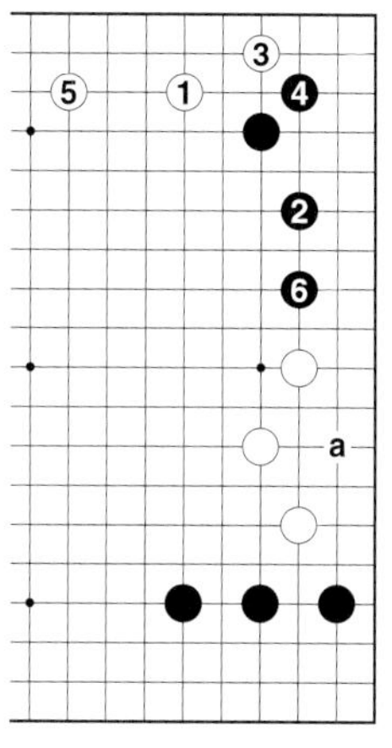

Dia. 14

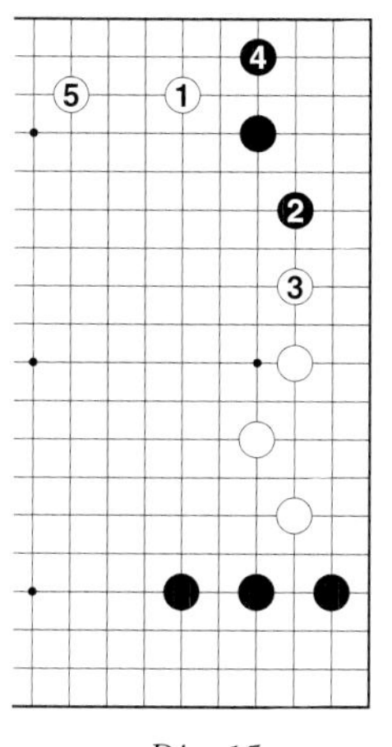
Dia. 15

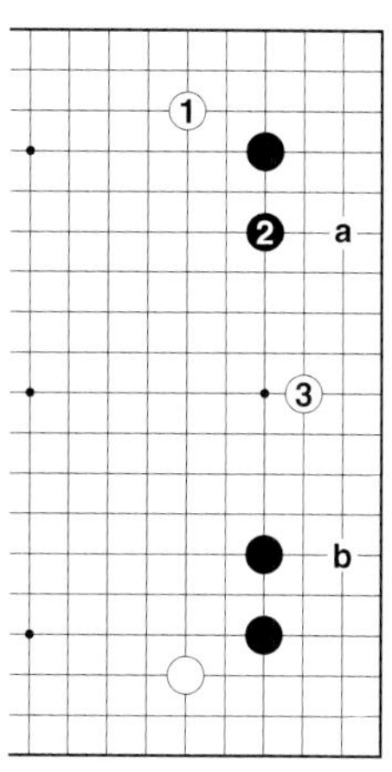

Dia. 16

abzielen, die weiße Stellung am unteren rechten Rand auszuhöhlen, indem er auf a spielt (*Oki-Tesuji*, siehe Kapitel 5). Falls Weiß andererseits 3 in Diagramm 15 spielt, sichert sich Schwarz durch den Sprung auf 4 Gebiet in der Ecke. Als Reaktion muss Weiß mit einem Zug auf 5 eine Stellung am oberen Rand einrichten.

Weiß 1 wie in Diagramm 16 mit einem 1-Punkt-Sprung auf 2 zu beantworten ist nicht gut. Weiß spielt 3 und zielt mit a und b gleichzeitig auf zwei schwache Punkte. Daher ist Schwarz 2 in Diagramm 17 der bessere Zug. Schwarz würde eine Invasion auf 3 begrüßen, da die Stellung, die er mit 14 und 16 aufbaut, mit seinem markierten Stein auf der rechten Seite ein großes Gebiet aufbaut.

Die Sequenz bis Weiß 5 in Diagramm 14 oben ist das Standard-*Joseki*, wenn Weiß einen Annäherungszug auf 1 macht. Jedoch sind diese Züge für Schwarz nicht die einzigen möglichen, andere Züge können unter Umständen besser sein.

Zum Beispiel könnte Schwarz einen Klemmzug auf 1 oder a in Diagramm 18 spielen. Weiß muss dann seine Steine schnell stabilisieren, daher ist das Anlegen auf 2 der beste Zug. Im Zusammenhang mit dem *Ogeima* von Schwarz ist die Sequenz bis Schwarz 11 in Diagramm 19 ein *Joseki*. Weiß macht bis 10 Augenform für seine Steine, während

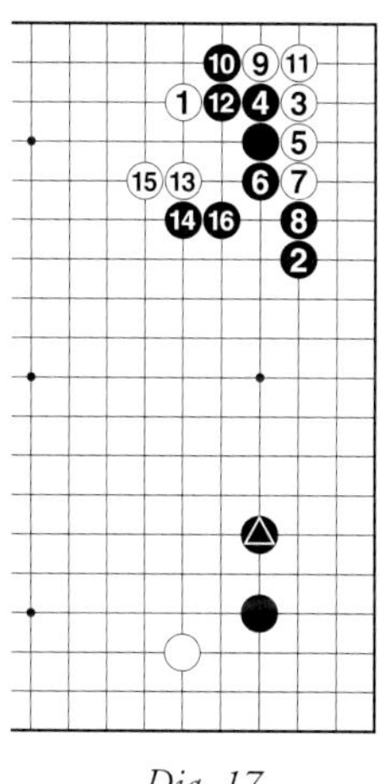
Dia. 17

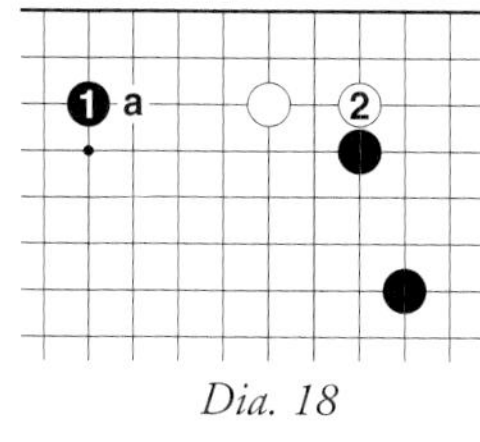

Dia. 18

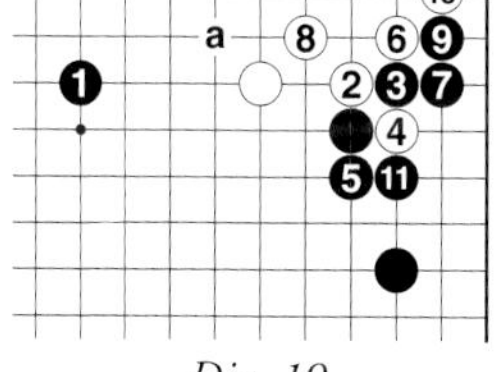

Dia. 19

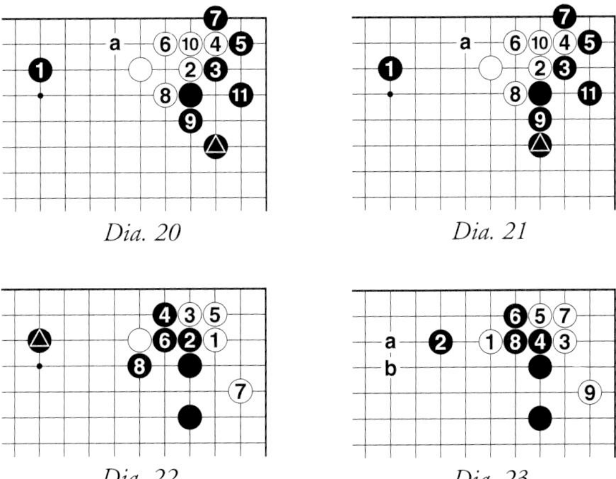

Dia. 20

Dia. 21

Dia. 22

Dia. 23

Schwarz sich etwas Gewinn auf der rechten Seite sichert, wenn er sich mit 11 verteidigt. Falls Weiß die Situation so belässt und irgendwo spielt, kann Schwarz auf a angreifen. Übrigens sind wegen des Opfers Weiß 4 alle Züge bis Schwarz 11 zwingend.

Für den Fall der Ausdehnung mit dem markierten *Keima* ist das *Joseki* in Diagramm 20 dargestellt. In diesem Fall wählt Weiß keine Opfertaktik, so dass Schwarz mit 7 *Atari* geben kann. Weiß muss zurückkehren und mit 10 verbinden. Wieder ist a der Angriffspunkt.

Wenn Schwarz den markierten 1-Punkt-Sprung in Diagramm 21 gespielt hat, ist die Zugfolge identisch mit der in Diagramm 20. Falls Schwarz die Gelegenheit bekommt, wird er auf a angreifen. Schwarz 5 in Diagramm 20 und 21 geht allerdings aufs Ganze – und Weiß könnte versucht sein, Komplikationen herbeizuführen. Der sichere Zug wäre die feste Verbindung mit 5 unterhalb von 3.

Es ist für Weiß nicht ratsam, als Antwort auf einen Klemmzug wie den markierten Stein in Diagramm 22 die Ecke mit 1 zu invadieren. Die schwarze Position außen ist zu gut, verglichen mit dem, was Weiß in der Ecke bekommt.

Falls Schwarz jedoch wie in Diagramm 23 einen nahen Klemmzug auf 2 spielt, ist es gut, die Ecke mit 3 zu invadieren. Nach der Sequenz bis Weiß 9 steht der schwarze Stein 2 zu nah an der Mauer, die Schwarz errichtet hat. Dieser Stein wäre nun auf a oder b besser platziert.

Nach der Sequenz bis Schwarz 4 in Diagramm 24 ist die Eckinvasion in Diagramm 25 möglich. Mit dem bereits gesetzten markierten weißen Stein wird der

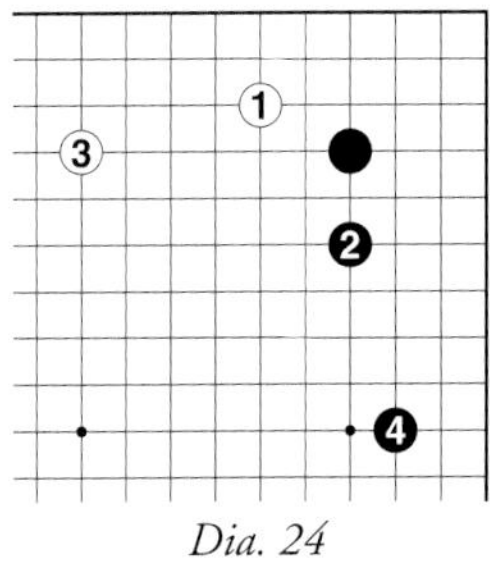

Dia. 24

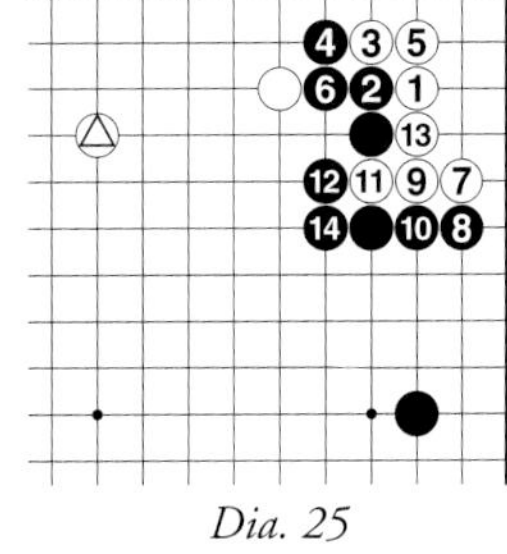

Dia. 25

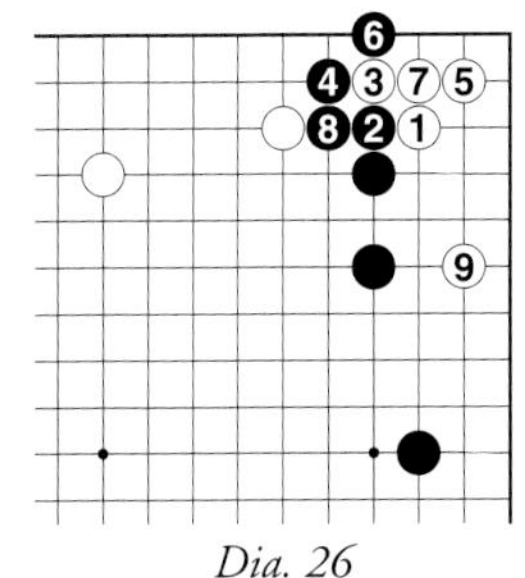

Dia. 26

Einfluss der schwarzen Mauer aufgehoben. Zwar erhält Schwarz mit der Sequenz bis 14 nach unten eine feste Stellung, ob dieses Ergebnis gut für Weiß ist oder nicht, hängt aber von der Stellung auf dem unteren Teil des Brettes ab.

Die Sequenz bis Weiß 9 in Diagramm 26 ist eine weitere Variante dieses *Josekis*. Schwarz kann Weiß mit der Sequenz bis 7 in Diagramm 27 in der Ecke einschließen. Wenn aber der obere Rand wichtiger wäre, würde Schwarz mit 1 in Diagramm 28 gute Form machen und darauf zielen, später auf a einen Klemmzug zu spielen.

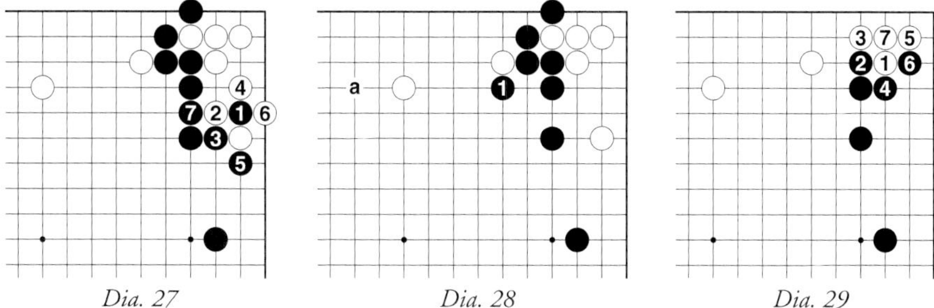

Dia. 27 *Dia. 28* *Dia. 29*

Nach Weiß 3 kann Schwarz mit 4 in Diagramm 29 blocken, um seine Gebietsansprüche auf der rechten Seite abzusichern. Schwarz endet nach dem Austausch von 6 und 7 mit Vorhand.

Die hohe 1-Punkt-Annäherung von Weiß 1 in Diagramm 30 wird gespielt, wenn Weiß nicht will, dass Schwarz einen Klemmzug spielt. In den meisten Fällen ist Schwarz 2 die beste Reaktion. Der Nachteil dieses hohen Annäherungszuges ist, dass er mit einer Invasion auf dem 3-3-Punkt schlecht zusammenpasst. Wenn Weiß die hohe Annäherung spielt, hofft er, sich durch Anlegen auf 1 in Diagramm 31 und die Sequenz bis 5 das Gebiet entlang der oberen Seite zu nehmen. Jedoch sichert Schwarz mit 2 und 4 die Ecke. Wenn, so wie hier, der obere Rand wichtig ist, ist das Ergebnis für Weiß gut.

In Diagramm 32 ist die Eckinvasion mit Weiß 1 schlecht, weil der markierte weiße Stein fehlplatziert ist und Schwarz mit 6 gute Form machen kann. Falls Schwarz die Sequenz bis 6 in Diagramm 33 spielt, kann Schwarz außerdem

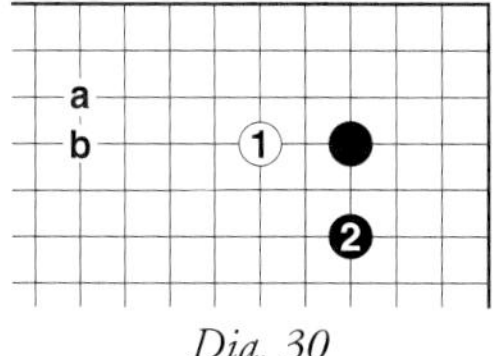

Dia. 30

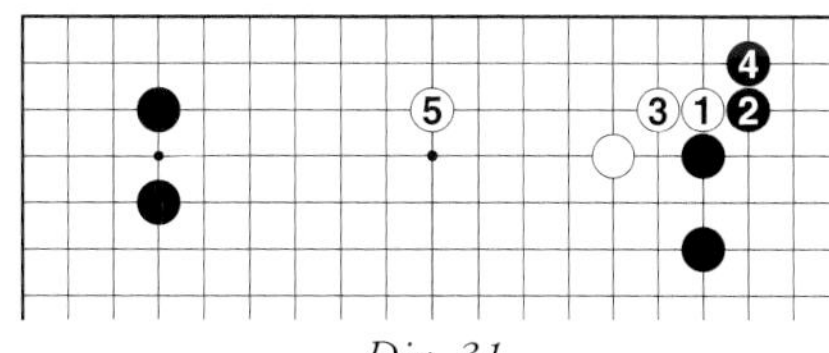

Dia. 31

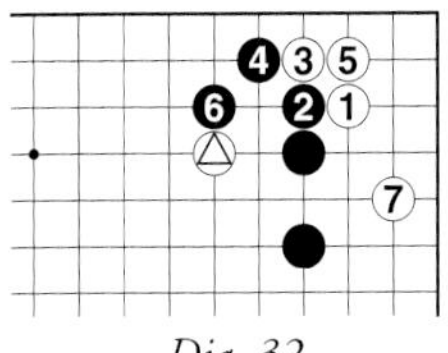

Dia. 32

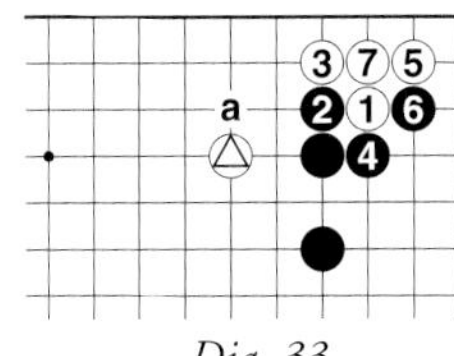

Dia. 33

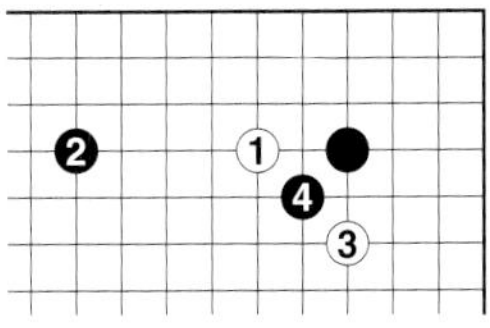

Dia. 34

nach Weiß 7 den markierten weißen Stein mit a von den vier weißen in der Ecke trennen. Der markierte weiße Stein wäre auf a wirklich besser platziert.

Andererseits erzielt Schwarz ein schlechtes Ergebnis, wenn er einen Klemmzug auf 2 in Diagramm 34 spielt. Weiß spielt eine Doppelannäherung auf 3 und Schwarz läuft mit 4 in die Mitte. Sein Ziel ist es, das Gebiet an der oberen Seite zu nehmen, was er mit der Sequenz bis 10 in Diagramm 35 auch tut. Diese Stellung hat jedoch Schwachstellen und Weiß kann Schwarz zwingen, den einzelnen weißen Stein mit der Sequenz bis 8 in Diagramm 36 zu schlagen. Währenddessen erzeugt Weiß Einfluss auf der Außenseite und die schwarzen Steine werden überkonzentriert.

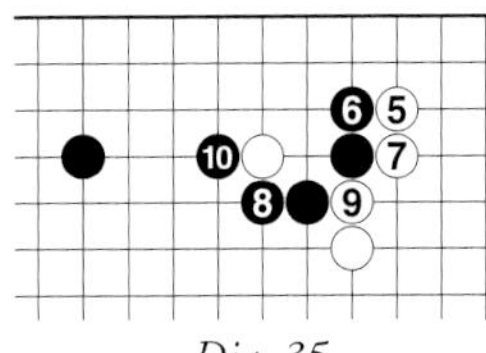

Dia. 35

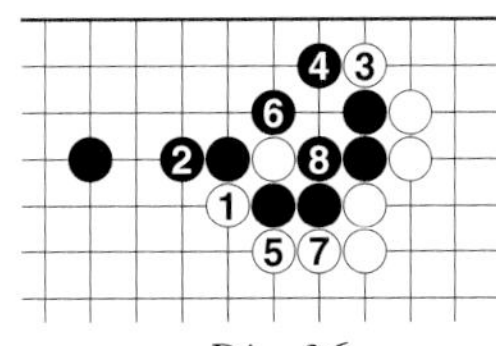

Dia. 36

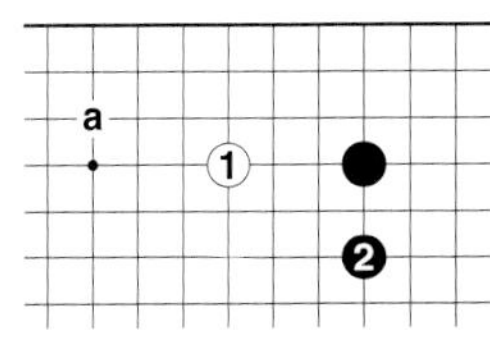

Dia. 37

Die hohe 2-Punkt-Annäherung von Weiß 1 in Diagramm 37 hat vergleichsweise wenig Einfluss auf die schwarze Ecke. Dieser Zug wird fast ausschließlich in Vorgabepartien gespielt, wenn Weiß eine spezielle Strategie verfolgt. Schwarz wird normalerweise mit 2 antworten, obwohl auch ein Klemmzug in der Gegend von a möglich ist. Wie bei der 1-Punkt-Annäherung in Diagramm 30, kann Weiß mit dem Anlegen auf 1 in Diagramm 38 fortfahren. Bis zu Weiß 7 ist das ein *Joseki*.

Josekis, die vom 3-4-Punkt ausgehen

Gegen einen Stein auf dem 3-4-Punkt sind a und b in Diagramm 39 die normalen Züge. Aus diesen beiden Annäherungszügen erwachsen Tausende von *Josekis*. Als erstes wird die Annäherung mit einem *Keima* auf a betrachtet.

Als Antwort auf Weiß 1 in Diagramm 40 hat Schwarz eine große Anzahl von Zügen zur Auswahl: Klemmzüge von a bis f, den Diagonalzug auf g oder den Rösselsprung auf h. Es ist sogar möglich, auf i anzulegen, aber dieser Zug wird nur unter besonderen

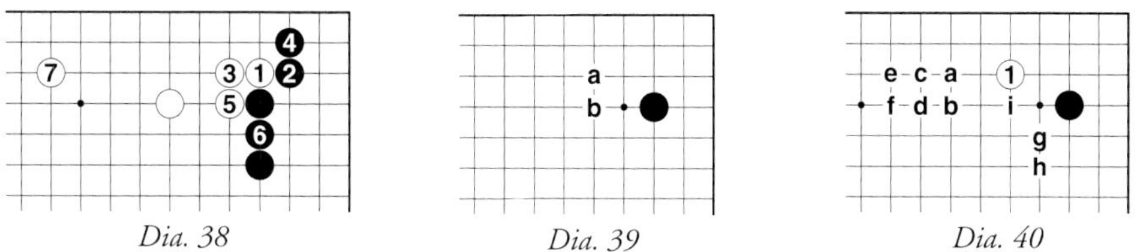

Dia. 38 *Dia. 39* *Dia. 40*

Umständen verwendet. Obwohl der Diagonalzug auf g und der Rösselsprung auf h gute, stabile Züge sind, werden im modernen Go häufiger Klemmzüge angewendet, weil sie es erlauben, die eigenen Steine schneller zu entwickeln.

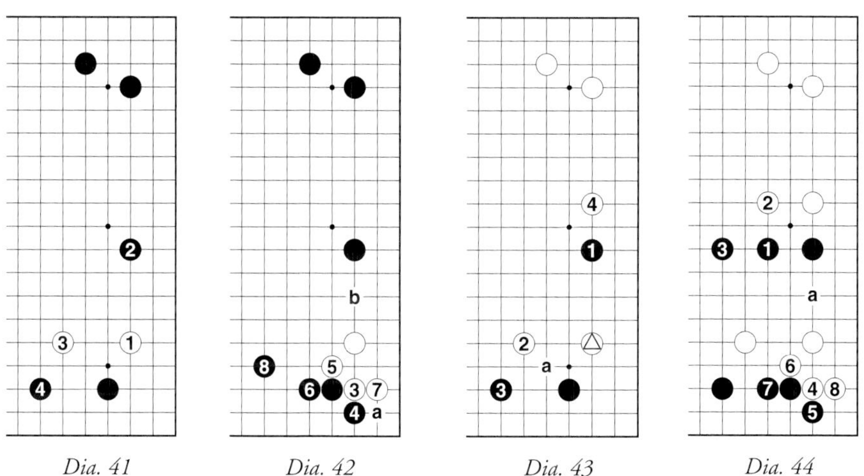

Dia. 41 *Dia. 42* *Dia. 43* *Dia. 44*

Schwarz 2 in Diagramm 41 ist zum Beispiel ein kraftvoller Zug. Er greift nicht nur den weißen Stein auf 1 an, sondern dehnt sich vom oberen schwarzen Eckabschluss her aus. Die normale weiße Antwort ist es, mit 3 zur Mitte zu springen, woraufhin Schwarz sich mit 4 am unteren Rand Gebiet nimmt.

Weiß kann auch mit 3 in Diagramm 42 anlegen, um Augenform für seine Steine zu machen. Die Sequenz bis Schwarz 8 ist ein *Joseki*. Die weißen Steine werden keine Schwierigkeit haben zu leben. Wenn Schwarz auf a angreift, dehnt sich Weiß auf b aus, und wenn Schwarz b spielt, dann kann Weiß seine Steine mit a stabilisieren.

Falls es, wie in Diagramm 43, Weiß ist, der oben einen Eckabschluss hat, verliert ein Klemmzug auf 1 viel von seiner Wirkung. Weiß tauscht erst 2 für 3 ab und spielt dann selber einen Klemmzug auf 4, wobei er seinen markierten Stein und 2 als Unterstützung verwendet. Weiß 4 stellt wieder eine passende Ausdehnung vom oberen weißen Eckabschluss dar. Daher ist ein Klemmzug auf 1 in dieser Stellung fragwürdig – und der Diagonalzug auf a wäre besser gewesen.

Schwarz muss entweder versuchen, sich mit a zu stabilisieren oder mit 1 in Diagramm 44 in die Mitte zu entkommen. Weiß antwortet mit 2 und errichtet oben ein *Moyo*. Nach Schwarz 3 verschafft sich Weiß mit der Sequenz bis 8 eine Basis für seine Steine unten rechts.

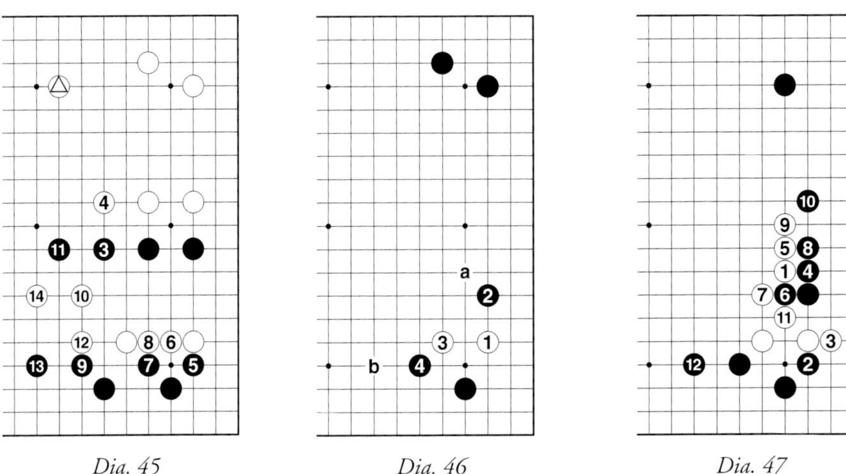

Dia. 45 *Dia. 46* *Dia. 47*

Wenn Weiß z. B. den markierten Stein in Diagramm 45 auf dem Brett hat, würde er nach Schwarz 3 mit 4 fortfahren, sein *Moyo* aufzubauen. In dem Fall würde Schwarz einen Angriff auf die untere weiße Gruppe mit 5, 7 und 9 in Gang setzen. Die Sequenz bis 14 ist ein *Joseki*: die weißen gefährdeten Steine entkommen in die Mitte, aber Schwarz macht Gewinn am unteren Rand.

Der nahe Klemmzug auf Schwarz 2 in Diagramm 46 ist sehr scharf und kann zu heftigen Kämpfen führen. Der Sprung in die Mitte mit 3 ist die unkomplizierteste Antwort. Nach Schwarz 4 kann Weiß mit a oder b fortfahren.

Das Drücken mit 1 in Diagramm 47 führt zu einem ähnlichen *Joseki*, wie es in Kaptitel 2 dargestellt ist (Diagramm 41 auf Seite 34). Lokal betrachtet ist das Ergebnis gut für Schwarz. Er hat Stellungen rechts und links etabliert und Weiß mangelt es immer noch an einer sicheren Basis. Falls Schwarz jedoch wie in Diagramm 48 einen Stein auf dem Vorgabepunkt in der oberen Ecke hat, würde Weiß 1 für 2 abtauschen und dann auf dem 3-3-Punkt invadieren. Weiß lebt in der Ecke und Schwarz errichtet eine Mauer in der Sequenz bis 14. Der Einfluss dieser Mauer wird jedoch durch die Anwesenheit des weißen Steins auf 1 aufgehoben.

Weiß könnte auch wie in Diagramm 49 von links angreifen. Die Sequenz bis 12 ist das entsprechende *Joseki*. Falls Schwarz eine Stellung in der oberen rechten Ecke hat, entweder einen Eckabschluss oder einen Stein auf dem Vorgabepunkt,

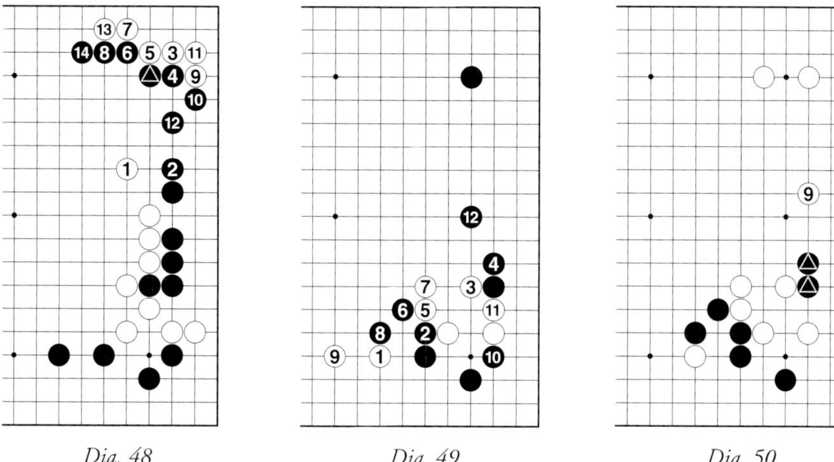

Dia. 48 Dia. 49 Dia. 50

ist das Ergebnis gut für Schwarz. Aber falls Weiß einen Eckabschluss oder einen Stein auf dem Vorgabepunkt hat, wie in Diagramm 50, ist das schwarze Ergebnis nicht so gut. Anstelle von 9 in Diagramm 49 würde Weiß mit einem Klemmzug auf 9 in Diagramm 50 einen harten Angriff starten. Die beiden markierten schwarzen Steine würden schwer unter Druck geraten.

Häufig entstehen während der Eröffnung Stellungen, in denen ein Annäherungszug nicht die beste Strategie ist. In Diagramm 51 ist eine solche Stellung dargestellt. Nachdem das *Joseki* bis Weiß 6 ausgespielt worden ist, scheint ein Annäherungszug links unten in Diagramm 52 die natürliche Fortsetzung für Schwarz zu sein. Aber Weiß würde dann 2 spielen, was nicht länger nur ein Klemmzug, sondern eine Ausdehnung von dem markierten Stein ist. Das gibt Weiß die Initiative auf der linken Seite.

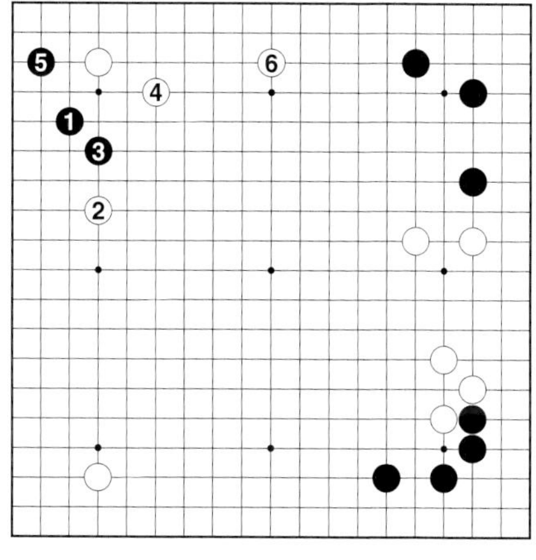

Dia. 51

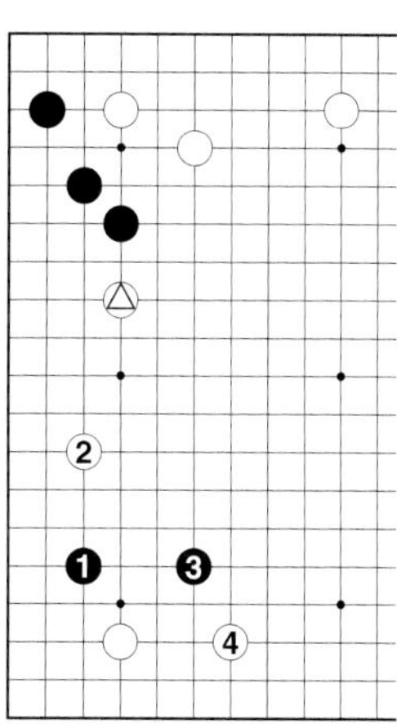

Dia. 52

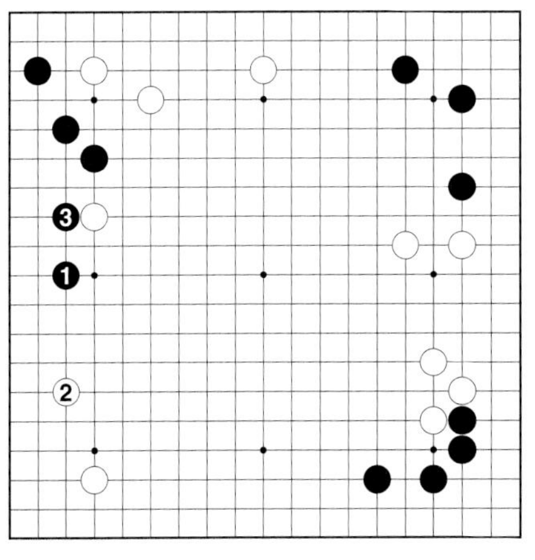

Dia. 53

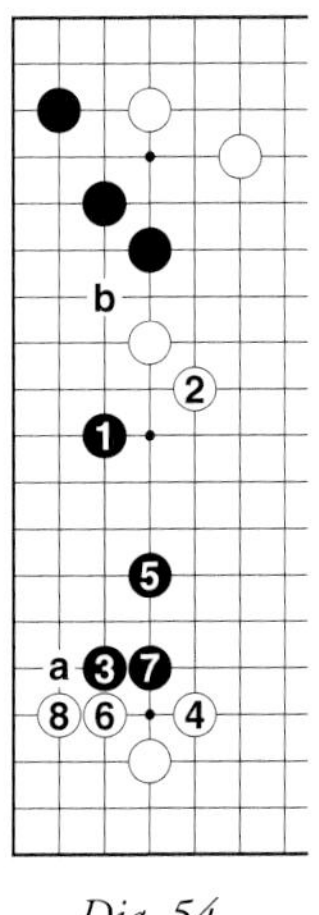

Dia. 54

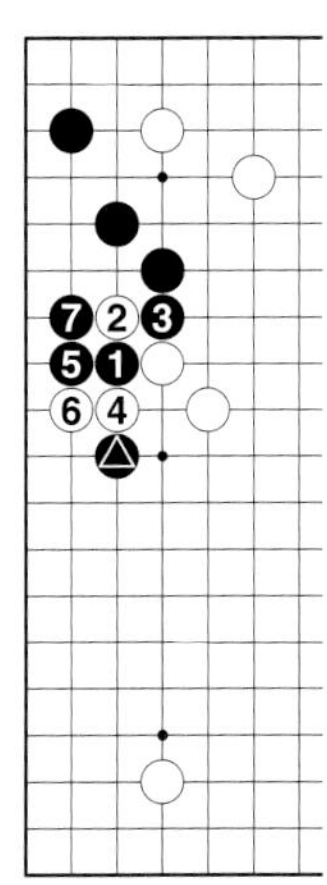

Dia. 55

Ein interessanter Zug in dieser Stellung ist Schwarz 1 in Diagramm 53. Falls Weiß mit 2 unten einen Eckabschluss spielt, bindet Schwarz seinen Stein durch Anlegen auf 3 an. Dieses Ergebnis ist sehr gut für Schwarz, denn seine Steine oben sind sicher und haben rund 15 Punkte Gebiet gemacht. Ein Blick über das Brett zeigt, dass Schwarz drei stabile Stellungen mit sicherem Gebiet hat, während die weißen Stellungen alle ein bisschen dünn sind.

Weiß wird nicht zulassen, dass sich die schwarzen Steine am linken Rand so leicht stabilisieren. Der Diagonalzug auf 2 in Diagramm 54 hindert Schwarz am Verbinden. Wenn Schwarz trotzdem versucht anzubinden, trennt die Sequenz bis 6 in Diagramm 55 den markierten Stein von seinen Verbündeten ab. Daher muss Schwarz eine Basis am unteren linken Rand etablieren. Er tut dies, indem

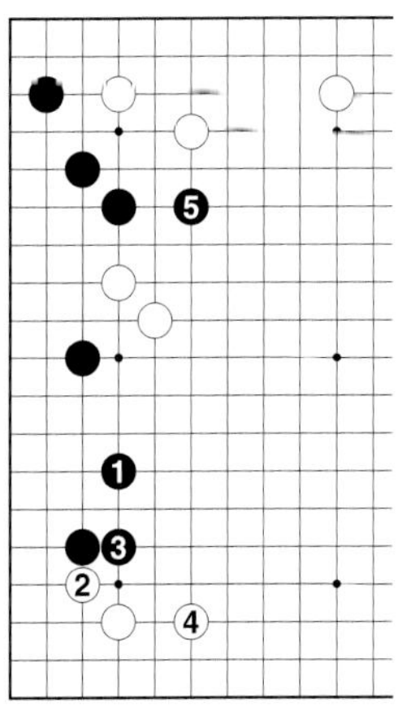

Dia. 56

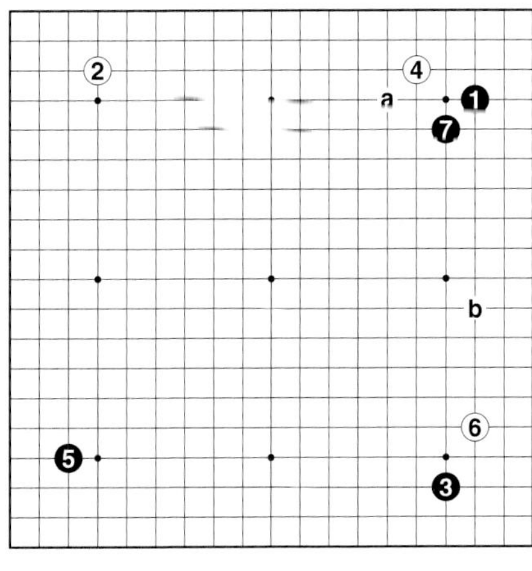

Dia. 57

er sich auf 3 in Diagramm 54 ausdehnt. Die beste Antwort für Weiß ist der Diagonalzug auf 4 und es folgt das *Joseki* bis 8. Die weiße Anlage in der Ecke ist sicheres Gebiet, außerdem hat er bei a einen Zugang in das schwarze Gebiet und er kann die oberen schwarzen Steine noch mit b bedrohen.

Der Diagonalzug auf 4 in Diagramm 54 ist wichtig. Wenn Weiß irgendwo anders spielen würde, könnte Schwarz seine Stellung auf der linken Seite mit 1 in Diagramm 56 stärken. Weiß wäre gezwungen, seine Steine unterhalb mit 2 und 4 zu stärken, aber dann würde Schwarz den Schlüsselpunkt 5 besetzen, die Initiative auf der linken Seite übernehmen und die zwei weißen Steine in der Mitte isolieren.

Der Diagonalzug ist die stabilste Antwort, die man auf eine Annäherung im *Keima* spielen kann. Nach den Eröffnungszügen bis Weiß 6 in Diagramm 57 ist Schwarz 7 ein hervorragender Zug. Er hat drei Ziele: Erstens hindert er Weiß daran, mit 7 zu drücken, zweitens droht er, Weiß mit a herunterzudrücken, und drittens droht er mit einem Ausdehnungs-Klemmzug auf b.

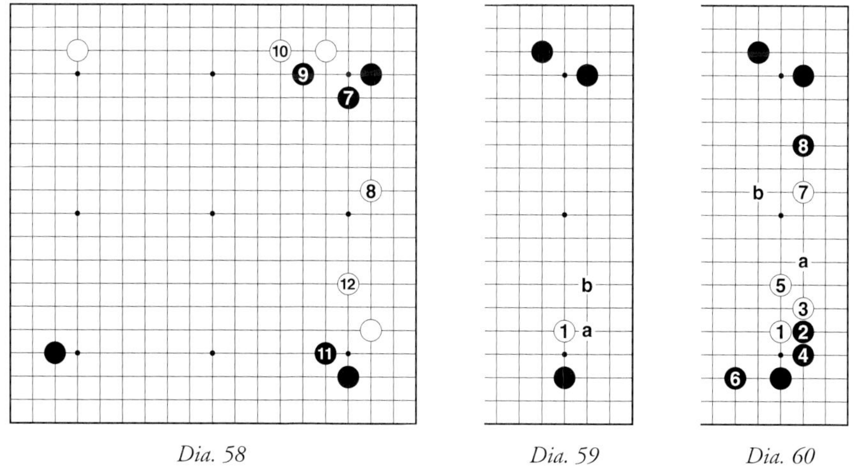

Dia. 58 *Dia. 59* *Dia. 60*

Die normale Fortsetzung für Weiß wäre es, sich mit 8 in Diagramm 58 auszudehnen. Die Sequenz bis 12 ist eine normale Variante.

Neben der Annäherung im *Keima* kann auch die hohe 1-Punkt-Annäherung in Diagramm 59 gespielt werden. Schwarz legt gewöhnlich auf a an, wenn er oben einen Eckabschluss besitzt, aber auch ein Klemmzug auf b arbeitet gut mit dem Eckabschluss zusammen.

Wenn Schwarz mit 2 in Diagramm 60 anlegt, ist das *Joseki* bis Weiß 7 eine Variante. Zusammen mit dem Eckabschluss oben ist Schwarz 8 ein starker Zug; er droht eine Invasion auf a an. Der Sprung auf b verteidigt gegen diese Invasion, aber wenn Weiß sich schnell entwickeln will, wird er diesen Zug weglassen und an anderer Stelle spielen.

Der Klemmzug auf b in Diagramm 59 ist ein kraftvoller Zug, aber wenn man ihn spielt, sollte man die gesamte Brettstellung im Auge haben, da eine Treppe zu berücksichtigen ist.

Das Standard-*Joseki*, das aus diesem Klemmzug entsteht, ist in Diagramm 61 dargestellt. Falls Schwarz oben einen 1-Punkt-Eckabschluss hat, wäre dies ein hervorragendes Ergebnis für ihn. Die erwähnte Treppe muss jedoch berücksichtigt werden. Nach Schwarz 11 kann Weiß auf 12 in Diagramm 62 umschwenken. Wenn Schwarz dann mit 13 verbindet, kann Weiß mit 14 und 16 versuchen, die schwarzen Steine zu fangen. Der einzige Weg, wie Schwarz sie noch retten kann, führt über die Treppe mit 17. In dieser Eröffnung ist jedoch die Treppe ungünstig für Schwarz, daher muss Schwarz auf Weiß 12 mit 13 in Diagramm 63 antworten, worauf die Züge bis Weiß 30 folgen. Jetzt aber ist der Einfluss des schwarzen Eckabschlusses oben neutralisiert.

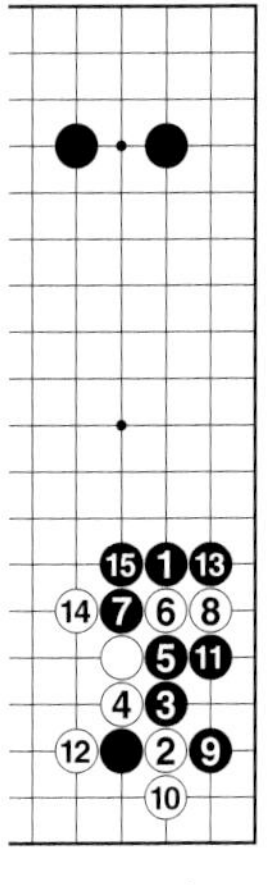

Dia. 61

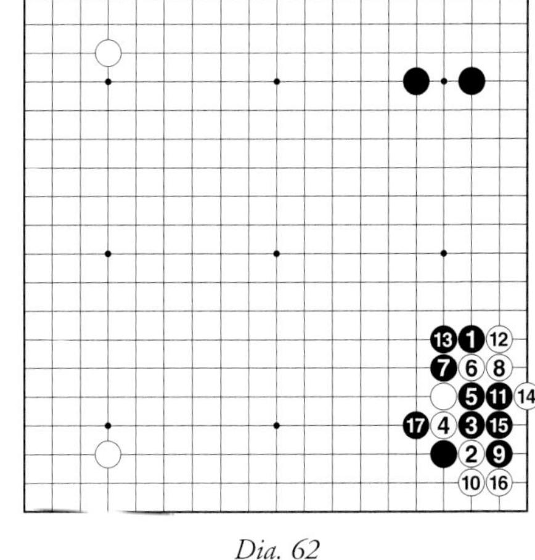

Dia. 62

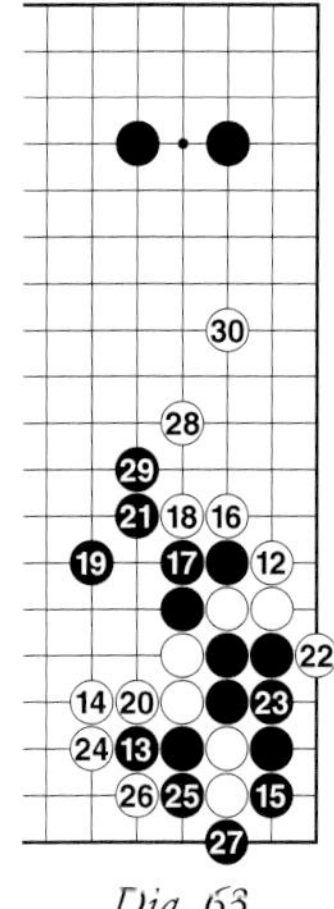

Dia. 63

In dieser kurzen *Joseki*-Einführung wurde versucht, einige allgemeine Grundsätze darzustellen, wie ein *Joseki* im Verhältnis zu den anderen Teilen des Brettes gewählt werden kann. Weil das Thema nur kurz behandelt worden ist, soll auf einige weiterführende Bücher hingewiesen werden, mit denen das Studium dieses wichtigen Teils des Spiels vertieft werden kann. Man sollte zuerst *38 Basic Joseki* von Kosugi Kiyoshi und James Davies lesen, um einen ersten Überblick zu bekommen. Dann bietet es sich an, die Reihe *Get Strong at Joseki*, Bände 1 bis 3, durchzuarbeiten. Diese Reihe beinhaltet sowohl die meisten der in letzter Zeit neu eingeführten, als auch die altbewährte *Josekis* und vermittelt so eine solide

Grundlage auf diesem Gebiet. Abschließend sei der dreibändige *Dictionary of Basic Joseki* von Ishida Yoshio genannt – er gibt eine vollständige Übersicht über das Gebiet und ist ein nützliches Nachschlagewerk für dieses weitreichende Thema.

4. Kapitel: Beim Angriff Gebiet sichern

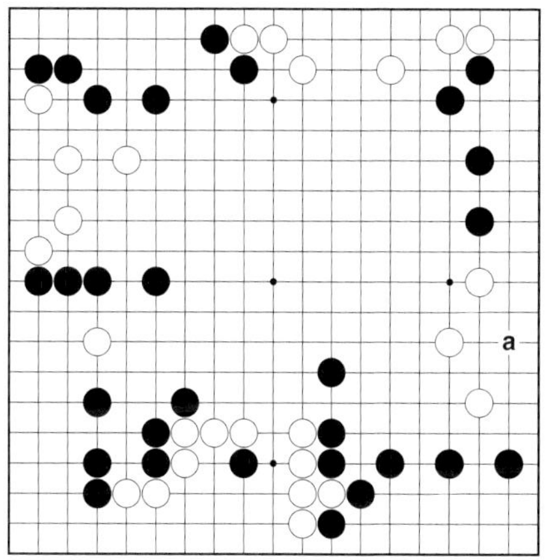

Dia. 1

Das Mittelspiel beginnt, wenn beide Seiten ihre Ansprüche auf ihre jeweiligen Gebiete abgesteckt haben. Wenn man in der Offensive ist, gibt es zwei Themen: das eine ist, das Gebiet zu sichern und zu erweitern, das man während der Eröffnung abgesteckt hat, das andere ist, das gegnerische Gebiet zu zerstören und zu reduzieren. Idealerweise sollten diese beiden Ziele zugleich erreicht werden, d.h. man sollte sein Gebiet erweitern und sichern während man das gegnerische Gebiet reduziert oder zerstört. Die Stellung in Diagramm 1, die aus dem Beispiel in Diagramm 14 auf Seite 41 entstanden ist, verdeutlicht diese Strategie.

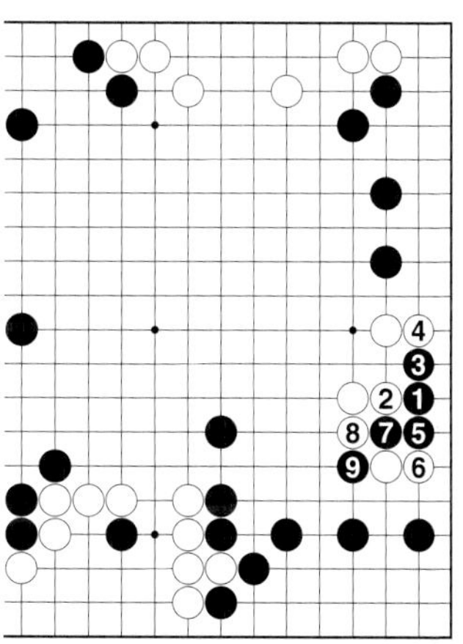

Dia. 2

Der Angriffspunkt für Schwarz liegt auf a. Wenn Schwarz hier spielt, droht er damit, seinen Invasionsstein mit seinen Alliierten darüber oder darunter zu verbinden. Wenn er diese Verbindung erreicht, wird Weiß seiner Basis beraubt und muss Augen in der Mitte des Brettes machen. Zusätzlich wird das Gebiet verschwinden, das diese drei weißen Steine abgesteckt haben.

Weiß 2 in Diagramm 2 ist die härteste Erwiderung auf Schwarz 1. Weiß setzt seinen Widerstand mit 4 und 6 fort, indem er versucht, Schwarz vom Verbinden abzuhalten. Wenn Schwarz mit 9 schneidet, muss über eine Treppe nachgedacht werden.

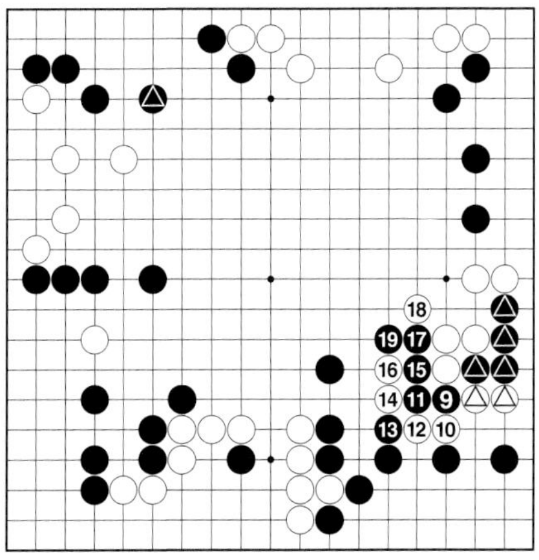
Dia. 3

Die Treppe ist in Diagramm 3 dargestellt. Die markierten schwarzen und weißen Steine befinden sich in einem *Semeai* (Wettlauf um Freiheiten). Wenn Schwarz das Rennen gewinnen will, muss er in der Lage sein, auf 13 zu blocken. Aber Weiß startet mit 14, 16 und 18 eine Treppe. Wegen des markierten Steines oben links ist die Treppe günstig für Schwarz, daher kann Weiß 10 und 12 nicht spielen, denn er würde seine Steine unten rechts verlieren. Wenn die Treppe für Schwarz ungünstig wäre, müsste er auf 13 in Diagramm 4 verlängern. Aber dann könnte Weiß auf 14 verbinden und Schwarz würde seine vier Steine am rechten Rand in dem *Semeai* bis Weiß 20 verlieren.

Da aber die Treppe für Schwarz läuft, hat Weiß keine andere Wahl, als mit 10 in Diagramm 5 *Atari* zu geben und zu versuchen, für seine Gruppe zwei Augen in der Mitte zu suchen. Bis 13 hat Schwarz nicht nur das Gebiet reduziert, das Weiß sich am Rand abgesteckt hatte, sondern er hat auch sein Gebiet unten rechts vergrößert und gesichert, indem er zwei weiße Steine gefangen hat.

Schwarz hält mit 15 in Diagramm 6 den Druck auf die weiße Gruppe aufrecht. Das zwingt Weiß, mit 18, 20 und 22 Augen zu machen. Diese Züge geben Schwarz aber die Möglichkeit, sein Gebiet oben rechts mit 19 und 21 zu stärken.

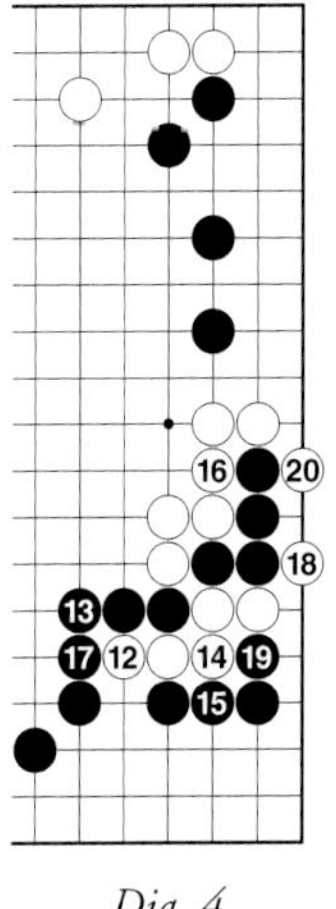
Dia. 4

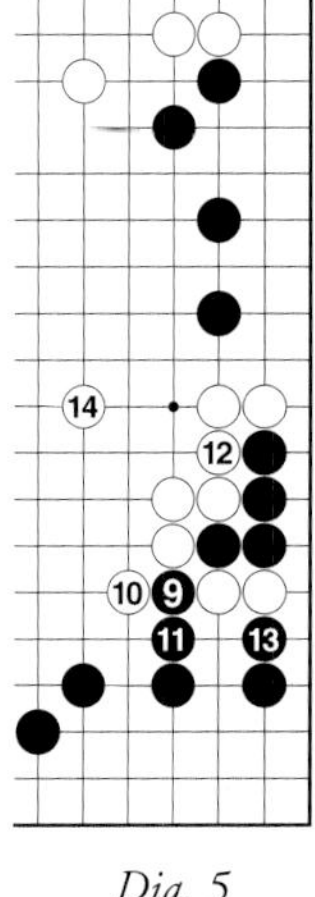
Dia. 5

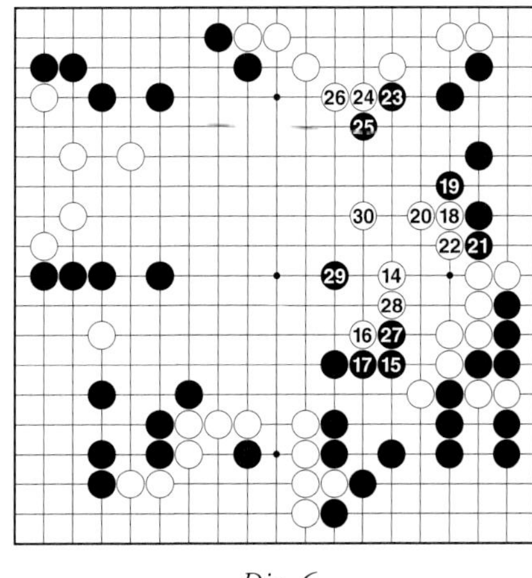
Dia. 6

Als nächstes spielt Schwarz mit 23 und 25 Zwangszüge, um oben eine starke Stellung aufzubauen, in die er die schwache weiße Gruppe treiben kann. Nach 28 hat diese Gruppe höchstens ein Auge und Schwarz 29 (mit den Steinen 23 und 25 als Unterstützung) zwingt Weiß, sein zweites Auge mit 30 zu machen.

Beim Angreifen schwacher Gruppen Gewinn machen

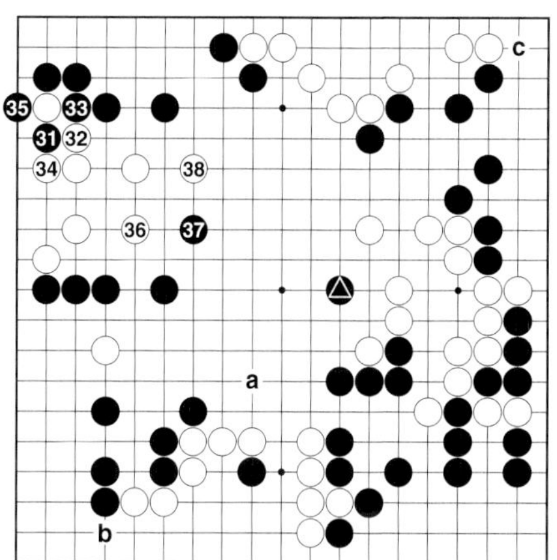

Dia. 7

Die Sequenz aus Diagramm 6 wird unterbrochen, aber es ist immer noch Schwarz am Zug. Er kann diesen Zug nutzen, um Gewinn oben links zu machen, indem er die schwache weiße Gruppe dort mit 31 in Diagramm 7 angreift. Nachdem Schwarz mit 35 einen Stein schlägt, hat die weiße Gruppe immer noch keine zwei Augen, weshalb Weiß sie mit 36 stärkt. Schwarz setzt mit 37 den Angriff fort und zwingt Weiß, mit 38 ins Freie zu ziehen.

Die Sequenz von 1 bis 37 ist ein gutes Beispiel, wie man durch den Angriff auf schwache Gruppen Gewinn macht. Schwarz hat nicht nur Gewinn in den beiden Ecken unten rechts und oben links gemacht, sondern er hat auch mit seinem markierten Stein und 37 zwei Seiten eines *Moyos* geformt. Wenn Schwarz auf a spielt, macht er ein großes Gebiet in der Brettmitte, es gibt aber auch noch große Endspielzüge auf b und c sowie weitere große Züge.

Wie man seine starke Stellung nutzt

Wenn man eine beherrschende Stellung auf einem Teil des Brettes hat, sollte man dort keinen gegnerischen Angriff oder eine Invasion befürchten. Im Gegenteil, man sollte sie begrüßen, weil sie die Möglichkeit eröffnen, eine schwache Gruppe anzugreifen.

In der 4-Steine-Partie in Diagramm 8 zum Beispiel ist Weiß mit 19 direkt in die Mitte des schwarzen Einflussbe-

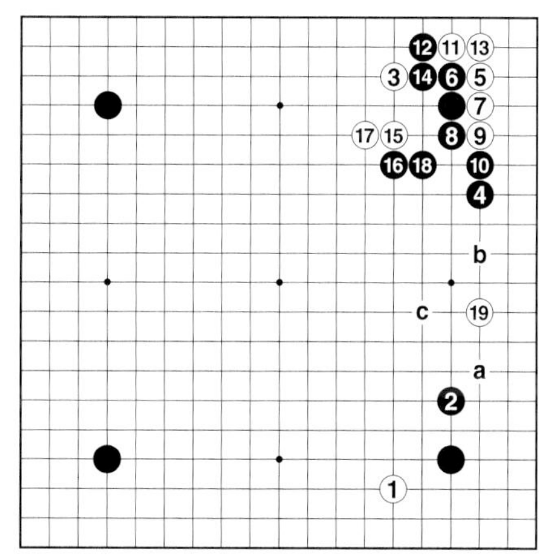

Dia. 8

reichs gesprungen. Der Platz ist zu groß, um diesen Stein umzubringen. Schwarz bekommt aber auch nicht genug Gebiet, wenn er auf a oder b spielt – wenn man all die Steine bedenkt, die er in diesen Teil des Brettes investiert hat. Weiß würde als Erwiderung einfach mit c herausspringen.

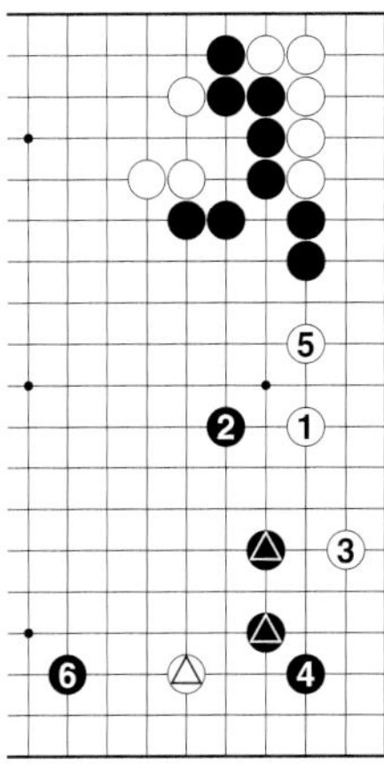

Dia. 9

Am besten nutzt Schwarz die Stärke der eigenen Steine in dieser Stellung, wenn er Weiß zwingt, innerhalb der eigenen Einflusssphäre zu leben. Man schließt ihn in ein enges Gebiet ein und überträgt seinen Einfluss dabei auf einen anderen Teil des Brettes. Der Schlüssel dazu ist, Weiß 1 mit 2 in Diagramm 9 zu deckeln. Weiß etabliert mit 3 und 5 eine Basis am Rand.

Man beachte Schwarz 4. Dieser Zug dient zwei Zwecken: er gibt den beiden markierten schwarzen Steinen eine Basis in der Ecke, und er hindert Weiß daran, sowohl von rechts als auch von links zu weit in der Ecke voran zu kommen. Das Ergebnis dieser Sequenz ist es, dass Schwarz mit 2, 4 und seinen markierten Steinen Einfluss nach links aufgebaut hat. Er kann jetzt mit 6 einen Angriff auf den markierten weißen Stein starten.

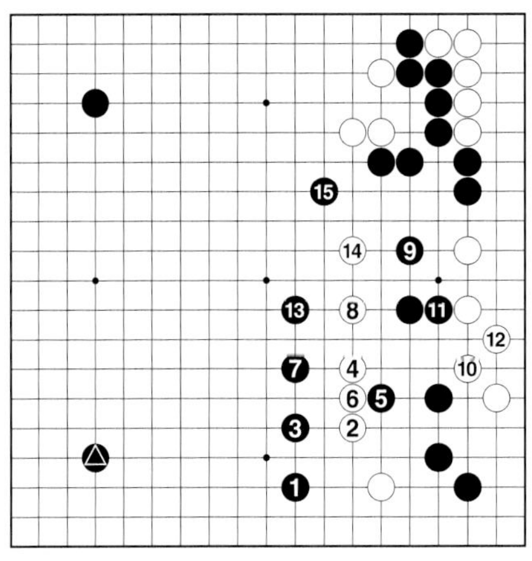

Dia. 10

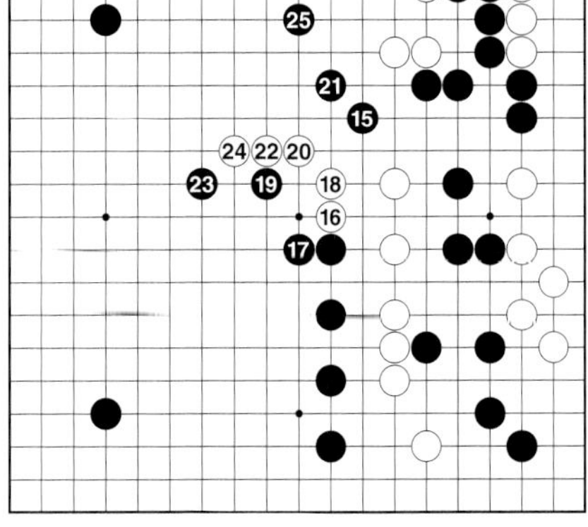

Dia. 11

Als Antwort auf Schwarz 1 in Diagramm 10 (Schwarz 6 in Diagramm 9) muss Weiß mit 2 in die Mitte flüchten, da es für ihn keine Möglichkeit gibt, am unteren Rand Augen zu machen, wenn der schwarze Stein auf dem 3-3-Punkt bereits steht. Schwarz verfolgt ihn mit 3 und 7 und errichtet dabei nach links eine Mauer, die wunderschön mit dem markierten Stein links zusammenarbeitet, um ein *Moyo* zu bauen. (Man beachte dabei den Abtausch 5 gegen 6, der für Schwarz notwendig ist, um alle Steine verbunden zu halten.)

Schwarz 9 droht damit, die weißen Steine auf der rechten Seite zu töten, daher muss Weiß 10 und 12 spielen, um für diese Gruppe zwei Augen zu sichern. Nach dem Abtausch 13 gegen 14 spielt Schwarz mit 15 einen starken Angriff. Diese Art von Angriff wird Doppelangriff genannt und man sollte sich diese Technik merken. Durch das Abtrennen der schwachen weißen Gruppe unten von den drei weißen Steinen oben werden beide Gruppen gleichzeitig angegriffen. Eine von beiden muss sterben.

Weiß muss mit 16 und 18 in Diagramm 11 ausbrechen, aber Schwarz hält mit der Sequenz bis 23 den Druck aufrecht. Zum Abschluss spielt Schwarz 25, womit die drei weißen Steine oben so gut wie gefangen sind. Mehr noch, Weiß hat fast kein Gebiet und seine Gruppe in der Mitte ist noch nicht außer Gefahr. Außerdem wird Schwarz wahrscheinlich in der Lage sein, sein *Moyo* unten links zu vervollständigen.

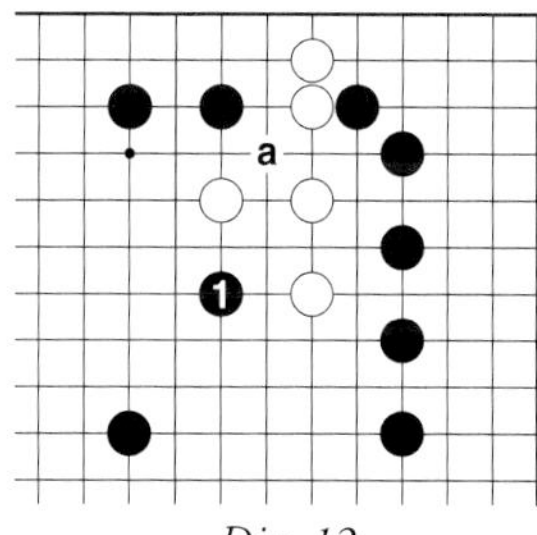

Dia. 12

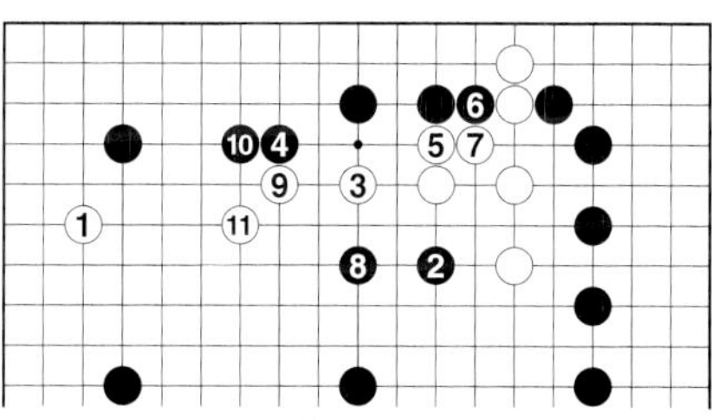

Dia. 13

Der beste Weg, Gebiet zu sichern, besteht darin, schwache Gruppen anzugreifen. In einer hohen Vorgabepartie sollte man keine Schwierigkeiten haben, schwache Gruppen zum Angreifen zu finden. Weiß muss sich schnell entwickeln und hat dabei normalerweise keine andere Wahl, als verwundbare Gruppen schwach zurück zu lassen. Aber man muss die Gruppe aus der richtigen Richtung angreifen, so dass die Züge, die drohen sie zu töten, auch solche sind, mit denen man eigenes Gebiet sichert. Eine der Hauptanforderungen an solche Angriffszüge ist, es der angegriffenen Gruppe schwer zu machen, Augen zu bekommen.

In Diagramm 12 ist Schwarz 1 ein solcher Zug. (Die Stellung war bereits in Diagramm 40 auf Seite 34 in Kapitel Zwei zu sehen.) Er nimmt Weiß nicht nur die Möglichkeit, in der Umgebung von 1 ein Auge zu machen, es droht auch ein Peep (*Nozoki*) auf a. Ein Beispiel dieses Angriffs in einer 7-Steine-Partie soll im Folgenden näher betrachtet werden.

Nach Schwarz 10 in Diagramm 40 in Kapitel 2 wechselt Weiß mit 1 in Diagramm 13 nach oben links. Schwarz ignoriert diesen Zug und spielt mit 2 den vitalen Punkt. Weiß muss auf 3 springen, aber gerade dieser Zug provoziert Schwarz, sich mit 4 oben Gebiet zu nehmen. Weiß muss sich gegen den Peep auf 7 verteidigen und spielt deshalb selbst 5 und 7, aber Schwarz greift mit 8 wieder an und zwingt Weiß zum Abtausch von 9 und 10. Schwarz sichert Gebiet, aber Weiß profitiert nirgends, sondern läuft nur weg.

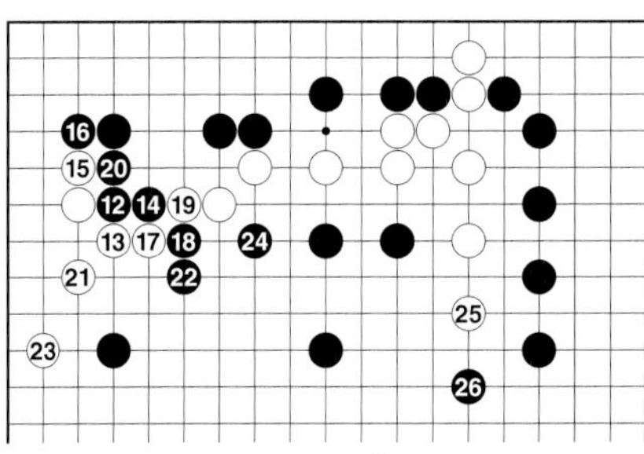

Dia. 14

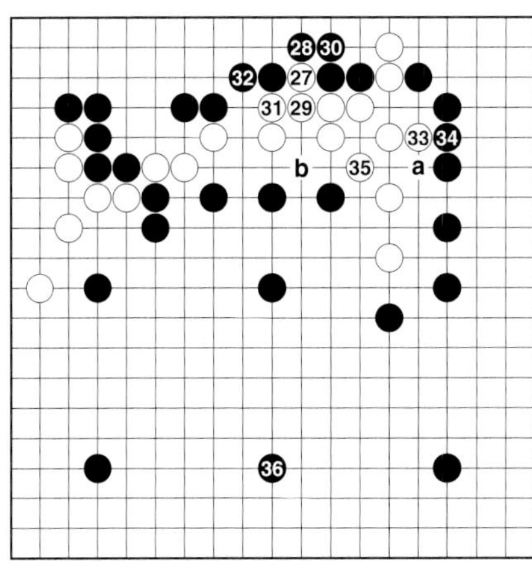

Dia. 15

Als nächstes legt Schwarz mit 12 in Diagramm 14 an. Das ist eine weitere Art Doppelangriff, wobei sich Schwarz an eine Gruppe anlehnt, um Stärke für einen Angriff auf eine andere Gruppe zu bekommen. Weiß sichert seine Steine links mit der Sequenz bis 23, aber in der Zwischenzeit hat Schwarz oben mehr als zwanzig Gebietspunkte hinzugewonnen. Außerdem hat Schwarz immer noch einen Angriff gegen die weiße Gruppe oben, wenn er 24 spielt. Durch den Sprung auf 25 kann Weiß nicht entkommen. Daher muss er zurückkommen und mit der Sequenz bis 35 in Diagramm 15 zwei Augen machen. (Er bekommt sein zweites Auge auf a oder b.) Schwarz erhält Vorhand und nimmt mit 36 einen großen Punkt am unteren Rand. Sein großer und sicherer Gewinn auf der rechten Seite und oben links, kombiniert mit einem dominierenden Einfluss auf den unteren Rand, ist mehr als genug, um Schwarz den Sieg zu sichern.

Wenn Weiß Vorgaben gibt, wird der Gegner oft ein großes *Moyo* aufbauen, das mit einem weiteren Stein, der eine Invasion unmöglich macht, ein enormes Gebiet zu werden droht. Daher wird Weiß meist vorher schon einen Zug spielen, der die große Anlage reduziert, bevor Schwarz sie komplett abgedichtet hat. Wenn man als Schwarzer auf eine solche Invasion reagiert, muss man den gespielten Stein als verwundbares Ziel betrachten und ihn angreifen. Es folgt ein Beispiel.

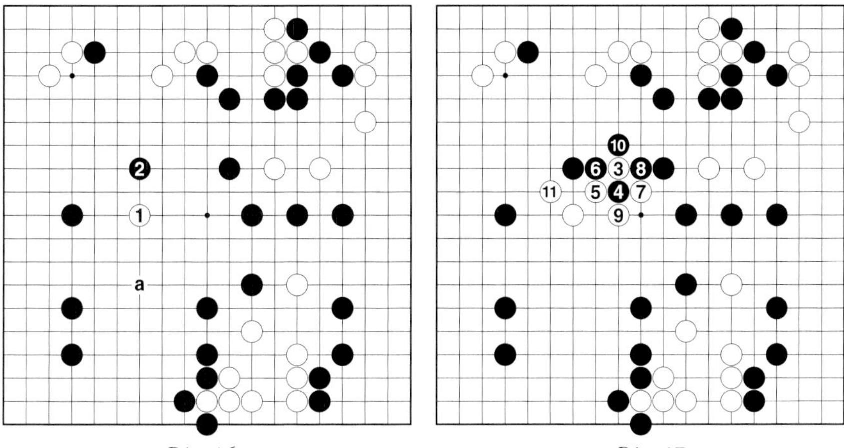

Dia. 16 *Dia. 17*

Die Stellung in Diagramm 16 ist die Fortsetzung der Partie aus Diagramm 49 in Kapitel 2 (Seite 36). Schwarz hat ein großes *Moyo* am unteren Rand aufgebaut und Weiß muss etwas tun, um es zu reduzieren – daher spielt er auf 1. Der erste Impuls vieler Spieler wäre, auf a zu verteidigen, aber ein solcher Zug wäre zu zurückhaltend. Er zielt nur auf Verteidigung. Am besten ist es hier, den invadierenden weißen Stein mit Schwarz 2 zu deckeln. Dafür gibt es zwei Gründe. Erstens, wenn Schwarz Weiß in seinem Einflussbereich einschließen kann, hat er sehr gute Chancen, sowohl diesen Stein zu töten, als auch alle anderen, die Weiß dazustellt. Mehr noch, während Weiß darum kämpft, zwei Augen zu bekommen, wird Schwarz sein Gebiet links und unten stabilisieren. Zweitens wird Schwarz Einfluss nach oben aufbauen, wo er noch schwach ist. Dies allein wäre schon ein Ausgleich für jeden Verlust, den er unten erleiden kann. Wie in dem Beispiel in Diagramm 8 weiter oben gezeigt, ist es das Ziel von Schwarz, seinen Einfluss auf einen anderen Teil des Brettes zu übertragen.

Weiß springt leichtfüßig auf 3 in Diagramm 17, aber Schwarz schließt Weiß mit der Sequenz bis 10 unten ein. Wenn Weiß versucht, sich mit 11 ins Freie zu schlängeln, kann Schwarz zum Angriff auf die beiden weißen Steine oben links übergehen, indem er mit 12 in Diagramm 18 auf den vitalen Punkt spielt. Die Sequenz bis 16 schließt sich an und es gibt dann kein Entkommen mehr im oberen Bereich. Daher muss Weiß versuchen, zwei Augen innerhalb des schwarzen Einflussbereichs zu machen.

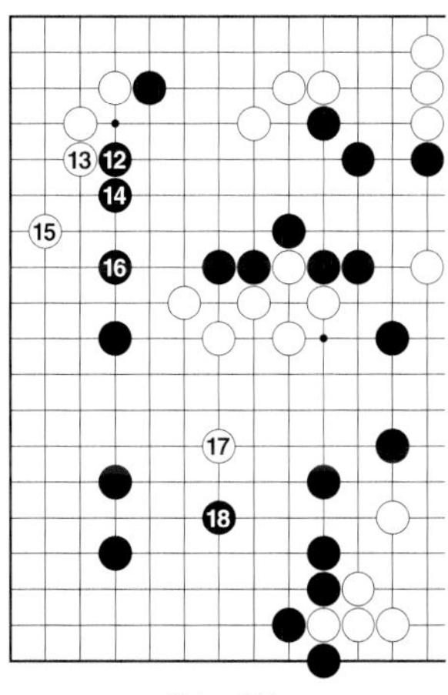

Dia. 18

Weiß verschafft sich mit 17 bis 21 in Diagramm 19 Platz für zwei Augen, aber gleichzeitig festigt Schwarz sein Gebiet am linken Rand mit 20 und 22. Mit 25 lebt Weiß in Nachhand, und Schwarz kann das Endspiel beginnen. In Kapitel 10 wird diese Stellung weiter betrachtet.

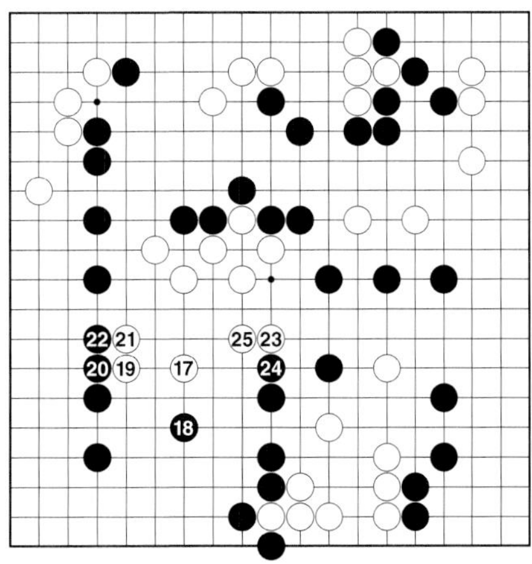

Dia. 19

Dieses Kapitel ist etwas schwierig, aber man sollte sich nicht an Details festbeißen, sondern auf den Gesamtfluss der Angriffe in den Beispielen achten. Wenn man an Erfahrung gewonnen hat, sollte man das Kapitel erneut lesen und sich dabei auf die folgenden Ideen konzentrieren:

– Züge spielen, die mehr als einen Zweck verfolgen. Zum Beispiel verteidigt Schwarz 4 in Diagramm 9 nicht nur die beiden markierten schwarzen Steine, sondern er schafft auch eine Basis, von der aus Angriffe auf die weißen Steine links und rechts gestartet werden können. Schwarz 1, 3, 7 und 13 in Diagramm 10 greifen schwache weiße Gruppen an, sie bauen aber auch schwarzen Einfluss nach links auf.

– Versuchen, während der Angriffe auf schwache Gruppen Gebiet zu machen. Die schwarzen Züge in Diagramm 13 und 14, so wie die schwarze Sequenz 18 bis 22 in Diagramm 19 sind Beispiele für diese Technik.

– Versuchen, die gegnerischen Steine in der eigenen Einflusssphäre einzuschließen und sie zu zwingen, dort um ihr Leben zu kämpfen. Auch wenn der ursprüngliche Einfluss neutralisiert wird, wird man in der Regel in der Lage sein, diesen Einfluss auf einen anderen Teil des Brettes zu übertragen, so wie Schwarz das in Diagramm 9 und 10 gelingt.

– Der beste Zeitpunkt, um große Punkte zu spielen, ist, wenn der eigene Angriff auf die gegnerische Gruppe oder Gruppen abgeschlossen ist. Schwarz 36 in Diagramm 15 ist ein Beispiel für diese Taktik. In diesem Fall gibt es keinen guten Zug, um die weißen Steine am oberen oder linken Rand anzugreifen, daher vergrößert Schwarz seinen Einfluss am unteren Rand und wartet ab, was Weiß als nächstes macht.

– Man sollte Doppelangriffe suchen, so wie Schwarz 15 in Diagramm 10 oder Schwarz 12 in Diagramm 14. Dies ist häufig ein guter Weg, um eine große gegnerische Gruppe zu fangen.

Es ist betont worden, dass Angreifen die beste Art ist, um Gebiet zu machen. Natürlich ist Verteidigung auch wichtig, jedoch sollten selbst Verteidigungszüge ein Angriffspotential beinhalten. So ist Schwarz 4 in Diagramm 9 ein Verteidigungszug, weil er den schwarzen Steinen eine Basis sichert, aber er zielt auch darauf ab, Angriffe auf die weißen Steine rechts und links zu starten.

Die meisten Anfänger sind allzu sehr mit der Sicherheit ihrer Steine beschäftigt und übersehen, dass die Steine ihres Gegners auch in Gefahr sind. Deshalb fangen sie an, defensive Züge zu spielen und fallen nach Punkten langsam zurück. Diese Vorliebe beruht auf Angst – und Angst kann man sich nur schlecht abgewöhnen. Wenn man beginnt, Go zu lernen, sollte man von Anfang an zuerst an den Angriff denken. Die Verteidigung der eigenen Steine sollte sich als Ergebnis der eigenen Angriffe ergeben. Die Beispiele in diesem Kapitel sowie im zweiten Kapitel zielen darauf ab zu zeigen, wie dieser Stil umgesetzt werden kann.

Man darf jedoch nicht vergessen, dass man nicht angreifen kann und darf, wenn die eigenen Steine schwach sind. Deshalb ist es so wichtig, während der Eröffnung starke und feste Stellungen zu bauen.

Zu Abschluss dieses Kapitels sollen zwei Bücher zum Studium des Mittelspieles empfohlen werden. Das eine ist *Attack and Defense* von Ishida Akira und James Davies – es gibt einen umfassenden Überblick über das Mittelspiel und sollte von jedem gelesen werden, der ein guter Go-Spieler werden will. Das andere ist *Get Strong at Invading* von Richard Bozulich. Es enthält 171 Probleme für das Erlernen von Standard-Invasionstechniken.

2. Teil: Taktik

Auch wenn das strategische Können auf einem sehr hohen Niveau liegen mag, es führt alles zu nichts, wenn man es nicht mit taktischem Wissen untermauern kann. Nachdem man schwache Gruppen identifiziert hat, muss man in der Lage sein, sie effektiv anzugreifen. Man muss auch in der Lage sein, die eigenen schwachen Gruppen effektiv zu verteidigen. Deshalb stellen das fünfte (*Tesuji)* und sechste Kapitel (Leben-und-Tod) die Züge vor, nach denen man Ausschau halten muss, um gute Züge auf einen Blick zu finden, unabhängig davon, ob man angreift oder verteidigt.

Das Herzstück dieses Abschnitts aber sind das siebte und achte Kapitel über das Zählen von Freiheiten und das Ausrechnen von *Semeais* (Wettläufe um Leben und Tod). Sie behandeln wichtige Grundfertigkeiten, die man erlernen muss. Viele Spieler – auch sehr starke – haben diese Grundlagen schlecht im Griff. Ein wesentlicher Grund dafür ist, dass diese Grundlagen bisher niemals klar und systematisch in einem englisch- oder deutschsprachigen Buch erklärt worden sind. Bücher über *Tesujis* setzten voraus, dass man die Grundlagen kennt und wiederholen sie daher nur knapp. Anfängerbücher geben vereinfachte Einführungen und lassen wichtige Details außen vor. Mit diesem Buch liegt zum ersten Mal eine umfassende Einführung in die Grundsätze des Freiheitenzählens vor, erklärt anhand von Stellungen, wie sie häufig in Partien auftreten. Sobald man die dabei vermittelten Konzepte beherrscht, wird man stärkere Spieler schlagen können, die diese Wissenslücke bisher auszunutzen wussten.

Spieler verzählen sich oft bei Freiheiten, weil sie nicht wirklich verstanden haben, was eine Freiheit ausmacht. Wenn es zum Beispiel freie Punkte gibt, die sich beide Seiten teilen, ist die Frage, ob man diese für beide Seiten oder nur für eine Seite zählt – und wenn ja, für welche? Das siebte Kapitel analysiert die sechs verschiedenen Arten von *Semeais* ohne Augen, mit einem Auge und mit je einem Auge für beide. Es wird deutlich erklärt, was als Freiheit gezählt werden kann und was nicht. Anders als andere Bücher, die versuchen, das Thema mit nur einem halben Duzend Diagrammen abzudecken, verwendet dieses Kapitel dafür über 100 Diagramme. Einige von ihnen zeigen nicht nur die Ausgangsstellung, sondern auch das Ergebnis der verschiedenen Varianten, so dass es einfacher wird, den Status der Gruppen zu erkennen. Die Züge, die zu diesem Ergebnis geführt haben, sind in eigenen Diagrammen dargestellt. In diesem Kapitel geht es nicht darum, besonders intelligente Züge zu finden. Die Herausforderung besteht allein darin, Freiheiten zu zählen. Das achte Kapitel stellt dann Techniken vor, mit denen man die Anzahl der eigenen Freiheiten steigern und effizient die gegnerischen Freiheiten reduzieren kann.

Der Inhalt dieser beiden Kapitel basiert auf einer Serie von Artikeln, die Richard Hunter im British Go Journal 102-110 (1996– 1998) veröffentlicht hat.[1] Dieser lange Zeitraum war hinreichend, um den Lesern Zeit zu geben, die vorgestellten Konzepte allmählich aufzunehmen. Die Artikel zielten darauf, schlechte Angewohnheiten zu korrigieren und Wissenslücken von Spielern im einstelligen Kyubereich zu füllen. Für die Veröffentlichung in diesem Buch hat Hunter das Material auf Anfänger angepasst, die sich mit den Konzepten zum Zählen von Freiheiten das erste Mal beschäftigen. Die Behandlung des Themas ist erschöpfend, aber auch ermüdend. Daher sollte man nicht erwarten, dieses Kapitel beim ersten Durchgang komplett erfassen zu können. Vielmehr sollte man zunächst versuchen, einen generellen Überblick zu bekommen. Dann sollte man die Abschnitte einzeln studieren und jeweils eine Pause einlegen, bevor man sich den nächsten Abschnitt vornimmt. Man sollte in seinen Partien das Gelernte anwenden und die Kapitel dann erneut lesen. Dadurch wird man eine dramatische Steigerung der eigenen Spielstärke feststellen können und auch mehr Spaß an den eigenen Partien haben. Wie wohl alle Go-Spieler bestätigen können, ist es eine der größten Freuden im Go, *Semeais* zu gewinnen und gegnerische Gruppen zu fangen.

Die Reihe im British Go Journal wird immer noch fortgesetzt. Richard Hunter plant als nächstes, Beispiele für *Semeais* aus Profi-Partien vorzustellen. In Partien zwischen Anfängern sieht man häufig *Semeais*, deren Ergebnis der Tod einer großen Gruppe ist. Das passiert in Profi-Partien selten. Warum nicht? Weil Anfänger Züge spielen, um herauszufinden, was passiert. Profis sind sehr gut darin, Freiheiten zu zählen und *Semeais* auszurechnen, und wissen daher, wie das Ergebnis sein wird. Deshalb spielen sie keine zum Scheitern verurteilten Sequenzen. In Profi-Partien gibt es sehr wenige *Semeais*, was aber nicht bedeutet, dass *Semeais* unwichtig wären. Ganz im Gegenteil, denn sie sind in fast jeder Partie entscheidend, aber sie liegen in den ungespielten Varianten verborgen. Die Partiemitschrift einer Partie zwischen zwei Profi-Spielern ist wie die Spitze eines Eisberges. Die Spieler bedenken deutlich mehr Sequenzen, als tatsächlich auf dem Brett erscheinen. Die Quelle des lehrreichen Materials über *Semeais* liegt bei Profi-Partien in den Kommentaren. Die meisten Beispiele werden bei dieser Serie daher aus Profi-Kommentaren zu im Fernsehen übertragenen Partien stammen.

Das neunte Kapitel deckt ein weiteres wichtiges Thema ab, das selten in englischsprachigen Büchern zu finden ist: Gute und Schlechte Form. Wenn die Steine gute Form haben, kommen sie gut mit Angriffen zurecht und werden starke Stellungen erzeugen, die man für Angriffe auf schwache gegnerische Steine nutzen kann.

[1] Zwei weitere Serien von Richard Hunter aus dem British Go Journal liegen als Bücher vor: *Cross-Cut Workshop* und *Monkey Jump Workshop*. Die beiden Bücher geben jeweils eine umfassende Darstellung der Anwendung und Abwehr dieser gerade von Anfängern gefürchteten Züge.

5. Kapitel: Tesujis

Es kann passieren, dass man sich in einer Partie in einer lokalen Stellung im Nachteil befindet. Wenn man dann scharf nachdenkt, ist man manchmal in der Lage, einen Zug zu finden, der wie durch Zauberei die Situation zum eigenen Vorteil umdreht. Solche Züge werden *Tesuji* genannt.

Netze (Geta)

Neben Treppen, die man in Anfängerbüchern kennen lernt, sind Netze eine grundlegende Fangtechnik. Weiß 1 in Diagramm 1 ist das einfachste Beispiel für diese Technik. Der markierte schwarze Stein ist so gut wie gefangen. Wenn Schwarz mit 2 und 4 in Diagramm 2 auszubrechen versucht, fängt Weiß ihn mit 3 und 5.

Weiß wäre auch in der Lage, Schwarz mit 1 und 3 in Diagramm 3 in einer Treppe zu fangen. Wenn man die Wahl hat, ist es jedoch besser, mit einem Netz zu fangen. Treppen werden von Bedingungen beeinflusst, die sich auf anderen Teilen des Brettes entwickeln, Netze hingegen fangen einfach und sauber im lokalen Zusammenhang.

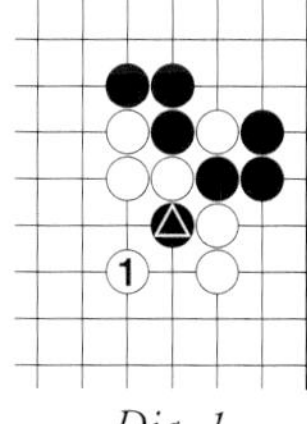

Dia. 1

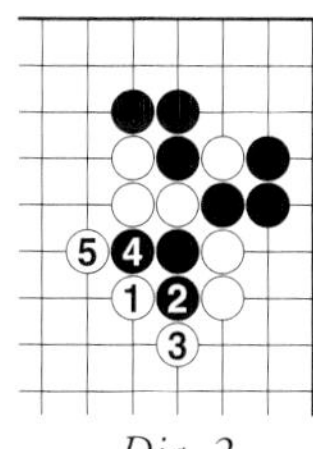

Dia. 2

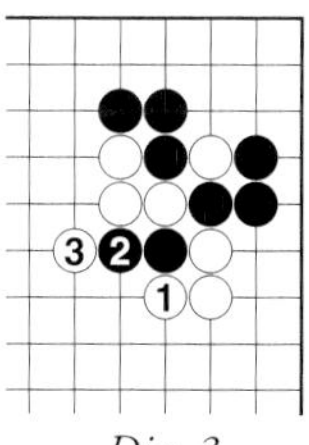

Dia. 3

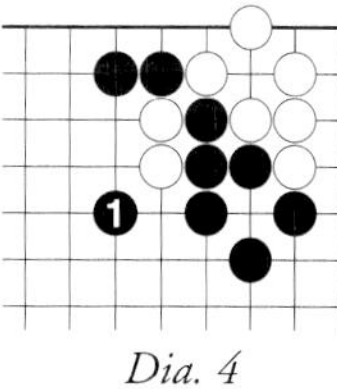

Dia. 4

Schwarz 1 in Diagramm 4 ist ein weiteres Beispiel für ein Netz. Obwohl Weiß drei Freiheiten besitzt, gibt es keinen Weg für ihn auszubrechen. Die Diagramme 5 und 6 zeigen zwei weiße Versuche zu fliehen, die beide scheitern.

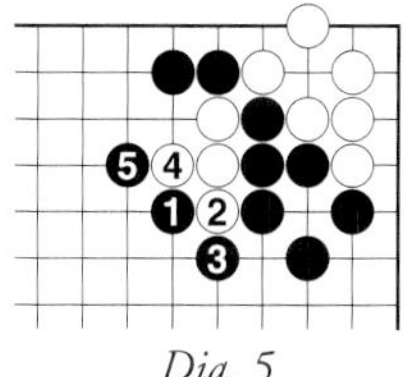

Dia. 5

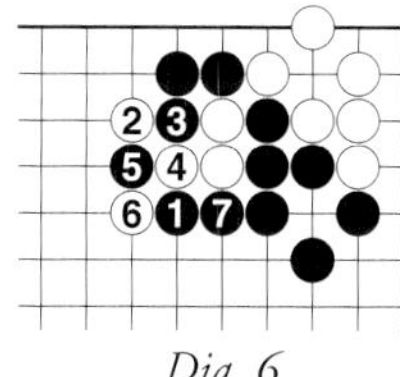

Dia. 6

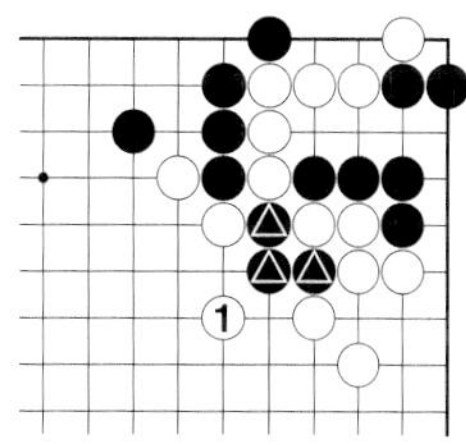

Dia. 7

Weiß 1 in Diagramm 7 sieht wie ein Netz aus, scheitert aber beim Fangen der drei markierten schwarzen Steine. Schwarz entkommt leicht, indem er mit 2 in Diagramm 8 *Atari* gibt. Etwas weiter weg auf 1 in Diagramm 9 zu springen fängt jedoch die schwarzen Steine. Wenn Schwarz mit 2 *Atari* gibt, verbindet Weiß auf 3 und die Situation entspricht der in Diagramm 4.

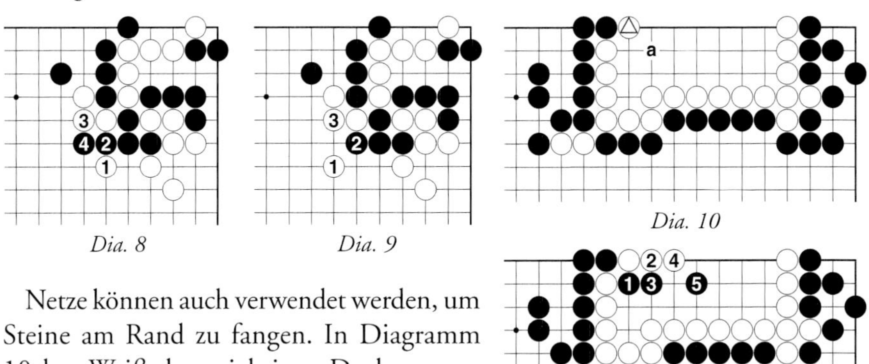

Dia. 8 Dia. 9 Dia. 10 Dia. 11

Netze können auch verwendet werden, um Steine am Rand zu fangen. In Diagramm 10 hat Weiß den wichtigen Deckungszug auf a weggelassen. Wegen dieses Versehens kann der markierte weiße Stein gefangen werden. Schwarz gibt zunächst mit 1 und 3 in Diagramm 11 *Atari* und wirft dann mit 5 sein Netz aus. Der Leser kann selbst überprüfen, dass es für die drei weißen Steine kein Entkommen gibt.

Lockere Treppen

Lockere Treppen sind normalen Treppen ähnlich, nur sind nicht alle Züge *Atari*. Diagramm 12 zeigt einen Grundtyp, der häufig am Brettrand vorkommt. Die Aufgabe besteht darin, die markierten weißen Steine zu fangen. Schwarz beginnt, indem er 1 und 3 in Diagramm 13 auf der zweiten Linie spielt. Der markierte Stein wirkt jetzt wie ein Netz und Schwarz kann Weiß mit 5 und 7 zum Rand zwingen und ihn endgültig fangen.

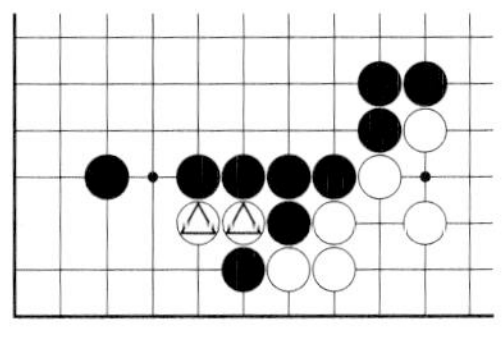

Dia. 12

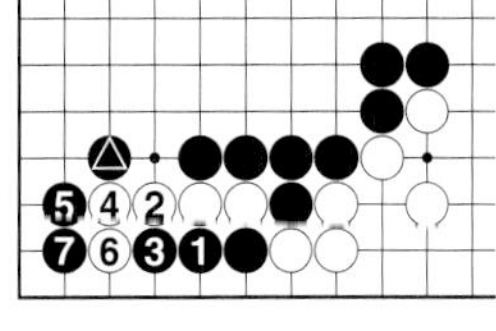

Dia. 13

Netzartige Züge werden oft gebraucht, um lockere Treppen vorzubereiten. In Diagramm 14 hat Schwarz zum Beispiel gerade den markierten Stein gespielt und droht, die sieben weißen Steine rechts mit dem Zug auf a zu fangen. Ein Zug auf b ergibt keine Treppe für Weiß, daher müssen andere Wege beschritten werden.

Der Sprung auf 1 in Diagramm 15 startet eine lockere Treppe. Wenn Schwarz versucht, mit 2 zu entkommen, spielt Weiß 3 und treibt Schwarz mit der Sequenz

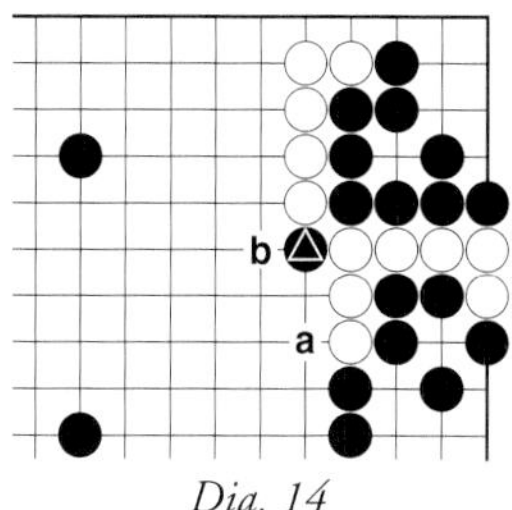

Dia. 14

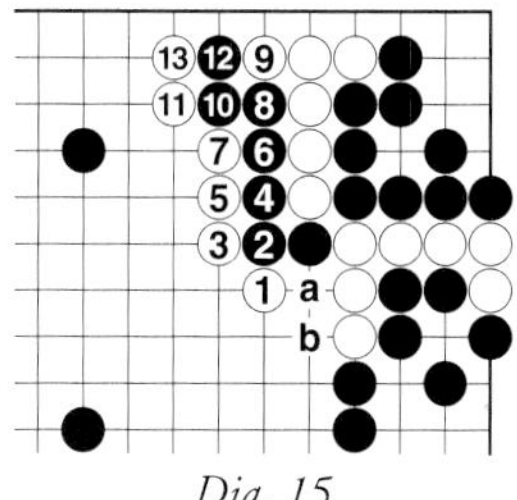

Dia. 15

bis 13 an den Rand des Brettes. Während dieser Sequenz kann Schwarz nicht auf a durchstoßen, weil Weiß b ein *Atari* wäre, das die Sequenz in eine normale Treppe verwandelt.

Mausefallen

Viele der spektakuläreren *Tesujis* beinhalten Opfer. Die Mausefalle (*Uttegaeshi*) ist das grundlegendste Opfer. Diagramm 16 zeigt das Muster: Schwarz will die beiden markierten Steine fangen, aber ein direktes *Atari* auf a funktioniert nicht. Daher opfert Schwarz zunächst mit 1 in Diagramm 17 einen Stein. Wenn Weiß mit 2 fängt, setzt er sich selbst auf *Atari* und Schwarz fängt mit 3 in Diagramm 18 die drei weißen Steine.

Diagramm 19 ist ein weiteres Beispiel für eine Mausefalle. Weiß ist am Zug. Die drei markierten schwarzen Steine sind Schnittsteine, daher muss Weiß sie fangen.

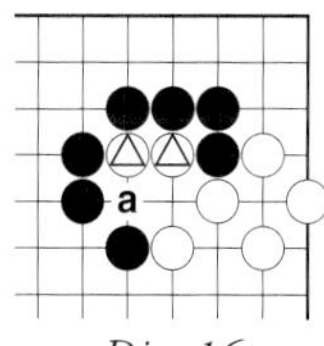

Dia. 16

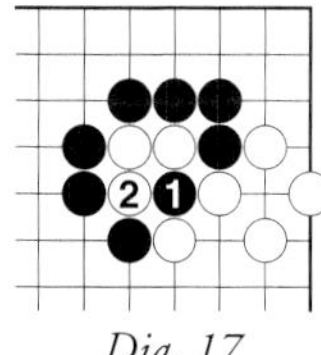

Dia. 17

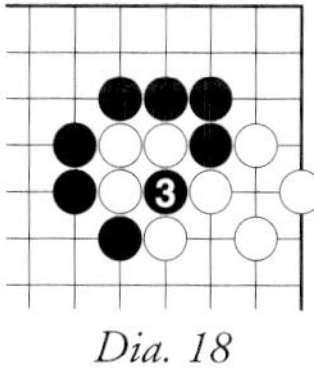

Dia. 18

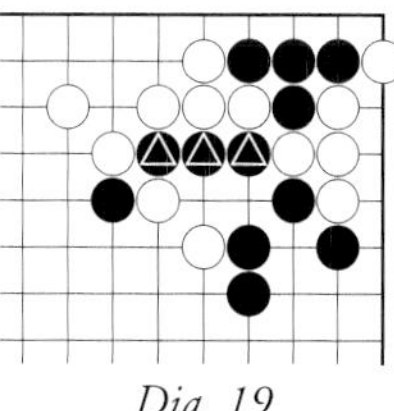

Dia. 19

Weiß 1 in Diagramm 20 stellt die Mausefalle auf. Obwohl Schwarz mit 2 *Atari* auf den markierten Stein geben kann, hat dies keine Konsequenzen, da Weiß mit 3 erneut auf 1 spielt und vier schwarze Steine fängt.

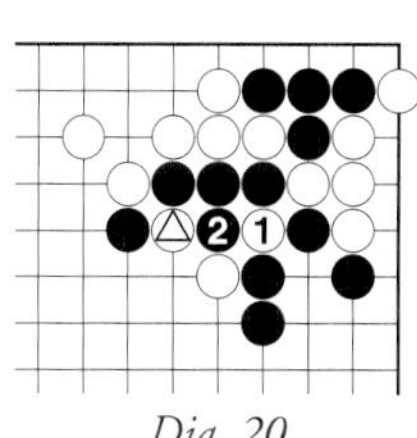

Dia. 20

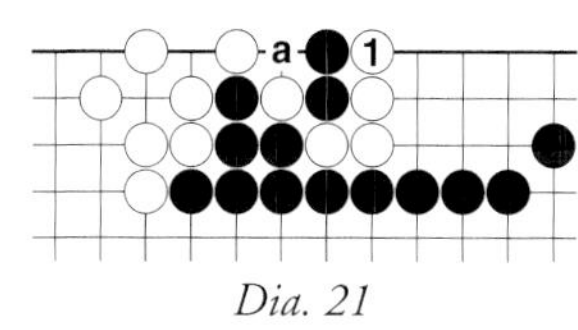

Dia. 21

Diagramm 21 gibt ein Beispiel für eine Mausefalle am Rand des Brettes. Wenn Weiß 1 spielt, kann Schwarz nicht mit a fangen, da er sich damit selbst auf *Atari* setzt.

Oiotoshi

Der japanische Begriff *Oiotoshi* bezeichnet eine Situation, in der die Steine der einen Seite auf *Atari* stehen und, selbst wenn sie an der Fangstelle verbunden werden, eine weitere Fangstelle entsteht. Diagramm 22 gibt ein Beispiel für diese Situation. Weiß 1 stellt die sechs markierten schwarzen Steine auf *Atari*. Selbst wenn Schwarz nun mit 2 verbindet, steht er immer noch auf *Atari* und kann auf a gefangen werden.

Das klassische Beispiel, in dem ein *Oiotoshi* auftaucht, ist die Stellung in Diagramm 23. Diese Position, bestehend aus den sieben schwarzen und drei weißen Steinen, wird Kranichnest genannt. Springt Weiß auf 1, gibt es trotzdem kein Entkommen für die drei markierten weißen Steine.

Dia. 22

Dia. 23

Dia. 24

Dia. 25

Schwarz wirft einfach einen Stein auf 2 in Diagramm 24 ein und gibt dann mit 4 *Atari*. Wenn Weiß mit 5 fängt, stellt Schwarz mit 6 in Diagramm 25 eine *Oiotoshi*-Stellung her. Weiß kann dem *Atari* nicht entkommen, egal wie er spielt.

Ein *Oiotoshi* benötigt häufig einige vorbereitende Züge. Diese vorbereitenden Züge beinhalten Opfer, die allererst einen Freiheitenmangel erzeugen. Der gesamte Prozess, das Opfer und der finale Fangschuss – wie die Sequenz von 1 bis 7 in den folgenden Diagrammen 26 bis 28 –, wird gewöhnlich *Oiotoshi* genannt.

In Diagramm 26 sind die weißen Steine in Gefahr, gefangen zu werden, aber Weiß kann sie mit einem *Oiotoshi* retten. Weiß beginnt mit dem Opfer zweier Steine 1 und 3 in Diagramm 27 und streckt dann mit 5 zum Rand. Nachdem er die schwarzen Freiheiten reduziert hat, versetzt Weiß mit 7 in Diagramm 28 den entscheidenden Schlag: Die vier markierten schwarzen Steine werden gefangen, da sie dem *Atari* nicht entkommen können.

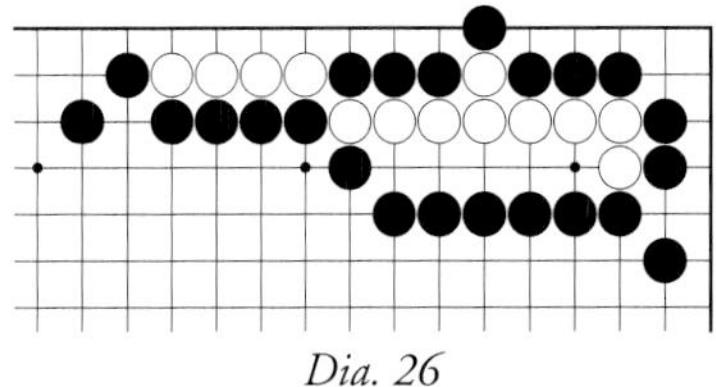

Dia. 26

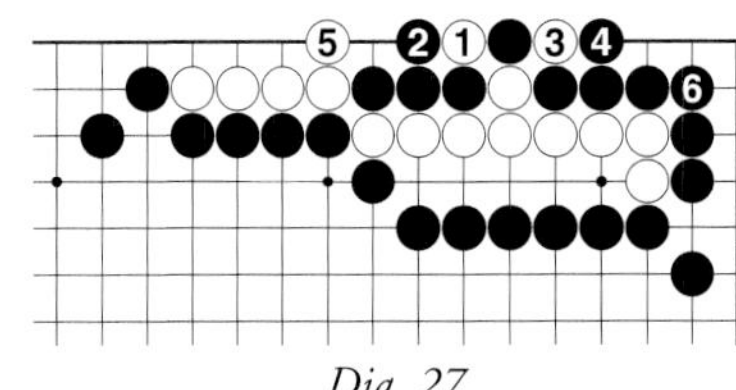

Dia. 27

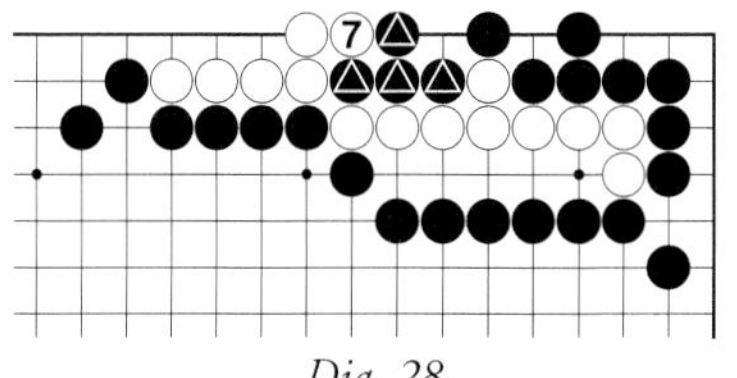
Dia. 28

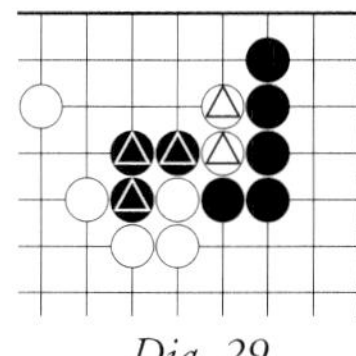
Dia. 29

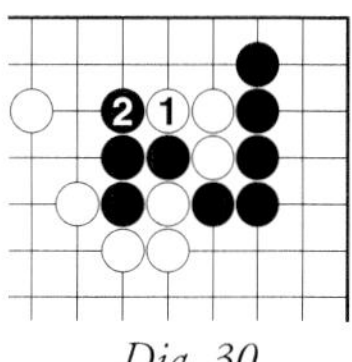
Dia. 30

Diagonalzüge

Die markierten schwarzen und weißen Steine in Diagramm 29 sind in einem *Semeai*. Schwarz hat drei Freiheiten gegen zwei weiße, aber Weiß ist am Zug. Gewöhnliche Züge wie Weiß 1 in Diagramm 30 scheitern. Das *Tesuji* ist der Diagonalzug auf Weiß 1 in Diagramm 31. Er ist der einzige Zug, der das Blatt wenden kann.

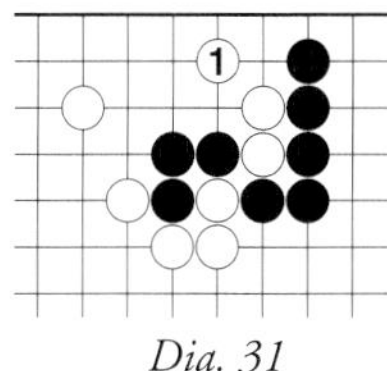
Dia. 31

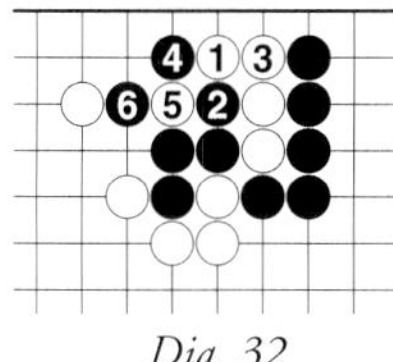
Dia. 32

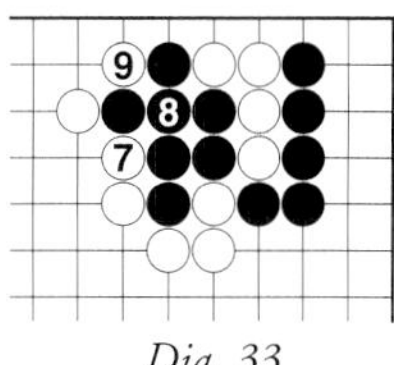
Dia. 33

Wenn Schwarz mit 2 in Diagramm 32 *Atari* gibt, verliert er selbst eine Freiheit. Schwarz 4 wird dann mit dem Opfer auf 5 beantwortet. Wenn Schwarz mit 6 fängt, spielt Weiß zwei *Ataris* mit 7 und 9 in Diagramm 33. Danach gibt es für Schwarz kein Entkommen.

Der Zug auf 2 in Diagramm 34 statt auf a lässt Weiß immer noch den vitalen Punkt 3. Schwarz 4 ist die einzige mögliche Antwort, aber Weiß erreicht mit 5 eine Mausefalle – Schwarz kann nicht auf a spielen, ohne sich selbst auf *Atari* zu stellen.

Der Ausbruchsversuch mit 4 und 6 in Diagramm 35 scheitert ebenfalls. Weiß 7 führt erneut zu einer Mausefalle, denn es ist Selbst*atari* für Schwarz, auf a zu fangen. Weiß 3 in Diagramm 35 scheint somit der vitale Punkt zu sein. Was passiert aber, wenn Schwarz mit 2 in Diagramm 36 auf diesen Punkt spielt? Weiß antwortet mit 3 – danach es gibt keinen Ausweg mehr für Schwarz.

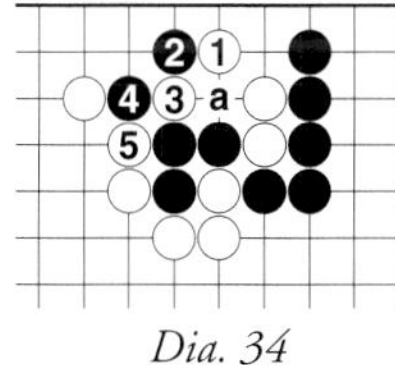
Dia. 34

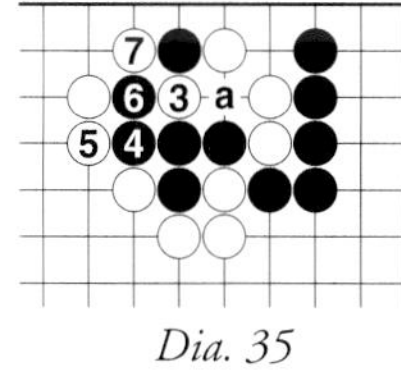
Dia. 35

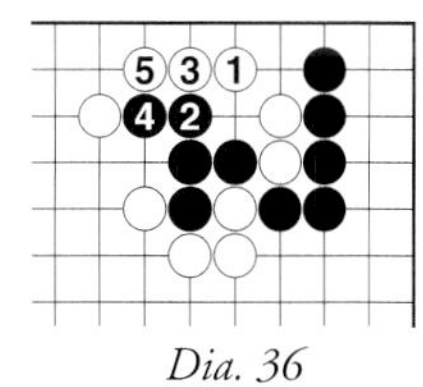
Dia. 36

Strecken zum Rand

Das Herunterstrecken zum Rand des Brettes kann ein guter Weg sein, seine Freiheiten in einem *Semeai* zu vermehren. Hier sind zwei Beispiele für dieses *Tesuji*.

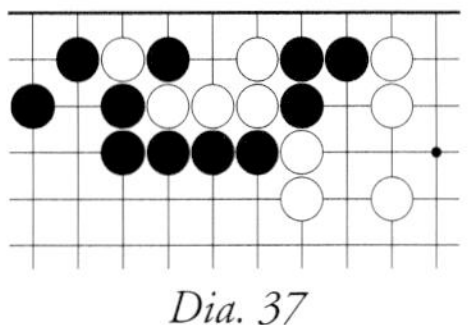
Dia. 37

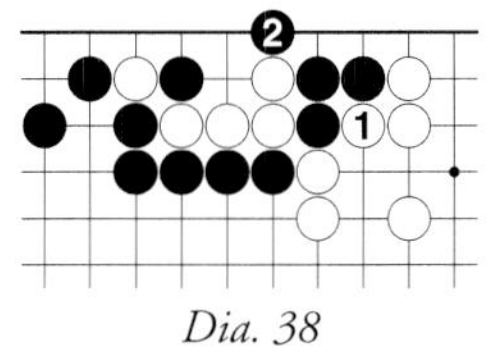

Dia. 38

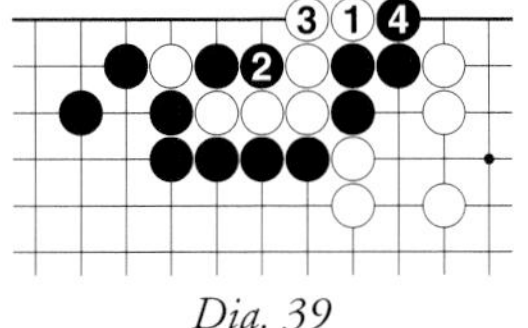

Dia. 39

In dem *Semeai* in Diagramm 37 scheint Weiß einen Zug zurückzuliegen und gewöhnliche Züge – wie 1 in Diagramm 38 oder 39 – scheitern. Der einzige Zug für Weiß, um das Rennen noch zu gewinnen, ist, mit 1 in Diagramm 40 zum Rand des Brettes zu strecken. Wenn Schwarz mit 2 von links angreift, muss er aber zunächst mit 4 einen weißen Stein fangen, bevor er auf a *Atari* geben kann. Das gibt Weiß den Extrazug, den er braucht, um die drei schwarzen Steine zu fangen. Wenn Schwarz mit 2 in Diagramm 41 von rechts angreift, reduziert er seine eigenen Freiheiten, so dass Weiß einfach mit 3 *Atari* gibt.

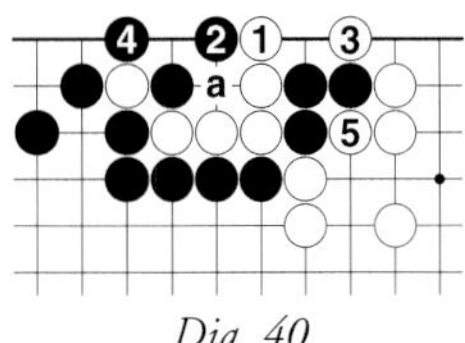

Dia. 40

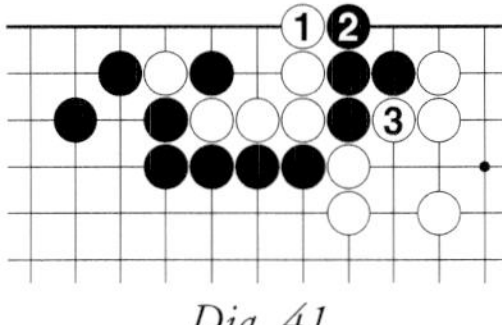

Dia. 41

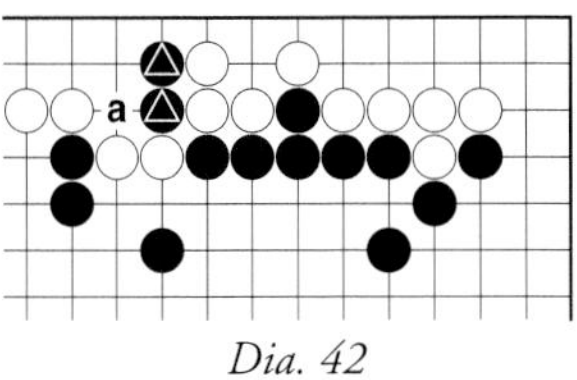

Dia. 42

In Diagramm 42 sind die markierten Steine in Gefahr. Schwarz würde gerne auf a spielen, um zu trennen und später zwei weiße Steine zu fangen, aber wenn er es tut, würde Weiß Schwarz im nächsten Zug auf *Atari* setzen. Der einzige Weg, wie Schwarz dieses Rennen gewinnen kann, ist, mit 1 in Diagramm 43 herunterzustrecken. Wenn Weiß mit 2 verbindet, opfert Schwarz mit 3 einen Stein. Nachdem Weiß mit 4 gefangen hat, befindet er sich in Freiheitennot, wenn Schwarz mit 5 und 7 in Diagramm 44 *Atari* gibt.

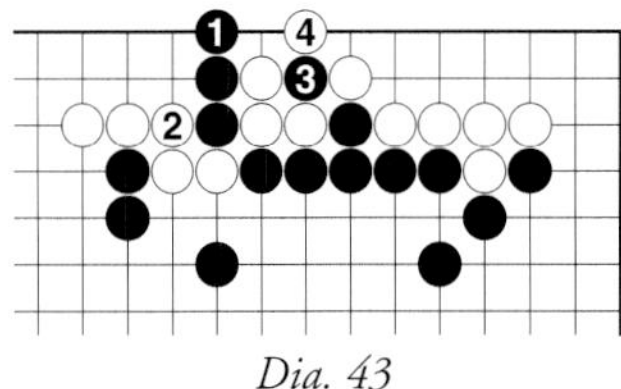

Dia. 43

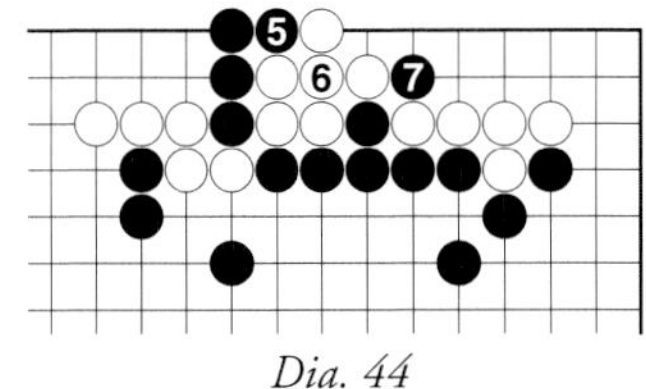

Dia. 44

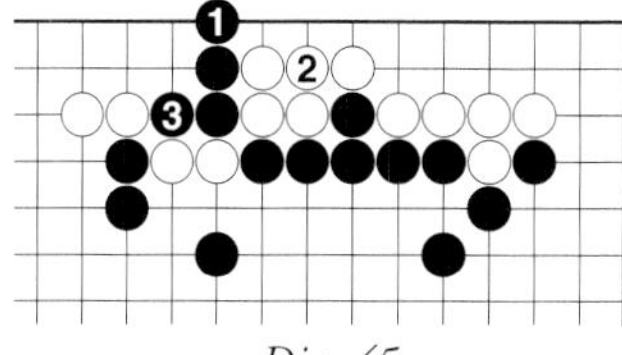

Dia. 45

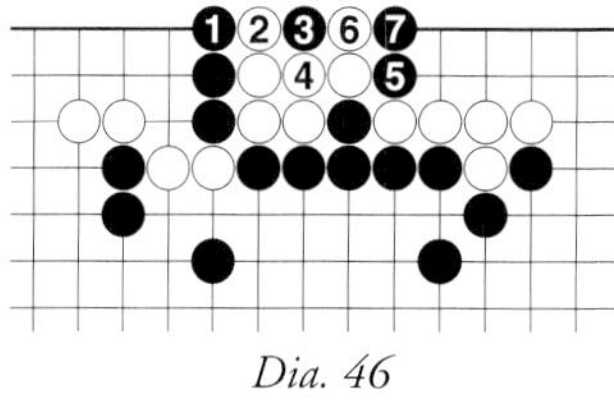

Dia. 46

Wenn Weiß andererseits mit 2 in Diagramm 45 verbindet, erhält Schwarz eine Extrafreiheit, so dass er auf 3 spielen kann. Jetzt ist es ein *Semeai*, in dem Schwarz eine Freiheit mehr hat.

Einige werden sich wundern, warum Weiß nicht auf 2 in Diagramm 46 spielen kann, um die schwarzen Freiheiten begrenzt zu halten. Der Grund ist, dass Schwarz mit 3 bis 7 eine Folge von *Ataris* spielen kann und die weißen Steine fängt. Dies ist ein nützliches *Tesuji*, das man sich merken sollte.

Klemmzüge

Zu einer ähnlichen Situation wie in Diagramm 46 kommt es manchmal in der Ecke. Zum Beispiel befinden sich die markierten schwarzen und weißen Steine in Diagram 47 in einem *Semeai*. Wenn Schwarz denkt, dass er die gleiche Technik wie in Diagramm 46 benutzen kann, indem er mit 1 in Diagramm 48 *Atari* gibt, wird er böse überrascht sein, wenn er feststellt, dass er nach Weiß 6 wegen Freiheitennot nicht auf a spielen kann.

In diesem Fall ist ein anderes *Tesuji* gefragt: der Klemmzug mit Schwarz 1 in Diagramm 49. Weiß kann nun nicht auf a spielen, ohne sich selbst auf *Atari* zu setzen. Wenn er aber mit 2 in Diagramm 50 zum Rand streckt, spielt Schwarz eine Mausefalle, indem er auf 3 einen Stein einwirft.

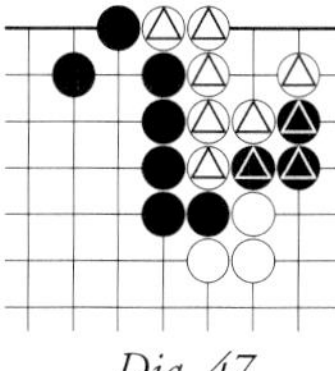

Dia. 47

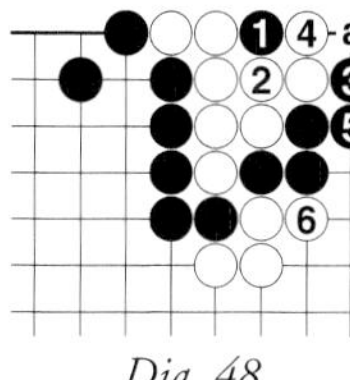

Dia. 48

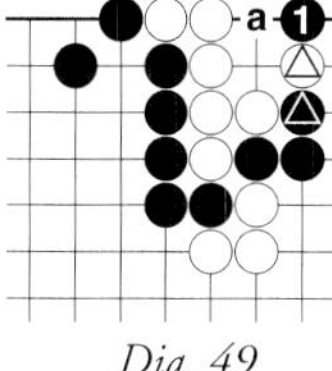

Dia. 49

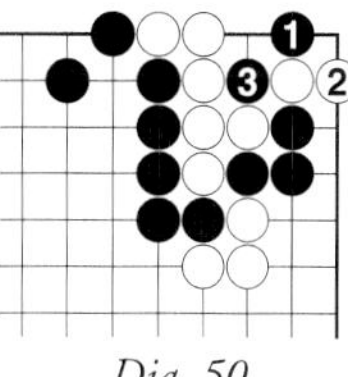

Dia. 50

Dia. 51

Diagramm 51 stellt eine weitere Stellung dar, in der das Klemm-*Tesuji* anwendbar ist. Die markierten schwarzen Steine sind in Gefahr und die einzige Hoffnung für Schwarz, sie alle zu retten, besteht darin, die zwei markierten weißen Steine zu fangen. Das *Atari* Schwarz 1 in Diagramm 52 ist einfallslos. Weiß verbindet einfach mit 2 und mit einem Schnitt auf a können die weißen Steine nicht gefangen werden. Der Versuch, die weißen Steine mit 1 und 3 in Diagramm 53 in einer Treppe zu fangen, scheitert ebenfalls. Die schwarze Stellung fällt auseinander, wenn Weiß mit 14 und 16 schwarze Steine schlägt.

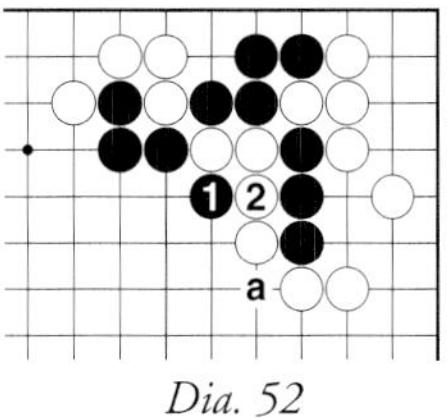

Dia. 52

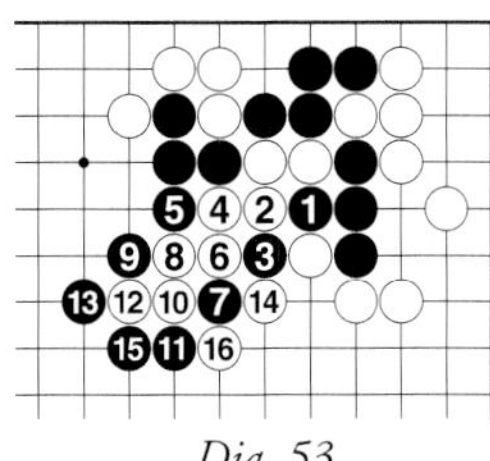

Dia. 53

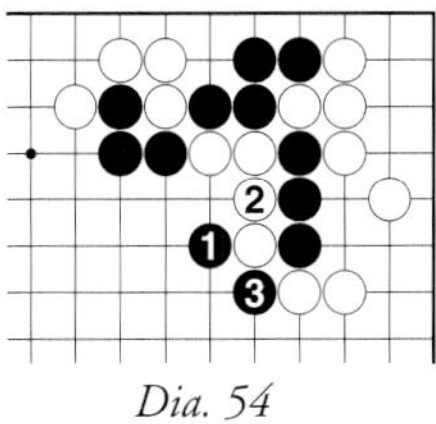

Dia. 54

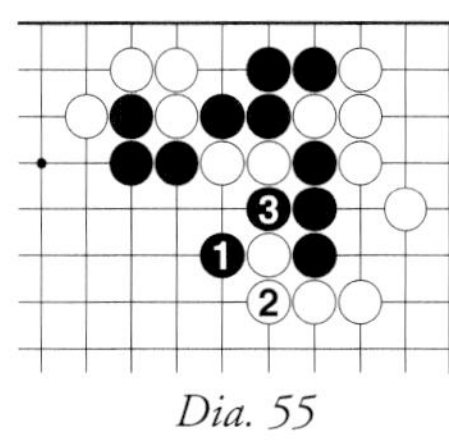

Dia. 55

Der Klemmzug Schwarz 1 in Diagramm 54 ist der einzige Zug, der die weißen Steine erfolgreich fängt. Wenn Weiß mit 2 verbindet, gibt Schwarz mit 3 *Atari* und fängt vier weiße Steine. Wenn Weiß mit 2 in Diagramm 55 verbindet, fängt Schwarz 3 die zwei weißen Steine.

Keile

Keil-*Tesujis* treten häufig unerwartet auf. Eine ihrer vielen Anwendungen ist es, durch scheinbar wasserdichte Stellungen zu brechen, um gefährdete Steine anzubinden. Diagramm 56 gibt hierfür ein Beispiel. Die drei markierten schwarzen Steine sind von ihren Verbündeten rechts isoliert. Aber Schwarz kann sie anbinden, indem er mit 1 einen Keil zwischen die zwei weißen Steine treibt. Wenn Weiß mit 2 in Diagramm 57 *Atari* gibt, verbindet Schwarz mit 3. Nun droht er, auf den Punkten 4 oder 5 zu schneiden. Wenn Weiß auf 4 verbindet, kann Schwarz auf 5 schneiden und dabei zwei weiße Steine fangen.

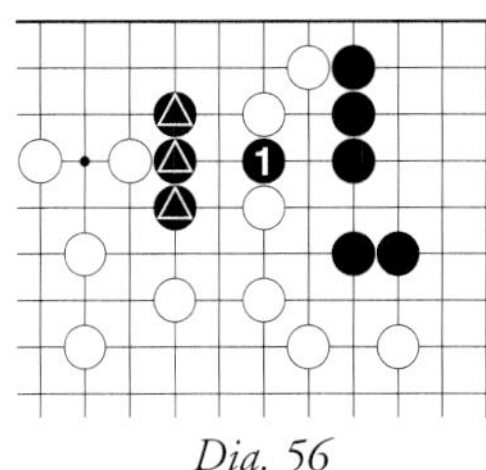

Dia. 56

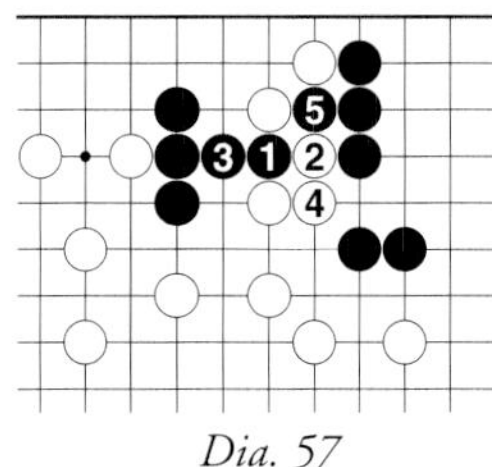

Dia. 57

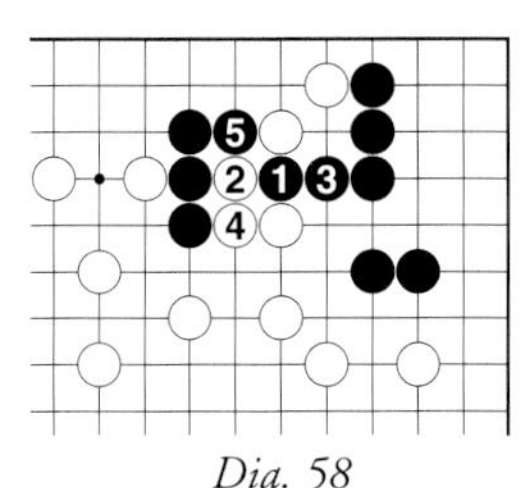

Dia. 58

Wenn Weiß von der anderen Seite mit 2 in Diagramm 58 *Atari* gibt, verbindet Schwarz mit 3 und droht diesmal den Schnitt auf 4 oder 5 an. Verbindet Weiß auf 4, so schneidet Schwarz auf 5, so dass wieder die beiden oberen Steine gefangen werden.

In Diagramm 59 kann Schwarz ein Keil-*Tesuji* nutzen, um seine fünf markierten Steine zu retten. Der richtige Zug ist Schwarz 1 in Diagramm 60: Wenn Weiß mit 2 *Atari* gibt, spielt Schwarz 3 und die drei markierten weißen Steine werden gefangen – wenn Weiß auf a spielt, dann fängt Schwarz auf b, wenn Weiß aber auf b spielt, fängt Schwarz mit a sogar fünf weiße Steine.

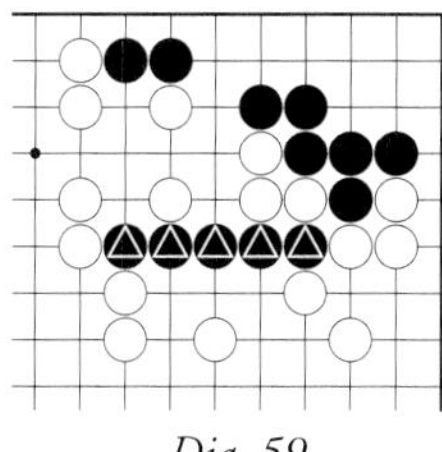

Dia. 59

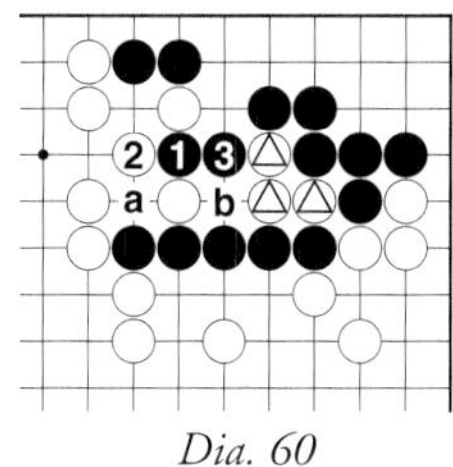

Dia. 60

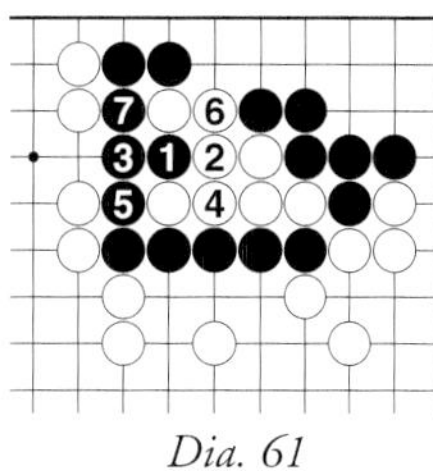

Dia. 61

Wenn Weiß mit 2 in Diagramm 61 von der anderen Seite *Atari* gibt, werden – wie die Sequenz bis Schwarz 7 zeigt– alle seine Steine gefangen, egal wie stark er sich abmüht. Jeder sollte sich selbst davon überzeugen, dass es, wenn Schwarz 1 erstmal gespielt hat, keinen Weg mehr für Weiß gibt, die schwarzen Steine zu fangen. Und ebenfalls sollte man sich vergewissern, dass kein anderer Zug außer Schwarz 1 die gefährdeten Steine rettet.

Anlegen

Die Klemm-*Tesujis* in Diagramm 49 und 54 sind eine Unterform des Anlege-*Tesujis*, wobei beim Klemm-*Tesuji* der angelegte Stein seine Wirkung im Zusammenspiel mit einem verbündeten Stein entfaltet. Im folgenden Beispiel wird der Anlegezug gegen einen isolierten Stein gespielt, wobei kein weiterer eigener Stein mit im Spiel ist.

In Diagramm 62 hat Weiß gerade mit 1 gedroht, die drei schwarzen Steine in der Ecke abzuschneiden. Wenn Schwarz mit der Verbindung auf a verteidigt, hat Weiß immer noch den Schnittpunkt auf b. Wenn Schwarz auf 2 in Diagramm

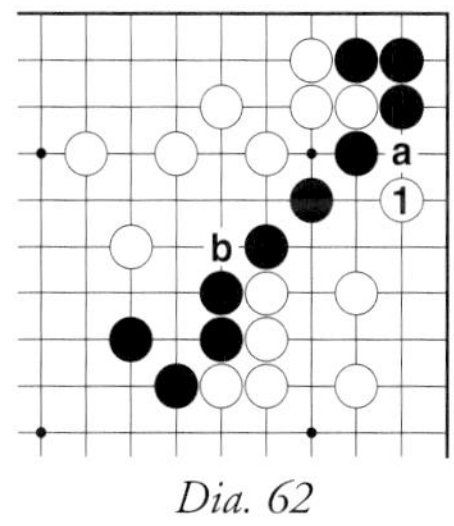

Dia. 62

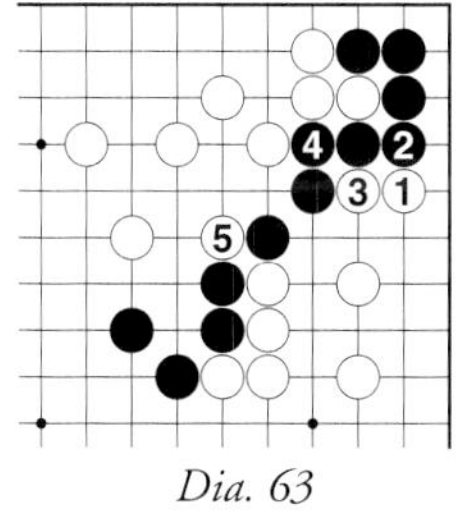

Dia. 63

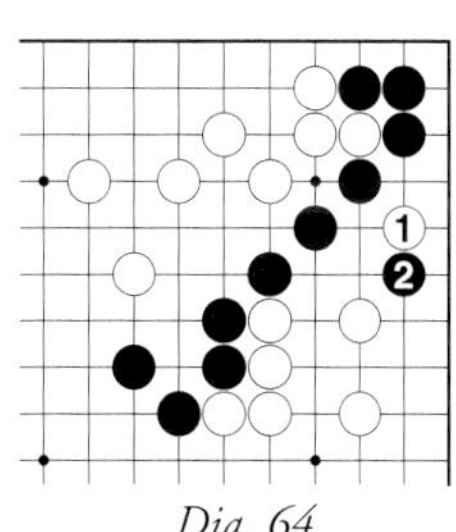

Dia. 64

63 setzt, tauscht Weiß 3 für 4 ab und schneidet dann mit 5, so dass die schwarze Gruppe in der Ecke keine zwei Augen bekommen kann.

Der einzige Zug, der Schwarz ermöglicht, alle seine Steine zu retten, ist der Anleger Schwarz 2 in Diagramm 64. Die beste weiße Antwort ist, auf 3 und 5 in Diagramm 65 zu spielen, aber dann kann Schwarz auf 6 in Vorhand verbinden. Weiß fängt mit 7 und gibt Schwarz die Möglichkeit, sich mit 8 gegen den Schnitt zu verteidigen. Wenn Weiß nach 6 mit 7 in Diagramm 66 schneidet, wird Schwarz mit 8 fangen und seine Gruppe in der Ecke ist lebendig.

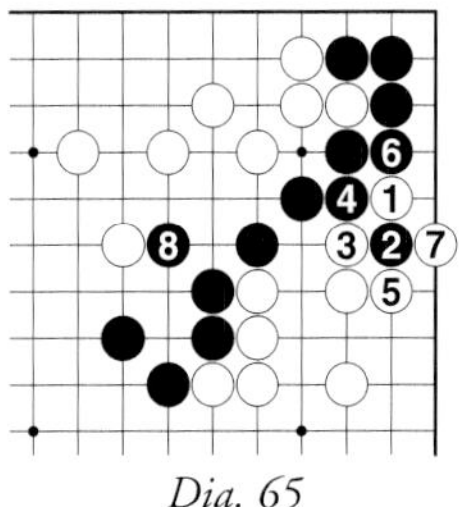
Dia. 65

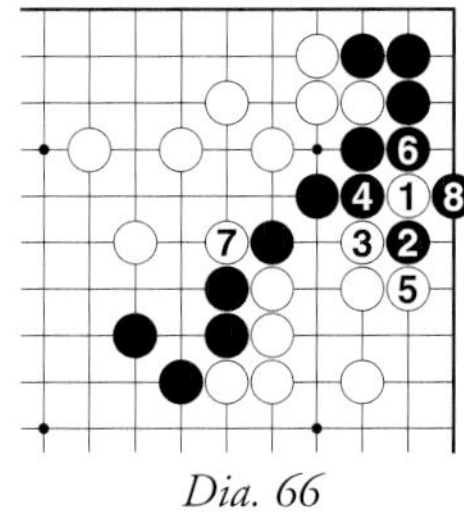
Dia. 66

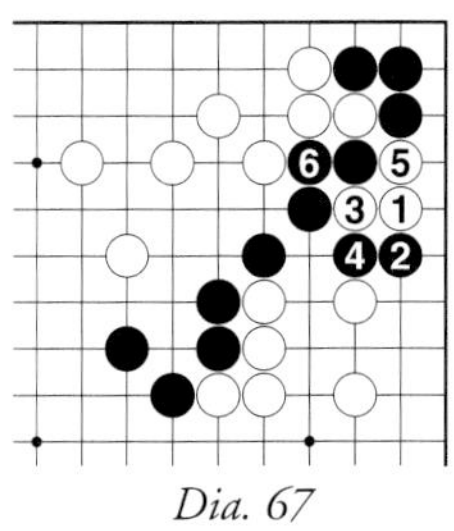
Dia. 67

Sich gegen Schwarz 2 mit 3 und 5 in Diagramm 67 zu wehren ist zwecklos. Nach Schwarz 6 hat Weiß drei Steine ohne Ausgleich verloren.

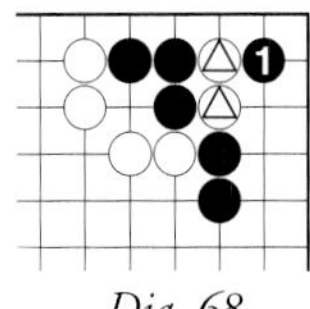
Dia. 68

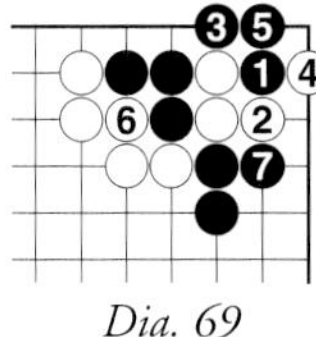
Dia. 69

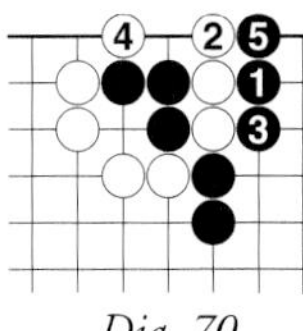
Dia. 70

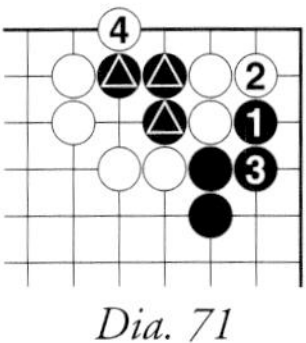
Dia. 71

Eine andere Art des Anlege-*Tesujis* ist das Anlegen am „Bauch" einer Gruppe gegnerischer Steine. Schwarz 1 in Diagramm 68 ist dafür ein Beispiel – dies ist der einzige Zug, der die zwei markierten weißen Steine fängt. Widerstand mit 2 und 4 ist sowohl in Diagramm 69 als auch in Diagramm 70 zwecklos, denn Weiß liegt im *Semeai* immer einen Zug zurück. Wenn Schwarz jedoch 1 in Diagramm 71 spielt, spielt Weiß 2 und zwingt Schwarz, auf 3 zu verbinden, so dass Weiß die drei markierten schwarzen Steine mit 4 fangen kann.

Kreuzschnitte

In diesem letzten Beispiel sind die markierten schwarzen Steine in Diagramm 72 von ihren Freunden getrennt. Schwarz muss weiße Steine fangen, wenn er die eigenen retten will. Auf Schwarz 1 in Diagramm 73 anzulegen, ist ein guter Zug. Wenn Weiß mit 2 umbiegt, ist der Kreuzschnitt mit 3 das *Tesuji*. Dieser Zug wird

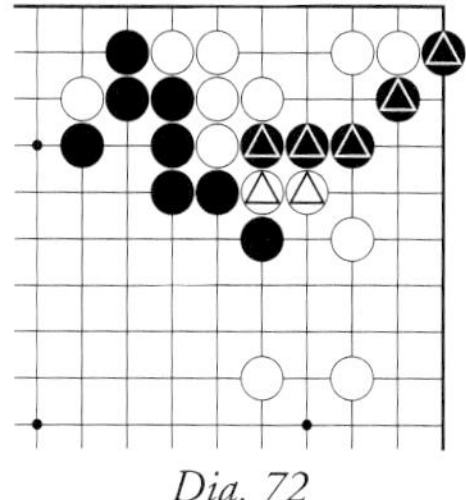
Dia. 72

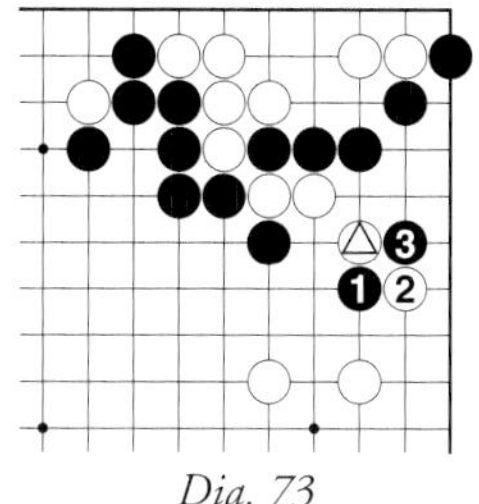
Dia. 73

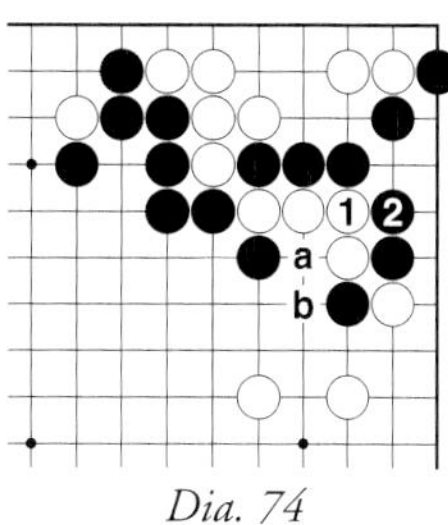

Dia. 74

Kreuzschnitt genannt, weil die beiden schwarzen Steine 1 und 3 sowie die beiden weißen Steine sich gegenseitig schneiden. In dieser Stellung ist es unmöglich für Weiß, das Fangen der beiden markierten Steine aus Diagramm 72 zu vermeiden. Wenn Weiß 1 in Diagramm 74 spielt, fängt Schwarz 2 vier weiße Steine. Wenn Weiß statt 1 auf a setzt, fängt Schwarz Weiß mit b.

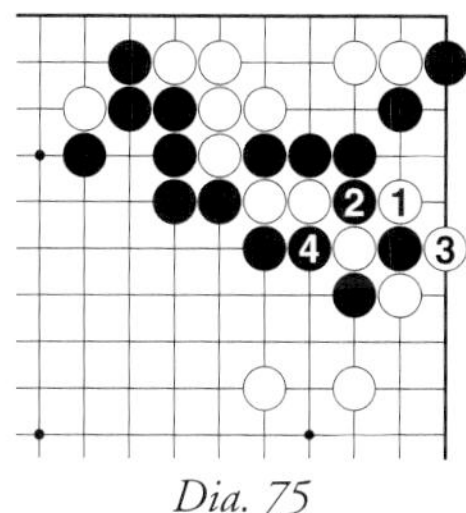
Dia. 75

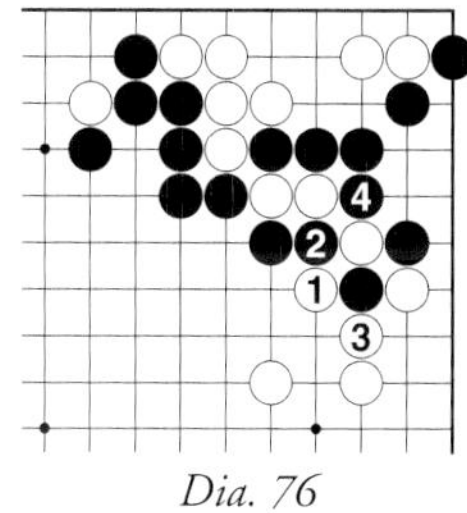
Dia. 76

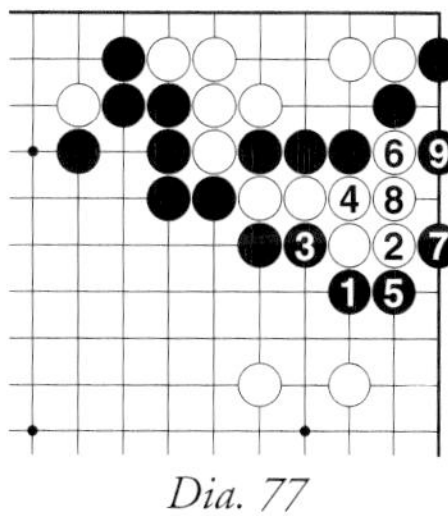
Dia. 77

Wenn Weiß mit 1 in Diagramm 75 *Atari* gibt, fängt Schwarz die beiden weißen Steine mit 2 und 4. (Man beachte, dass Weiß nicht 3 auf 4 spielen kann, da er immer noch auf *Atari* wäre.) Wenn Weiß mit 1 in Diagramm 76 *Atari* auf den anderen schwarzen Stein gibt, fängt Schwarz mit 2 und 4 die beiden weißen Steine.

Wenn Weiß dem Kreuzschnitt mit dem Strecken auf 2 in Diagramm 77 ausweicht, wird er alle seine Steine in einem *Semeai* verlieren, wie die Sequenz bis Schwarz 9 zeigt.

Dieses Kapitel ist nur ein kurzer Überblick über einige der einfachsten *Tesujis*, die auf dem Go-Brett auftreten können. Es gibt viele andere Arten, von denen einige in späteren Kapiteln vorgestellt werden.

Um ein starker Spieler zu werden, ist es wesentlich, dass man in der Lage ist, *Tesujis* auf einen Blick zu entdecken, wenn sich die Möglichkeit für sie in der Partie bietet. Der beste Weg, dies zu lernen, ist, sich mit den vielen *Tesuji*-Varianten vertraut zu machen, die es gibt, und *Tesuji*-Probleme zu lösen.

Eine gute Möglichkeit hiefür bietet das Buch *Get Strong at Tesuij* von Richard Bozulich. Die 535 einfachen bis mittelschweren Probleme in diesem Buch trainieren alle Arten von *Tesuji*, so dass man sie unmittelbar erkennen lernt, wenn sie in den eigenen Partien auftauchen.

Eine andere detaillierte und ausgezeichnete Einführung in dieses Thema ist das Buch *Tesuji* von James Davies. Es bietet einen Überblick über die vielen Arten von *Tesujis*, denen man in den eigenen Partien begegnen kann.

6. Kapitel: Leben und Tod

Während des Verlaufs des Spieles passiert es häufig, dass Steine von ihren Alliierten getrennt werden und selbständig zwei Augen bilden müssen, um zu leben. Um ein starker Spieler zu werden, ist es notwendig die Techniken zu entwickeln, um in solchen Situationen die gegnerischen Steine zu töten und die eigenen zu sichern.

Beim Töten von Gruppen gibt es drei Grundarten von *Tesujis*, die wieder und wieder auftauchen: Hineinsetztten (*Oki*), Umbiegen (*Hane*) und Einwerfen. Das Verständnis dieser drei *Tesujis* ergibt das Wissen, das man braucht, um generische Steine zu töten und eigene zu sichern.

Oki-Tesuji

Ein *Oki-Tesuji* ist eine grundlegende Technik, um Gruppen zu töten. Ein solcher Zug zielt auf den vitalen Punkt der gegnerischen Stellung, um eine tote Form zu erzeugen. Diagramm 1 zeigt eine typische Anwendung dieser Technik. Weiß 1 ist der vitale Punkt der schwarzen Stellung. Schwarz 2 wird mit 3 beantwortet, woraufhin die schwarze Gruppe auf ein großes Auge reduziert ist. Diagramm 2 zeigt eine mögliche Fortsetzung. Nach 7 kann Weiß auf a oder b *Atari* geben (falls es verlangt wird, zu beweisen, dass Schwarz tot ist), aber wenn Schwarz herausnimmt, bleibt er mit einer toten Drei zurück.

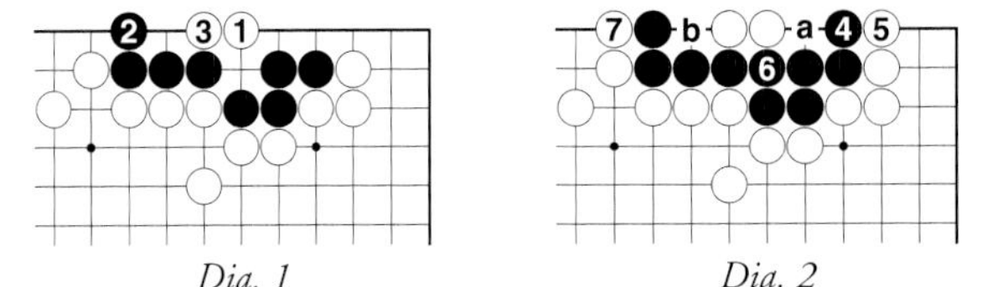

Dia. 1 *Dia. 2*

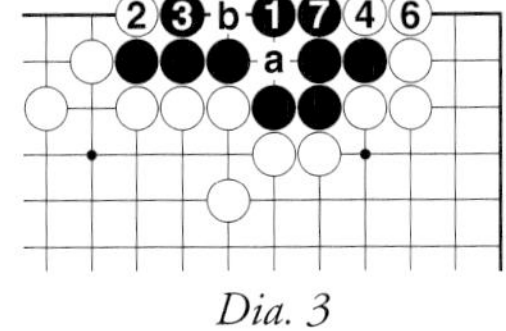

Dia. 3

Wenn andererseits Schwarz am Zug ist, wird er auf 1 in Diagramm 3 spielen. Danach ist es für Weiß unmöglich, zwei Augen für Schwarz zu verhindern. Wenn Weiß 2 spielt, dann folgt Schwarz 3 und Schwarz hat ein echtes Auge auf a und ein weiteres auf b. Natürlich muss das Auge auf a mit 7 verteidigt werden, sollte Weiß später 4 und 6 spielen.

Jeder sollte sich selbst davon überzeugen, dass Weiß 1 in Diagramm 1 der einzige Zug ist, der Schwarz tötet. Wenn Weiß statt 1 entweder auf 2 oder 4 in Diagramm 3 spielt, lebt Schwarz, indem er auf 1 spielt.

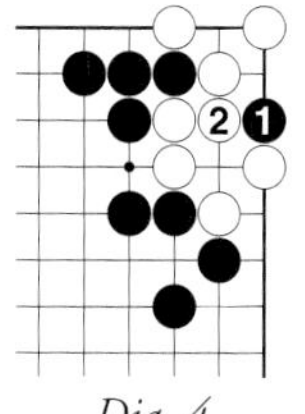

Dia. 4

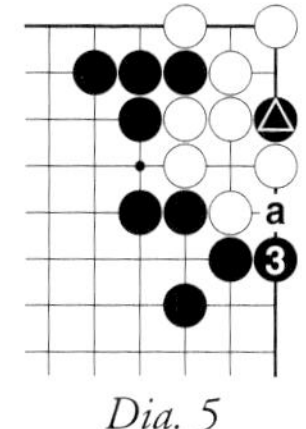

Dia. 5

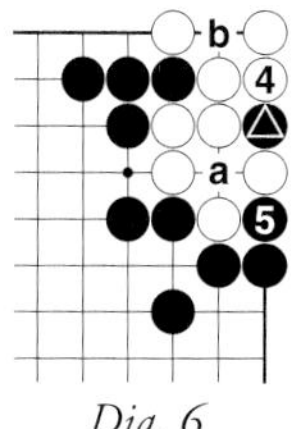

Dia. 6

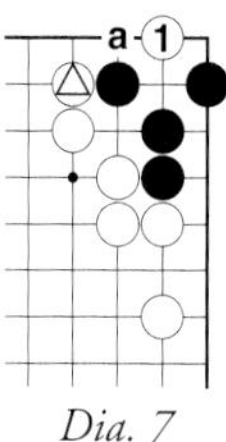

Dia. 7

Oki-Tesujis werden häufig kombiniert mit anderen Zügen gespielt, um den Gegner davon abzuhalten, zwei Augen zu bilden. In Diagramm 4 zum Beispiel, scheint Weiß 2 nach Schwarz 1 zwei Augen zu sichern. Aber wenn Schwarz auf 3 in Diagramm 5 herunterstreckt, kann Weiß wegen des markierten schwarzen Steins nicht auf a spielen, ohne sich selbst auf *Atari* zu setzen. Wenn Weiß mit 4 in Diagramm 6 herausnimmt, gibt Schwarz mit 5 *Atari.* Weiß hat jetzt nur ein echtes Auge (auf dem Punkt, wo der markierte Stein stand) und zwei falsche Augen (auf a und b), daher ist seine Gruppe in der Ecke tot.

Das *Oki* auf Weiß 1 in Diagramm 7 droht damit, mit a zum markierten weißen Stein außen anzubinden. Wenn Schwarz mit 2 in Diagramm 8 blockt, bleibt er in der Ecke mit einem großen Auge zurück. Weiß nimmt dann mit 3 den einzigen anderen Punkt, auf dem Schwarz ein echtes Auge machen kann.

Die Reihenfolge der Züge in diesem Problem ist wichtig. Wollte Weiß zuerst auf 1 in Diagramm 9 spielen, wird Schwarz auf 2 spielen und zwei echte Augen in der Ecke bekommen (auf dem 1-1-Punkt und dem 2-2-Punkt).

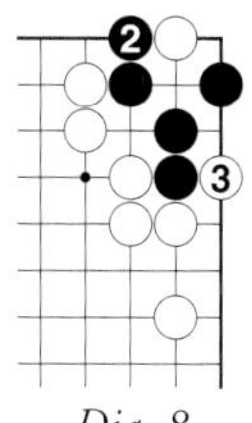

Dia. 8

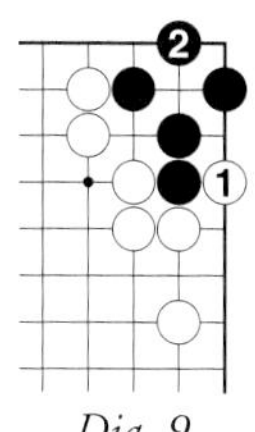

Dia. 9

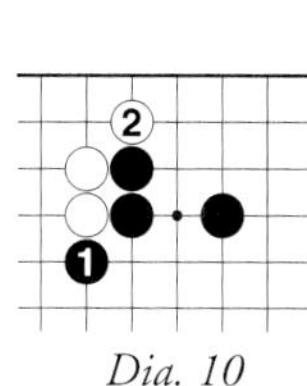

Dia. 10

Umbiegen

Umbiegen (*Hane*) ist ein Diagonalzug, der von einem eigenen Stein mit Kontakt zu einen feindlichen Stein gespielt wird. Weiß 1 in Diagramm 9 ist ein Beispiel für ein solches Umbiegen. Schwarz 1 und Weiß 2 in Diagramm 10 sind ebenfalls Umbiegezüge. *Hane*-Züge sind nützlich, um gegnerische Gruppen umzubringen. Es gibt sogar ein Go-Sprichwort, das besagt: „Im *Hane* liegt der Tod." Diagramm 11 gibt dazu ein Beispiel.

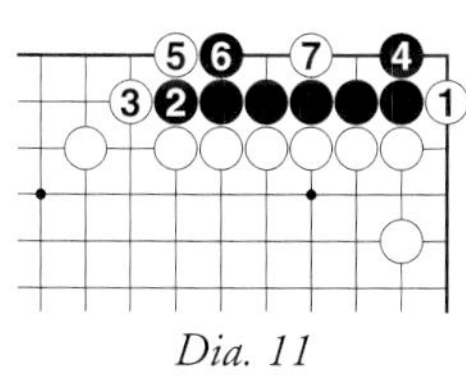

Dia. 11

Der Umbieger auf Weiß 1 tötet die schwarze Gruppe in der Ecke. Schwarz versucht mit 2 und 4, Raum für zwei echte Augen zu schaffen, aber Weiß spielt mit 5 einen weiteren Umbieger, so dass Schwarz nicht genug Raum behält. Nach Schwarz 6 tötet das *Oki-Tesuji* auf 7 die schwarze Gruppe.

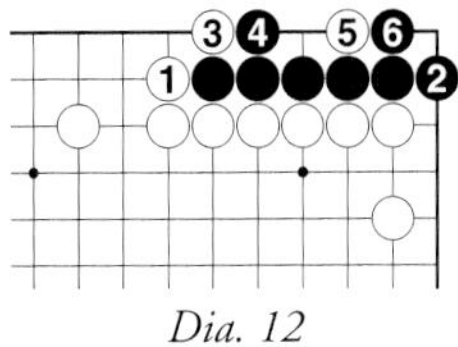
Dia. 12

Blocken auf Weiß 1 in Diagramm 12 scheitert damit, die schwarze Gruppe zu töten. Schwarz steckt auf 2 und nach dem Abtausch von 3 und 4 hat Schwarz reichlich Raum, um zwei Augen zu bilden. Wenn Weiß 5 auf 6 spielt, antwortet Schwarz auf 5. In jedem Fall bekommt Schwarz zwei echte Augen.

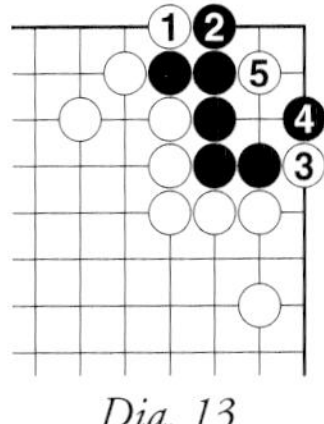
Dia. 13

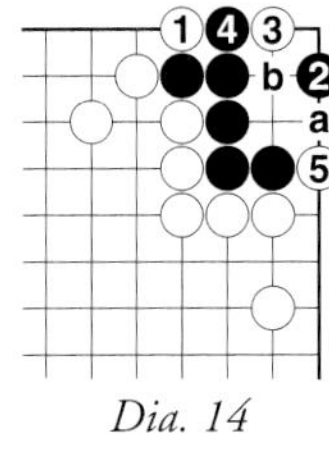
Dia. 14

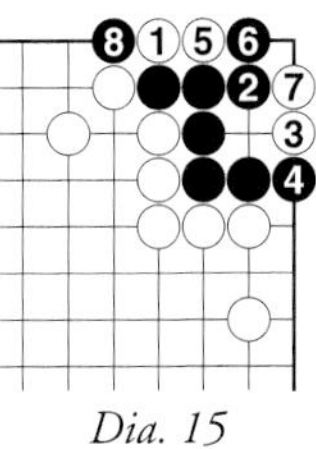
Dia. 15

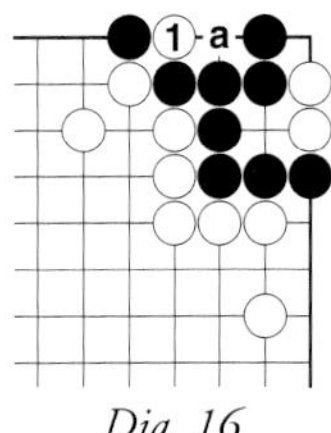
Dia. 16

Wenn man darauf zielt, eine Gruppe mit einem *Hane* zu töten, muss man gewöhnlich mit einem *Oki-Tesuji* wie 7 in Diagramm 11 fortsetzen. Diagramm 13 gibt eine weitere Erläuterung hierzu. Weiß spielt zwei aufeinander folgende Umbieger mit 1 und 3 und reduziert Schwarz auf ein 5-Punkte-Auge. Weiß trifft als nächstes den vitalen Punkt dieses großen Auges mit *Oki* auf 5. Schwarz hat keine Möglichkeit zu leben.

Schwarz hat keine Gegenmaßnahme gegen das *Hane* auf Weiß 1. Wenn er mit 2 in Diagramm 14 antwortet, platziert Weiß ein *Oki-Tesuji* auf 3. Schwarz 4 verhindert das Anbinden, aber Weiß spielt mit 5 ein weiteres *Hane*. Jetzt hat Schwarz nur ein Auge. Wenn Schwarz in der Erwartung auf a spielt, um mit b zwei Augen zu erhalten, spielt Weiß auf b. Wenn Schwarz dagegen b spielt, spielt Weiß auf a.

Wenn Schwarz mit 2 in Diagramm 15 antwortet, hält das *Oki-Tesuji* auf 3, gefolgt von 5 und 7 die schwarze Gruppe bei nur einem Auge. Was passiert, wenn Schwarz mit 8 zwei Steine fängt? Das führt zu dem nächsten *Tesuji*, dem Einwurf.

Einwerfen

Weiß 1 in Diagramm 16 ist ein Beispiel für erfolgreiches Einwerfen. Dieses *Tesuji* ist sehr nützlich, um falsche Augen zu erzeugen. Wegen dieses Zuges wird a niemals ein Auge. Von außen mit 1 wie in Diagramm 17 *Atari* zu geben, bewegt Schwarz dazu, auf 2 zu spielen – den Zug, den er will. Schwarz hat jetzt auf a ein Auge, zusätzlich zu dem großen Auge rechts.

Weiß 1 in Diagramm 18 führt zu einem Einwurf. Wenn Schwarz 2 spielt, bedient sich Weiß des *Oki-Tesujis* auf 3. Wenn Schwarz als nächstes 4 spielt, opfert Weiß zwei Steine mit 5. Nachdem Schwarz mit 6 herausgenommen hat,

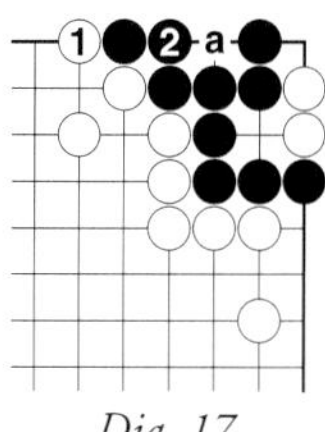

Dia. 17

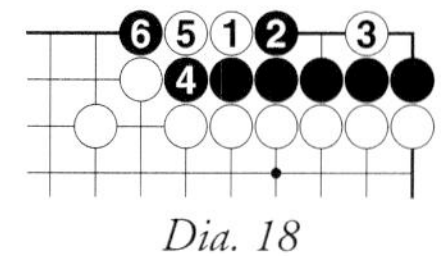

Dia. 18

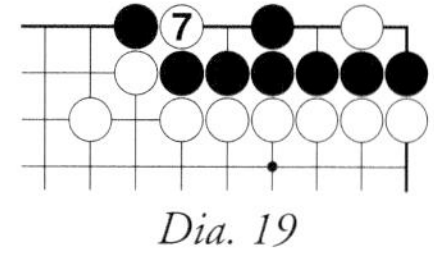

Dia. 19

wirft Weiß einen Stein auf 117 in Diagramm 19 ein. Schwarz bleibt so mit einer toten Form in der Ecke und einem unechten Auge auf 7 zurück.

In dem nächsten Beispiel führt das *Oki-Tesuji* Weiß 1 in Diagramm 20 zu einer komplizierteren Sequenz von Einwürfen. Nachdem Schwarz mit 2 blockt, erhöht Weiß das Opfer mit 3 in Diagramm 21 auf zwei Steine. Schwarz fängt mit 4, aber Weiß wirft mit 5 in Diagramm 22 einen weiteren Stein ein. Der Punkt auf 5 ist jetzt ein unechtes Auge, daher ist Schwarz tot.

In Diagramm 23 tötet Schwarz die weiße Gruppe in der Ecke, indem er einen Stein auf 1 einwirft. Wegen des markierten schwarzen Steins kann Weiß nicht auf a spielen, ohne sich selbst auf *Atari* zu setzen. Aber wenn er mit b herausnimmt, wird Schwarz auf a spielen und ein unechtes Auge auf 1 erzeugen.

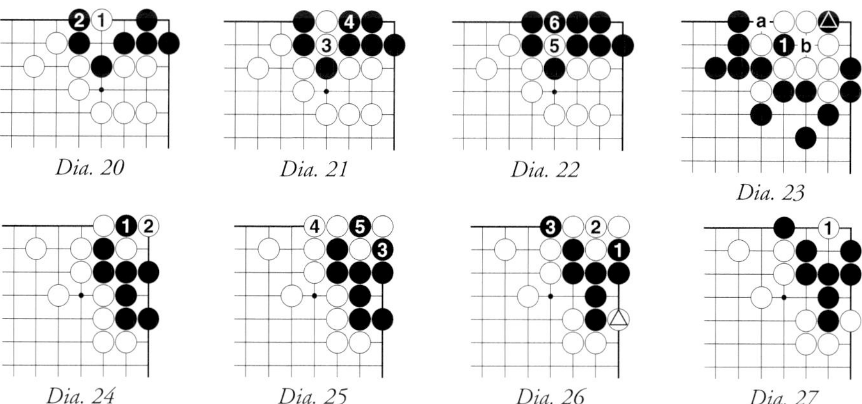

Dia. 20 Dia. 21 Dia. 22 Dia. 23

Dia. 24 Dia. 25 Dia. 26 Dia. 27

Ein Einwurf dient häufig dazu, eine eigene Gruppe zu sichern, da er bei der Erzeugung von Zusatzaugen hilft. Schwarz 1 in Diagramm 24 ist ein solcher Zug. Nachdem Weiß mit 2 herausgenommen hat, gibt Schwarz mit 3 in Diagramm 25 *Atari* auf zwei Steine in der Ecke. Weiß muss mit 4 verbinden und danach schlägt Schwarz zwei Steine mit 5 und erhält drei echte Augen für seine Gruppe. Wenn Weiß 4 auf 5 spielt, fängt Schwarz vier Steine, indem er auf 4 spielt. Auf jedem Fall lebt die schwarze Gruppe.

Man sollte beachten, dass die schwarze Gruppe mindestens bereits ein Auge braucht, damit dieses *Tesuji* funktioniert. In Diagramm 26 hat Weiß den markierten Stein auf dem Brett, der Schwarz eines Auges beraubt. Wenn dieses Mal Schwarz mit 3 schlägt, tötet Weiß mit einem *Oki-Tesuji*, das die schwarze Gruppe mit nur einem großen Auge in der Ecke zurück lässt.

Leben-und-Tod-Probleme treten in fast jeder Go-Partie auf. Auch wenn sie nicht sofort ausgespielt werden, ist es notwendig, ihr Ergebnis analysieren zu können, wenn man seine Züge plant. Aus diesem Grund ist es notwendig, dass man seine Fähigkeiten, gegnerische Gruppen zu töten und Züge zu finden, die die eigenen Gruppen zum Leben bringen, stetig weiterentwickelt. Leben-und-Tod-Probleme (*Tsume-Go*) zu lösen ist der beste Weg, um diese Fähigkeiten auszubauen. Hierzu eignet sich für Anfänger die vierbändige Reihe *Graded Go Problems for Beginners.* Ergänzend sollte man das Buch *Life and Death* von James Davies studieren, das einen exzellenten, systematischen Überblick über die Grundlagen von häufig auftretenden Leben-und-Tod-Situationen bietet.

Es gibt eine enorme Anzahl von Leben-und-Tod-Problembücher auf Japanisch, die aber in der Regel für ausländische Leser leicht zu verstehen sind. Besonders empfohlen sei die dreibändige Reihe über Leben-und-Tod-Probleme von Maeda Nobuaki, bekannt als *Maeda's Tsume-Go*. Die Probleme in diesen drei Büchern fangen mit sehr einfachen Problemen an und arbeiten sich bis zum Expertenlevel im dritten Band hoch.

Abschließend sei gesagt, dass die Kenntnisse zum Töten und Sichern von Gruppen genauso wie die Kenntnis von *Tesujis* sehr wichtig sind, um der eigenen Go-Technik die notwendige Tiefe zu verleihen. Die Eröffnung und das Mittelspiel mögen strategisch angelegt erscheinen, aber wenn analytische Fähigkeiten fehlen, wird man nicht in der Lage sein, die strategisch gewonnenen Partien in tatsächlich gewonnene Partien zu verwandeln.

7. Kapitel: Freiheiten zählen

Semeais (Wettläufe um Freiheiten) auszurechnen ist einfach. Normalerweise geht es nur darum, zwei einstellige Zahlen zu vergleichen. Wenn man die Grundlagen studiert, die hier vorgestellt werden, wird man in der Lage sein, auch die kompliziertesten Kämpfe ausrechnen zu können.

Die Betrachtung beschränkt sich am Anfang darauf auszuzählen, wer den Kampf gewinnen wird. Dabei geht es nicht darum, irgendwelche intelligenten Züge zu finden oder zu entscheiden, wo man spielen sollte.

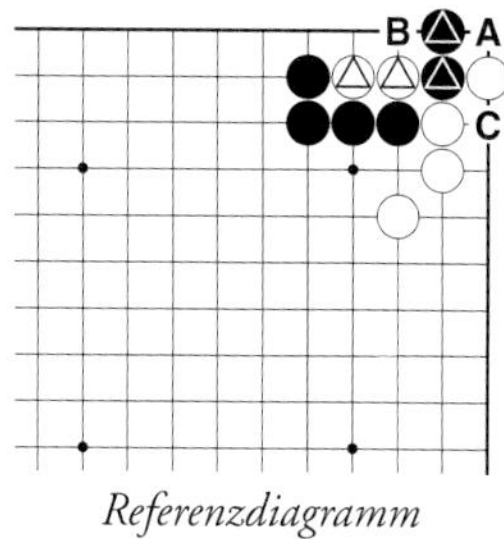

Referenzdiagramm

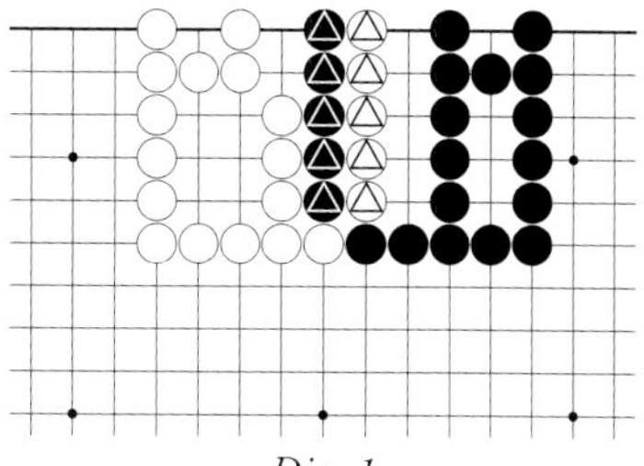

Dia. 1

Was sind Freiheiten?

Die einfache Definition von Freiheiten, wie sie in Anfängerbüchern wie *Go: A Complete Introduction to the Game* von Cho Chikun gegeben wird, lautet: Freiheiten sind die freien Punkte einer Gruppe. Im Referenzdiagramm haben die markierte weißen Steine zum Beispiel zwei Freiheiten. Diese einfache Definition ist zu Anfang ganz nett, aber im Folgenden soll sie erweitert werden, um sie beim Zählen komplizierterer Stellungen nutzen zu können. Wie viele Freiheiten haben denn die markierten schwarzen Steine? Die einfache Antwort lautet zwei, aber dann muss bedacht werden, dass Weiß im Moment auf keine von ihnen spielen kann. Wenn Weiß entweder auf A oder B spielt, stellt er sich dabei selbst auf *Atari*.Er muss also zuerst auf C spielen.

Statt zu sagen: „Schwarz hat zwei Freiheiten, aber Weiß muss einen Annäherungszug auf C machen", sollte die Anzahl der Freiheiten umdefiniert werden als die Anzahl von Zügen, die nötig sind, um eine Gruppe zu fangen. Wenn man den Status eines Kampfes ausrechnet, vergleicht man einfach die ermittelten Freiheiten. Wenn sie gleich sind, ist der Kampf unentschieden und wer zuerst zieht, der wird den Kampf gewinnen. Wenn sie nicht gleich sind, ist der Kampf bereits entschieden. Im Referenzdiagramm hat Schwarz drei Freiheiten gegen zwei für Weiß, daher ist der Kampf entschieden, denn selbst wenn Weiß zuerst zieht, gewinnt Schwarz den Kampf. Auch wenn die Änderung der Definition im Moment nicht sehr bedeutend aussieht, macht sie die Dinge später sehr viel einfacher.

Typ 1: Einfache Kämpfe

Diagramm 1 zeigt eine Stellung mit zwei weißen und zwei schwarzen Gruppen. Die Gruppen außen sind deutlich lebendig, aber die Gruppen innen (die markierten Steine) dagegen nicht. Keine Seite hat zwei Augen, keine Gruppe kann entkommen und keine Gruppe kann die Anzahl ihrer Freiheiten vergrößern. Es handelt sich um einen Kampf um Leben und Tod. Wer wird leben und wer wird sterben? Die Antwort ist einfach.

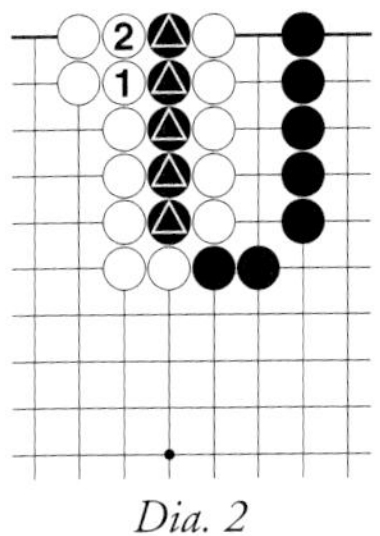
Dia. 2

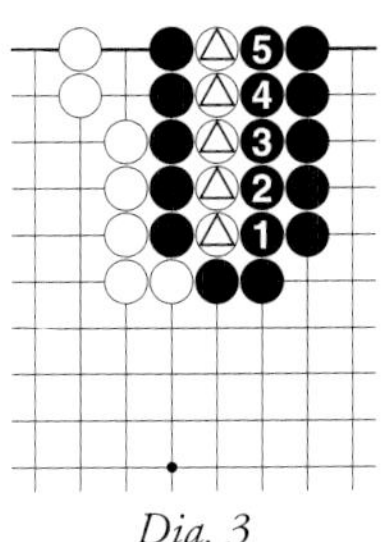
Dia. 3

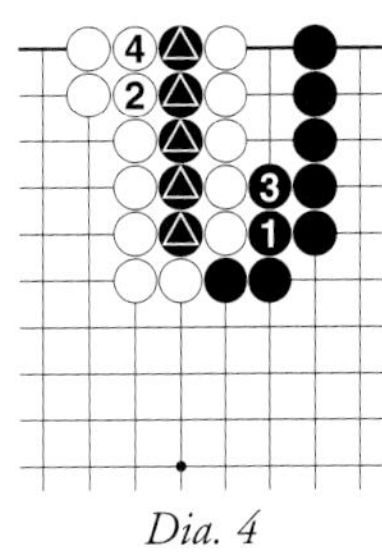
Dia. 4

Im Folgenden werden die Außengruppen vereinfacht und der Fokus auf den Kampf gelegt. Wie Diagramm 2 zeigt, braucht Weiß zwei Züge, um Schwarz zu schlagen. Und wie Diagramm 3 zeigt, braucht Schwarz fünf Züge, um Weiß zu schlagen. Daher kann man sagen, dass die schwarze Gruppe zwei Freiheiten hat und die weiße Gruppe fünf. In der Praxis spielen Schwarz und Weiß abwechselnd. Weiß hat mehr Freiheiten, daher wird er wohl gewinnen. Selbst wenn Schwarz zuerst zieht, kann Weiß die schwarzen Steine wie in Diagramm 4 fangen. Das ist das Grundprinzip des Ausrechnens von *Semeais*: Man vergleicht die Anzahl der Freiheiten für beide Seiten. Man beachte, dass wir natürlich annehmen, dass beide Spieler versuchen zu gewinnen. Man kann nicht erwarten, dass der Gegner zulässt, dass man wie in Diagramm 5 mehrere Züge nacheinander bekommt.

Fünf gegen zwei Freiheiten ist ein sehr unfairer Kampf. Die Stellung ist deutlich entschieden. Es ist egal, wer zuerst spielt, und es ist sehr klar, wer gewinnen wird. In den meisten praktischen Fällen geht es aber darum, zwei Zahlen zu vergleichen, die gleich oder zumindest fast gleich sind.

In Diagramm 6 haben Schwarz und Weiß beide die gleiche Anzahl Freiheiten. Wenn Weiß zuerst spielt, gewinnt er wie in Diagramm 7. Wenn Schwarz zuerst spielt, gewinnt Schwarz wie in Diagramm 8. Man beachte, dass alle diese Freiheiten gleichwertig sind; es ist egal, in welcher Reihenfolge man sie spielt, wie Diagramm 9 zeigt. Es ist nur die Anzahl der Freiheiten wichtig. In einem einfachen Kampf ist die Stellung unentschieden, wenn die Anzahl der Freiheiten gleich ist: Wer zuerst zieht, der gewinnt.

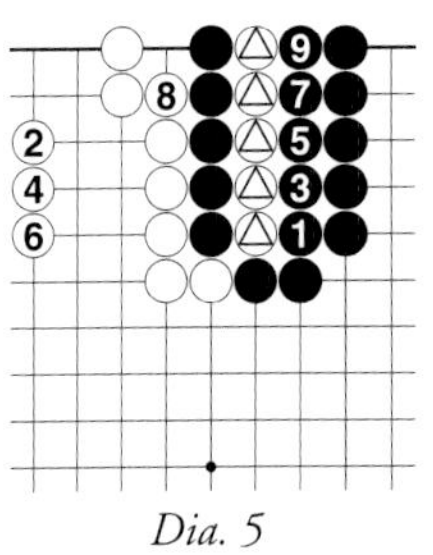
Dia. 5

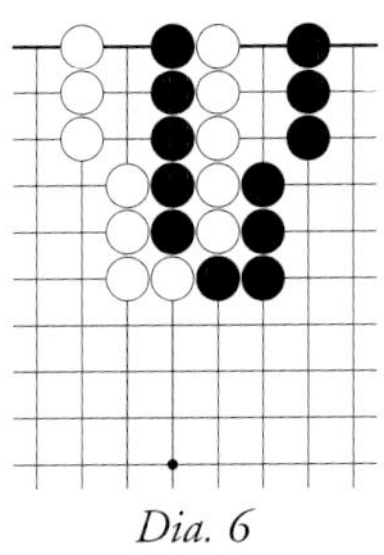
Dia. 6

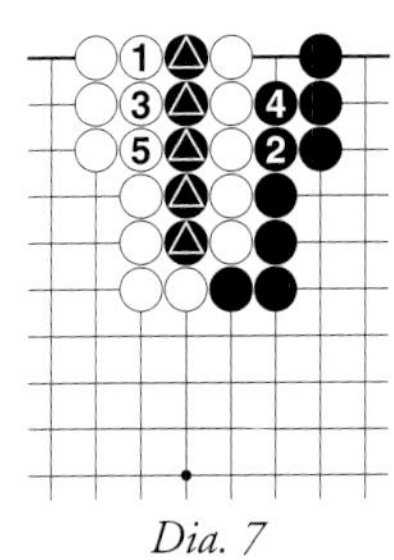
Dia. 7

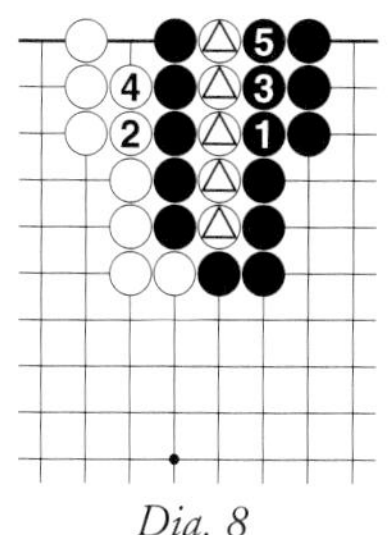
Dia. 8

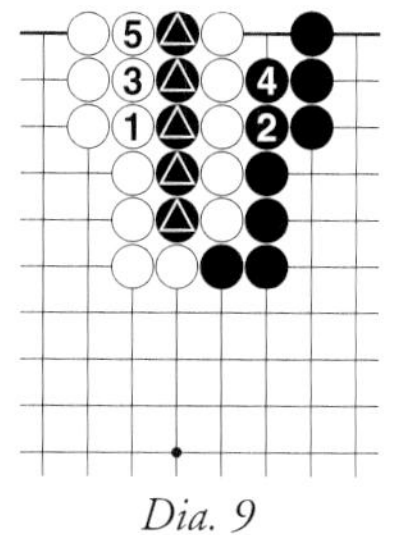
Dia. 9

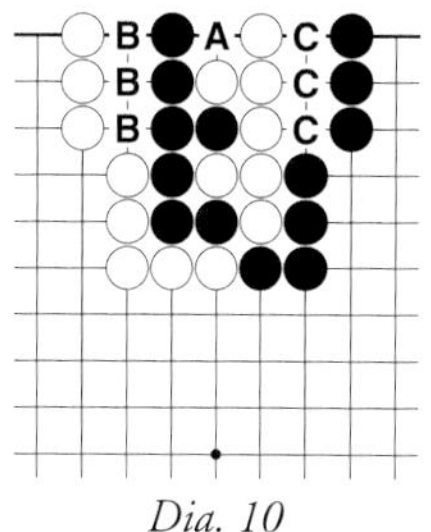
Dia. 10

Typ 1a: Eine Innenfreiheit

In Diagramm 10 haben beide Gruppen vier Freiheiten. Die schwarzen Freiheiten sind A, B, B und B. Die weißen sind A, C, C und C. Wie Diagramm 11 zeigt, benötigt Schwarz vier Züge, um die weißen Steine zu schlagen. (Und genauso benötigt Weiß vier Züge, um die schwarzen Steine zu schlagen.) Man beachte jedoch, dass A in Diagramm 10 sowohl für die schwarze als auch für die weiße Gruppe eine Freiheit darstellt. Die mit B markierten Punkte gehören ausschließlich zu Schwarz und die mit C markierten Punkte gehören ausschließlich zu Weiß, aber die innere Freiheit auf A teilen sich beide Gruppen.

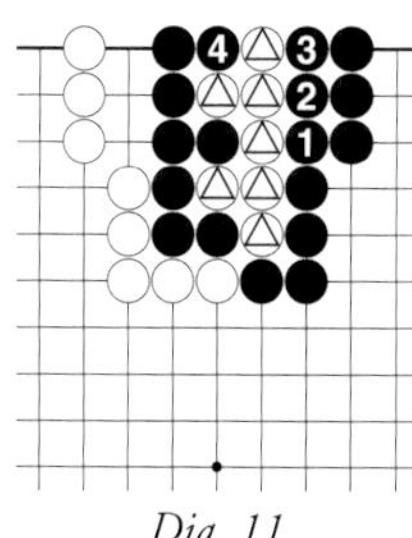
Dia. 11

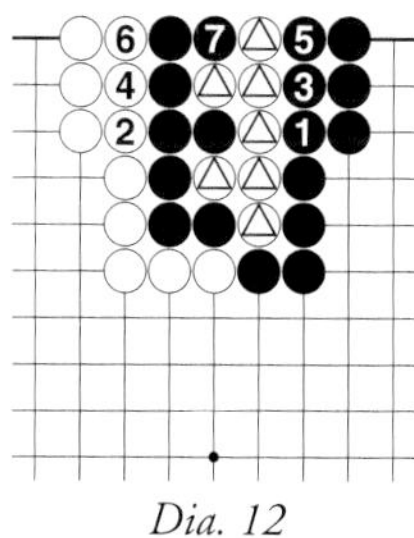
Dia. 12

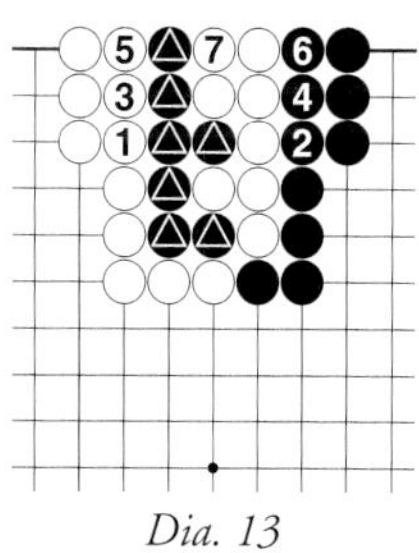
Dia. 13

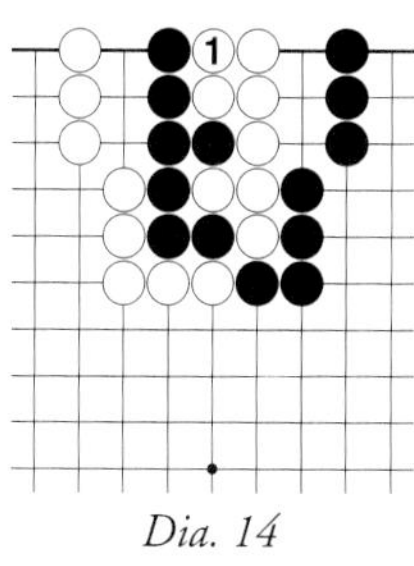
Dia. 14

In Diagramm 12 spielt Schwarz zuerst und gewinnt. Man beachte, dass die Reihenfolge, in der Schwarz die weißen Freiheiten zusetzt, in diesem Fall wichtig ist. Er muss mit den äußeren weißen Freiheiten anfangen (alle äußeren Freiheiten dagegen sind gleichwertig und können in beliebiger Reihenfolge gespielt werden) und die innere Freiheit als letzte besetzen, da dieser Zug auch seine eigenen Freiheiten verringert. Wenn Weiß zuerst spielt, gewinnt er genauso – wie Diagramm 13 zeigt.

Was passiert, wenn Weiß zuerst auf die innere Freiheit spielt? Wie Diagramm 14 zeigt, haben nach Weiß 1 beide Seiten drei Freiheiten, aber jetzt ist Schwarz am Zug. Das Spielen auf die innere Freiheit verringert die weiße Freiheitenanzahl genauso, wie es die schwarze reduziert. Daher ist es gleichbedeutend damit, Schwarz einen Zug extra zu geben. Selbst wenn Weiß zuerst zieht, verliert er, wie in Diagramm 15 gezeigt. Man muss die innere Freiheit spielen, um die Steine zu schlagen, aber man muss sie als letzte besetzen, wenn es zu spät dafür ist, dass der Zug gegen die eigenen Steinen genutzt werden kann.

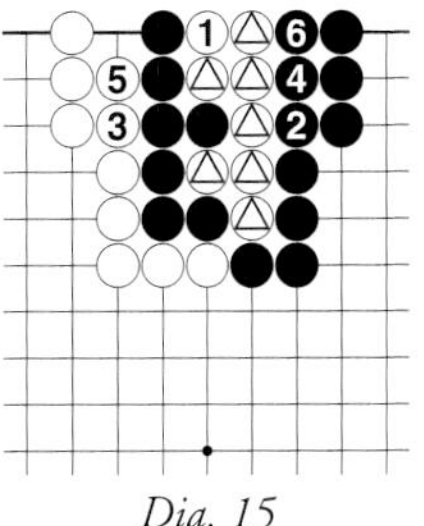

Dia. 15

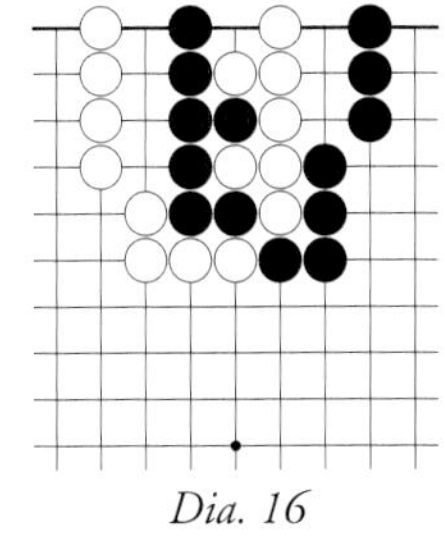
Dia. 16

In Diagramm 16 hat Schwarz eine äußere Freiheit mehr. Es steht Schwarz (4 äußere + 1 innere) = 5 zu Weiß (3 äußere + 1 innere) = 4. Selbst wenn Weiß zuerst zieht, wird Schwarz gewinnen. Und wenn Schwarz am Zug ist, kann er irgendwo anders spielen und gewinnt doch. Die Stellung ist entschieden: Weiß ist tot.

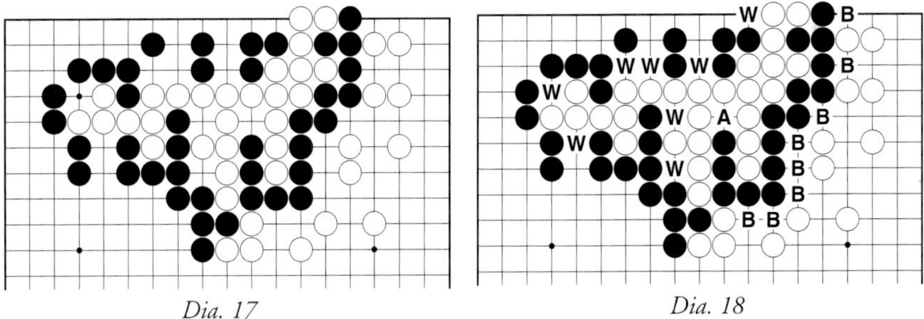

Dia. 17 *Dia. 18*

Diagramm 17 zeigt einen komplizierteren Kampf, wie er in einer echten Partie leicht zustande kommt. Er ist nicht schwierig auszuzählen, wenn man das Prinzip verstanden hat. Manche Leute mögen es, die Sequenz zu zählen: Schwarz hier, Weiß da, Schwarz hier, Weiß da, usw. Diese Methode ist nicht zu empfehlen, da es zu leicht passiert, dass man eine Freiheit übersieht oder doppelt zählt, wenn man von einer Seite des Brettes zur anderen hin und her wandert. Stattdessen sollte man die Freiheiten um jede Gruppe herum zählen. In Diagramm 18 zählt man die Punkte, die mit W markiert sind: 1, 2, 3 bis 8. Man addiert eins für die innere Freiheit auf A, das macht zusammen 9. Man zählt die mit B markierten Punkte: 1, 2 bis 8 plus A macht 9. Also 9 zu 9 – die Stellung ist unentschieden. Das ist doch nicht schwer, oder?

Typ 2: Zwei oder mehr innere Freiheiten

Das Referenzdiagramm zeigt eine unentschiedene Stellung. Schwarz und Weiß haben jeweils vier Freiheiten. Wer zuerst spielt, der gewinnt. Wenn man Grup-

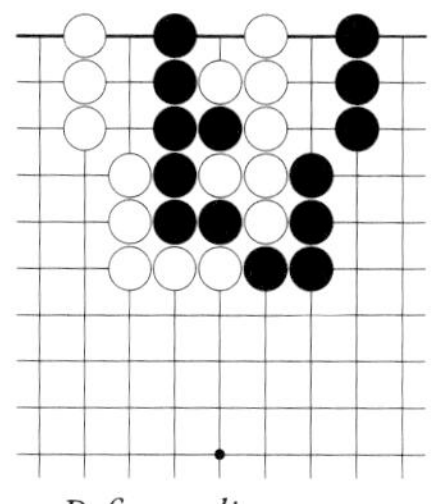
Referenzdiagramm

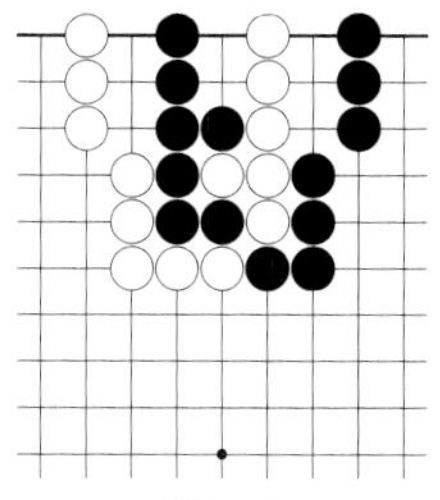
Dia. 1

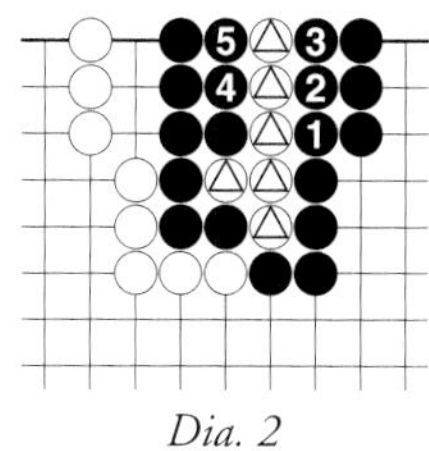
Dia. 2

pen mit inneren Freiheiten betrachtet, so ist die Sequenz 0, 1, 2, 3, 4, ... keine kontinuierliche Reihe mehr. Es gibt aber einen gähnenden Abgrund zwischen 1 und 2. Auf der einen Seite 0 und 1, auf der anderen 2, 3 usw. Das ist vergleichbar mit Eis, das Grad für Grad bis zum Schmelzpunkt aufgetaut wird. Der gleitende Prozess wird plötzlich durch einen Phasenwechsel unterbrochen und das Eis verwandelt sich in Wasser, das vollständig andere Eigenschaften hat. Ein Kampf, bei dem es zwei oder mehr innere Freiheiten gibt, ist völlig anders als einer mit einer oder keiner inneren Freiheiten. Es folgen einige Beispiele.

In Diagramm 1 haben Schwarz und Weiß jeweils drei äußere Freiheiten und es gibt zwei gemeinsame Freiheiten. Wie Diagramm 2 zeigt, kann Schwarz Weiß in fünf Zügen fangen. Aber das wird in einer echten Partie nicht passieren. Weiß wird sich wehren. Während Schwarz 1, 3, und 5 in Diagramm 3 spielt, spielt Weiß 2, 4 und 6. Das Ergebnis ist ein Unentschieden, *Seki* genannt. Wenn Schwarz als nächstes 1 in Diagramm 4 spielt, um Weiß auf *Atari* zu stellen, setzt er sich selbst auf *Atari* und wird von Weiß geschlagen. Ein *Seki* ist eine Stellung, in der keine Seite weiter ziehen möchte, da es für sie einem Selbstmord gleichen würde. In Typ-1-Kämpfen kann das Ergebnis niemals *Seki* sein, die eine oder andere Seite muss sterben. Bei Typ-2-Kämpfen verhält sich das völlig anders.

Wenn Schwarz und Weiß die gleiche Anzahl äußerer Freiheiten haben und es zwei oder mehr innere Freiheiten gibt, ist das Ergebnis ein *Seki*. In Diagramm 5 hat Schwarz jedoch sieben äußere Freiheiten. In diesem Fall kann Schwarz auf alle fünf weißen Freiheiten inklusive der inneren spielen, bevor Weiß aufholt, wie Diagramm 6 zeigt. Wenn andererseits Weiß – wie in Diagramm 7 – zuerst

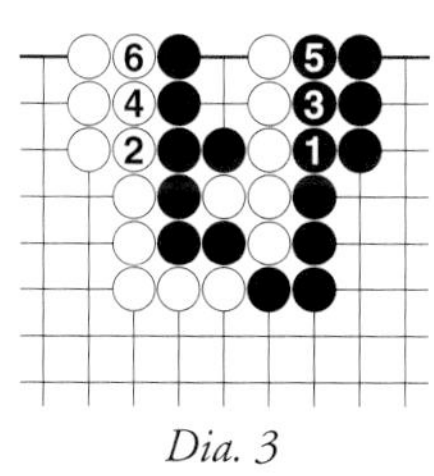
Dia. 3

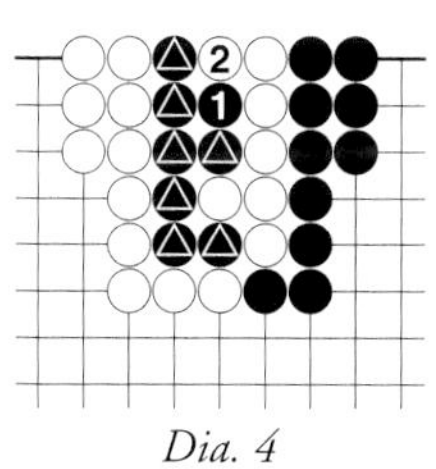
Dia. 4

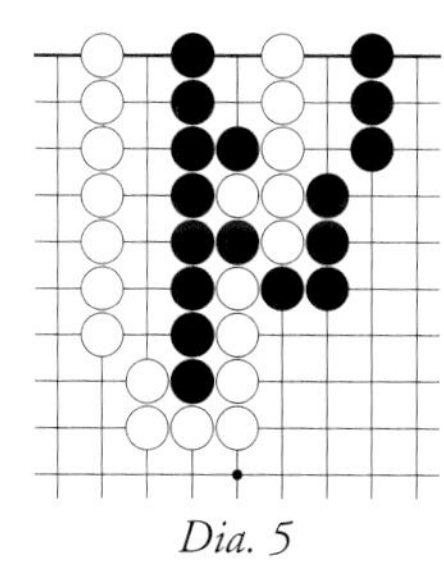
Dia. 5

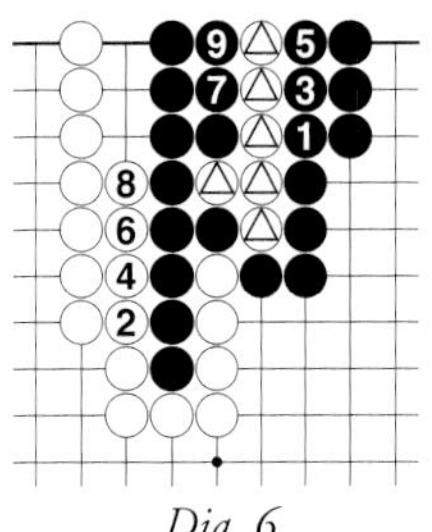
Dia. 6

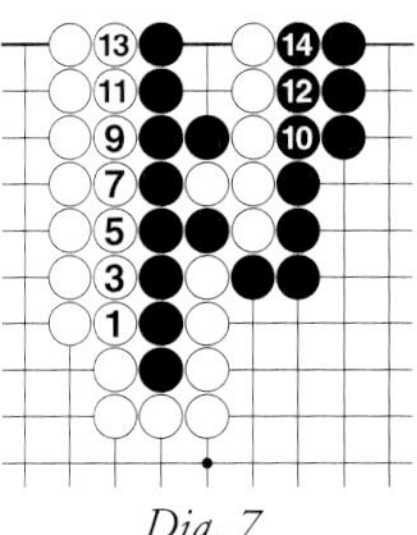
Dia. 7

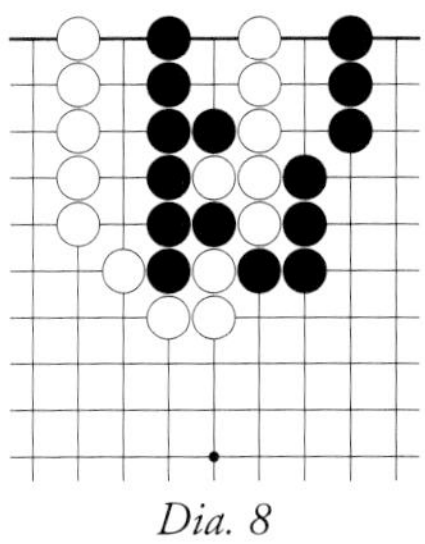
Dia. 8

spielt, kann er Schwarz trotzdem nicht fangen. Schwarz kann nicht nur gewinnen, indem der wie in Diagramm 6 spielt, wo er drei Züge Vorsprung hat, Schwarz kann Weiß sogar ignorieren und mehrfach wegbleiben – und doch in einem *Seki* leben. Sicher, Schwarz muss vorsichtig sein und darf Weiß nicht zu oft ignorieren, anderenfalls würde er wirklich dumm dastehen.

Jetzt können einige Richtlinien für das Ausrechnen von Typ-2-Kämpfen formuliert werden. Die Seite, die mehr Freiheiten hat, ist bedingungslos lebendig. Bei dieser Art von Kämpfen und in allen weiteren Typen wird der Begriff Favorit verwendet, um die Seite zu benennen, die klar im Vorteil ist. Die andere Seite ist der Außenseiter. Er ist im Nachteil, aber er könnte Glück haben, wenn er über eine abhängig vom Typ des Kampfes ausreichende Anzahl von Außenfreiheiten verfügt. Wer der Favorit ist, hängt vom Typ des Kampfes ab. Hier ist der Favorit die Seite, die über mehr äußere Freiheiten verfügt. In den später betrachteten Kämpfen mit Augen liegen die Dinge anders.

In Diagramm 8 ist Schwarz der Favorit – er ist lebendig. Hat Schwarz genug Freiheiten, um Weiß umbringen zu können, oder lebt Weiß in einem *Seki*? Um Weiß umzubringen, muss Schwarz auf alle äußeren und inneren weißen Freiheiten spielen können. Diagramm 9 zeigt, dass Schwarz, wenn er zuerst spielt, Weiß schlagen kann. Um zu bestimmen, ob die Stellung entschieden oder unentschieden ist, vergleicht man einfach die Anzahl der Freiheiten jeder Seite. Wenn die Anzahl gleich ist, ist die Stellung unentschieden und wer zuerst spielt gewinnt. Das Problem besteht darin zu entscheiden, welche Punkte Freiheiten sind. In Diagramm 8 hat Weiß fünf Freiheiten, da dies die Anzahl der Züge ist,

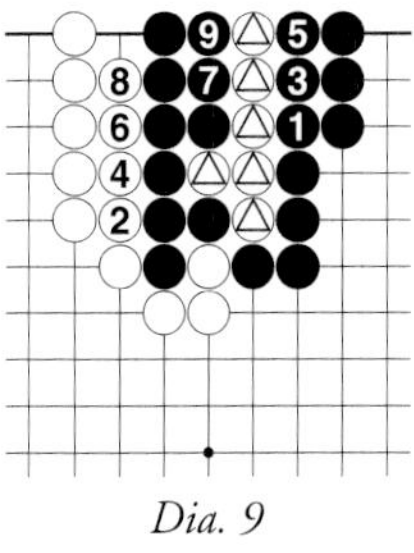
Dia. 9

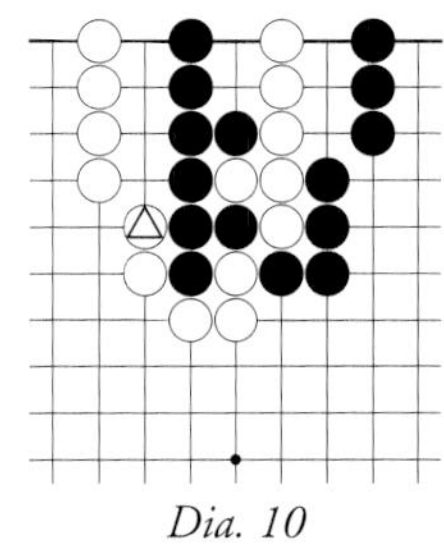
Dia. 10

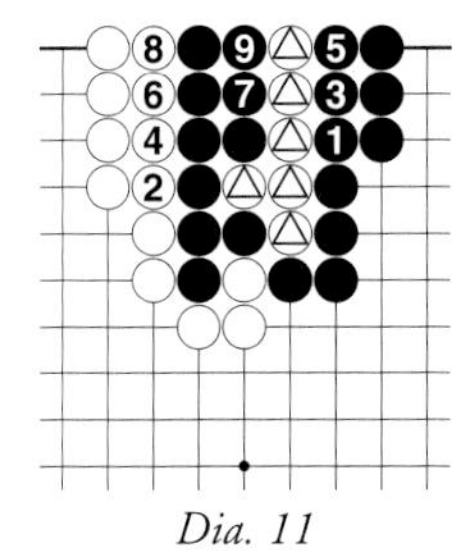
Dia. 11

die Schwarz braucht, um ihn zu schlagen. Aber Schwarz hat eigentlich eine unendliche Anzahl Freiheiten, da Weiß Schwarz nicht schlagen kann. Was benötigt wird, ist eine nützliche Zahl, die aussagt, ob Schwarz Weiß schlagen kann. Wenn man sagt, Schwarz habe sieben Freiheiten, ist das eigentlich bedeutungslos und sicher verwirrend. Die klare Anzahl, die gesucht wird, scheint die Anzahl der äußeren Freiheiten zu sein, die Schwarz hat. Aber ...

... in Diagramm 10 hat Schwarz eine äußere Freiheit weniger als in Diagramm 8. Schwarz ist immer noch der Favorit. Schwarz hat vier äußere Freiheiten gegen insgesamt fünf äußere und innere weiße Freiheiten. Daher sollte Weiß sicher sein und die Stellung ein *Seki*. Leider ist das falsch! Diagramm 11 könnte ein großer Schock für Leute sein, die an das *Seki* in dieser Stellung glauben. Wenn Schwarz zuerst spielt, stirbt Weiß. Um die Schwelle für eine unentschiedene Stellung zu erhalten, muss man eine innere Freiheit für den Favoriten dazuzählen. Man beachte aber, dass das in den später betrachteten Fällen mit Augen nicht der Fall ist.

Typ-2-Kämpfe ausrechnen

Zurück zu Diagramm 10 – der richtige Weg den Kampf auszurechnen geht so: Schwarz ist der Favorit (vier äußere Freiheiten gegen drei). Schwarz hat fünf Freiheiten (vier äußere und eine innere Freiheit). Weiß hat fünf Freiheiten (drei äußere und beide inneren Freiheiten). Die Anzahl der Freiheiten ist gleich, daher ist die Stellung unentschieden. Der Favorit (Schwarz) ist bedingungslos lebendig. Wenn er zuerst spielt, kann er töten. Wenn der Außenseiter (Weiß) zuerst spielt, kann er mit *Seki* leben.

Es wäre unpraktisch zu erwarten, dass man sich eine mysteriöse Regel merkt: „Zähle eine innere Freiheit für den Favoriten in Typ-2-Kämpfen." Daher werden wir sie ein klein wenig näher untersuchen.

Eine brauchbare Art, Stellungen zu analysieren, besteht darin, wie in Diagramm 12 dargestellt, gleichwertige Freiheiten zu streichen. Hier wird die Stellung auf genau zwei innere Freiheiten (das Minimum für einen Typ-2-Kampf) reduziert, indem die gleiche Anzahl von Zügen für beide Seiten hinzugefügt wird. Jetzt sollte es einfach sein zu erkennen, dass Schwarz gewinnt, wenn er wie in Diagramm 13 zuerst spielt. Schwarz 1 besetzt eine innere Freiheit, die für Weiß gezählt wurde. Weiß 2 besetzt die letzte äußere Freiheit von Schwarz, aber Schwarz hat mit der letzten inneren noch eine Freiheit für seine Gruppe übrig. Das ist die eine Freiheit, die Schwarz als Favorit für sich zählt. Wenn man im

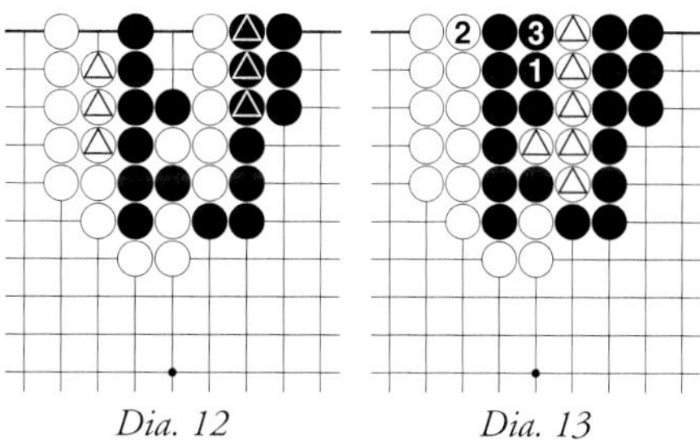

Dia. 12 *Dia. 13*

Geiste Freiheiten für beide Seiten streicht, bis nur noch zwei innere Freiheiten übrig sind, kann man leicht den Status des Kampfes bestimmen.

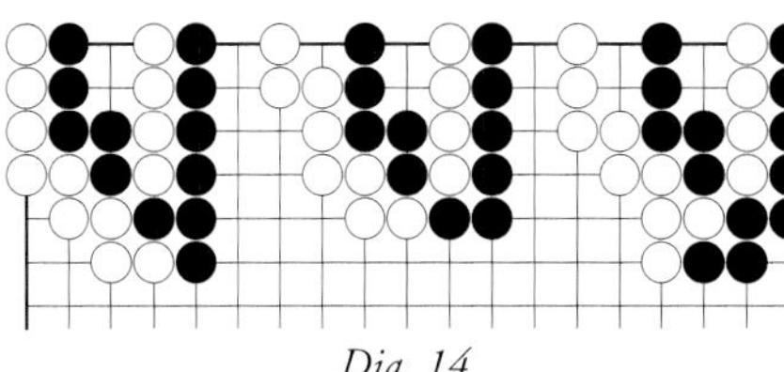

Dia. 14

Wie Diagramm 14 zeigt, ist das Ergebnis ein *Seki* (entschieden), wenn Schwarz keine äußere Freiheit übrig behält. Wenn er eine äußere Freiheit hat, kann Schwarz gewinnen, wenn er zuerst spielt (unentschieden). Und wenn er zwei oder mehr äußere Freiheiten besitzt, kann er fernbleiben (*Tenuki*) und trotzdem gewinnen (entschieden). Man beachte den Ausdruck „im Geiste“: Man spielt diese Züge in echten Partien nicht, um zu sehen was passiert. Man rechnet den Kampf in Kopf aus und spielt ihn nur dann aus, wenn er funktioniert. Denn wenn Steine erst einmal vom Brett genommen sind, gibt es dort kein Potential und keine *Ko*-Drohungen mehr.

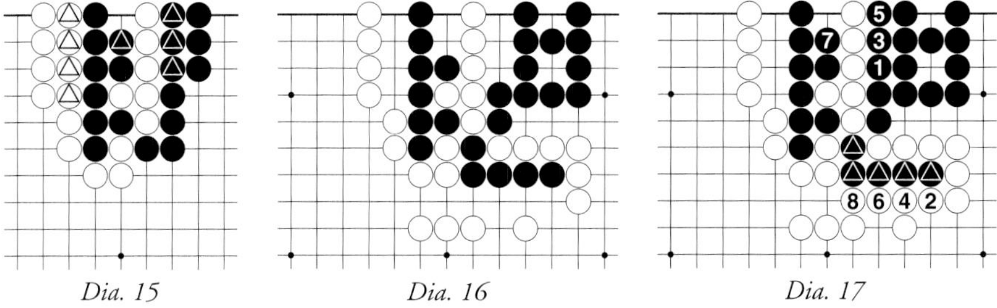

Dia. 15 *Dia. 16* *Dia. 17*

Ein anderer Ansatz ist, wie in Diagramm 15 dargestellt, alle Freiheiten bis zu dem Punkt zu streichen, an dem Schwarz Weiß auf *Atari* stellt. Dann sollte es wieder leicht sein zu erkennen, dass Schwarz Weiß schlagen kann, wenn er zuerst spielt. Man sollte sich selbst für eine Methode entscheiden, die man vorzieht. Das Ergebnis entscheidet, nicht die Methode.

Diagramm 16 und 17 zeigen, warum man eine Freiheit für den Favoriten addieren sollte, anstatt eine für den Außenseiter abzuziehen. Erstens zählt auch in Typ-1-Kämpfen, mit einer inneren Freiheit, der Favorit eine innere Freiheit für sich, es geht also genauso. In Kämpfen, die keine Augen beinhalten, zählt der Favorit immer genau eine Freiheit für sich (es sei denn, es gibt überhaupt keine inneren Freiheiten) und der Außenseiter zählt alle inneren Freiheiten für sich. Zweitens ist die Anzahl der Freiheiten des Außenseiters wirklich von Bedeutung und sollte nicht verfälscht werden. Die Anzahl der Freiheiten des Favoriten ist eine Vergleichszahl, die aus Bequemlichkeit bestimmt wird. In Diagramm 16 muss Schwarz die weißen Steine oben schlagen, bevor seine Schnittsteine in der Mitte geschlagen werden. Die weißen Steine oben haben tatsächlich fünf

Freiheiten, nicht vier. Daher verliert Schwarz in Diagramm 17 mit einem Zug, selbst wenn er als Erster spielt.

In Diagramm 18 spielt Schwarz mit dem Feuer – das ist gefährlich und sollte unterlassen werden. Man sollte immer zuerst auf die äußeren und zuletzt auf die inneren Freiheiten setzen. In diesem Fall ist Schwarz 1 nicht fatal, denn Schwarz gewinnt den Kampf immer noch. Aber es ist eine sehr schlechte Angewohnheit, in die man verfällt. Die Reduktion der Anzahl innerer Freiheiten von zwei auf eins ändert die Art des Kampfes. Schwarz ist nicht mehr sicher im *Seki* lebendig. Jetzt handelt es sich um einen Kampf auf Leben und Tod. Das ist wie im Spielfilm, wenn der Held seine Waffe wegwirft, um einen fairen Kampf gegen seinen unbewaffneten Gegner zu fechten. Es gibt beim Go keine Notwendigkeit, sich so zu verhalten, vielmehr sollte man jeden Vorteil nutzen, den man hat.

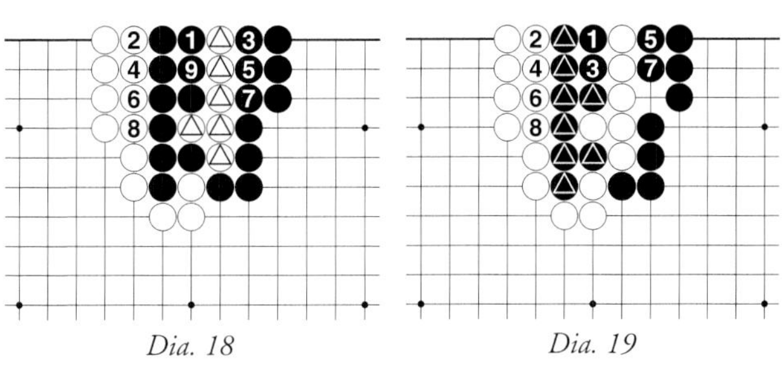

Dia. 18 *Dia. 19*

In Diagramm 19 ist Schwarz 1 schlecht, aber nicht fatal. Schwarz 3 jedoch ist selbstmörderisch. Der Grund ist der, dass, auch wenn in einem Typ-2-Kampf (wenn es zwei oder mehr innere Freiheiten gibt) alle inneren Freiheiten für den Außenseiter (in diesem Fall Weiß) zählen, doch eine Freiheit auch für den Favoriten zählt. Daher besetzt Schwarz mit 3 eine seiner eigenen Freiheiten.

Diagramm 20 stellt eine Rechenübung dar. Man sollte in der Lage sein, diesen Kampf innerhalb von 30 Sekunden auszurechnen. Wenn nicht, sollte man sich die folgende Erklärung ansehen und es dann erneut versuchen. Alles, was man machen muss, ist den Typ des Kampfes zu identifizieren und die Freiheiten beider Seiten zu zählen. Ganz einfach!

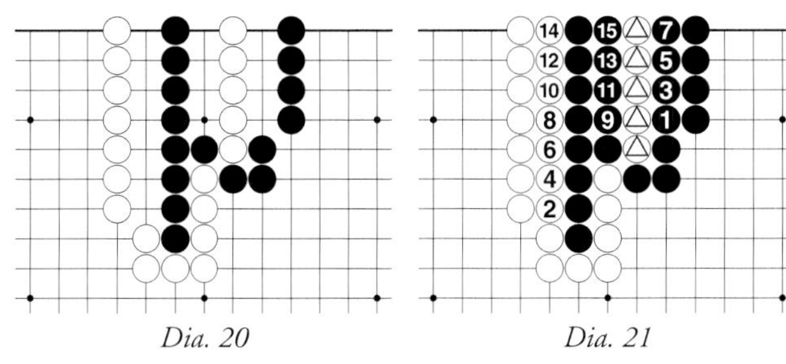

Dia. 20 *Dia. 21*

Die Übung geht so: Es gibt nirgendwo Augen und es gibt mindestens zwei innere Freiheiten, daher handelt es sich um einen Typ-2-Kampf. Schwarz hat eindeutig mehr äußere Freiheiten, deshalb ist er der Favorit und bedingungslos lebendig. Lebt Weiß in einem *Seki* oder kann Schwarz ihn töten? Man zähle die schwarzen

Freiheiten: sieben äußere Freiheiten und eine innere Freiheit, macht zusammen acht Freiheiten (man darf nicht vergessen, eine innere Freiheit für den Favoriten zu zählen). Weiß hat vier äußere und vier innere Freiheiten, macht zusammen acht. Acht gegen acht. Die beiden Zahlen sind gleich, daher ist die Stellung unentschieden. Schwarz ist lebendig und kann Weiß töten, wenn er zuerst spielt – wie in Diagramm 21 gezeigt. Alternativ kann man im Geiste für beide Seiten die gleiche Anzahl von Freiheiten streichen, bis nur noch zwei innere Freiheiten übrig sind (Diagramm 22); weil Schwarz eine äußere Freiheit übrig hat, hat er Zeit Weiß zu töten (die Stellung ist unentschieden). Wenn Weiß zuerst spielt, kann er ein *Seki* erreichen (Dia. 23). Hat die Analyse lange gedauert? Das einzige schwierige Stück dabei ist es, zu wissen, dass man eine innere Freiheit für den Favoriten zählt. Danach ist es nur noch eine Frage des genauen Zählens der Freiheiten, ohne dabei eine wegzulassen oder zweimal zu zählen.

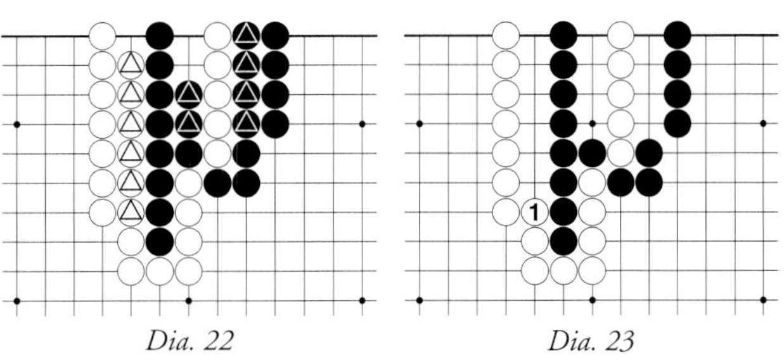

Dia. 22 *Dia. 23*

Diagramm 24 zeigt ein weiteres Beispiel zum Üben. Dieses Mal wird die Antwort hier nicht angegeben. Zuerst einmal schnell ausrechnen; dann sollte man sich Zeit nehmen, die Antwort zu überprüfen. Man sollte üben, bis man sicher ist, dass man es in realen Partien immer richtig macht, auch unter Zeitdruck.

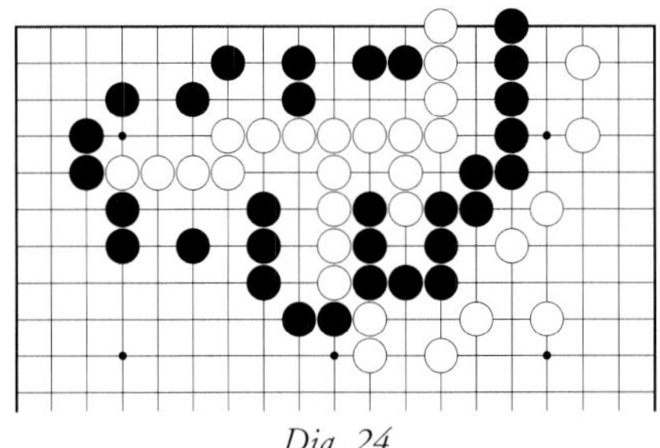

Dia. 24

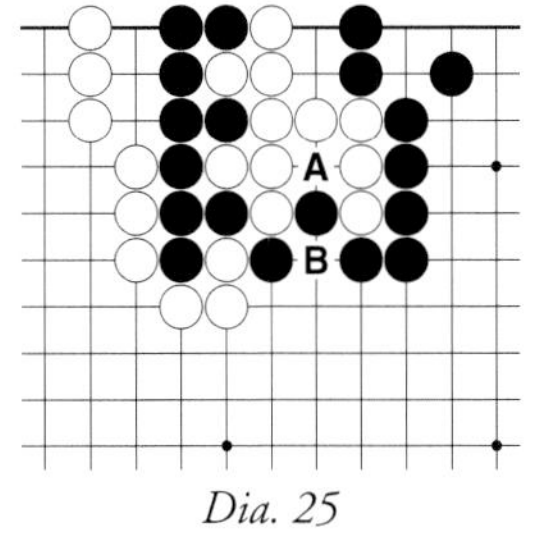

Dia. 25

Annäherungszüge

Lässt sich in Diagramm 25 der Status ausrechnen? Wenn Schwarz A spielt, wird Weiß auf B schlagen. In dieser einfachen Situation kann Schwarz jedoch so wie in Diagramm 26 dargestellt erst auf alle anderen Freiheiten spielen und zum Schluss

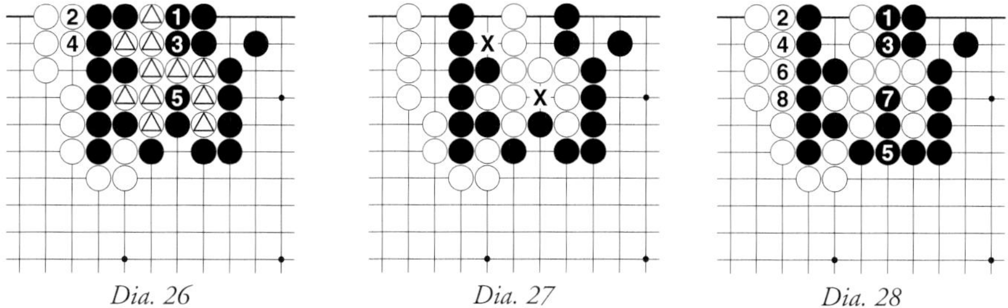

Dia. 26 *Dia. 27* *Dia. 28*

mit 5 schlagen. In Diagramm 27 andererseits gibt es zwei innere Freiheiten. Schwarz aber kann sich nicht zwei verschiedene Stellen bis zuletzt aufheben. Daher muss Schwarz in Diagramm 28 zuerst auf 5 verbinden, bevor er 7 spielen kann und das Ergebnis ist ein *Seki*. Wenn er mit 5 und 7 wie in Diagramm 29 auf die inneren Freiheiten spielt, besetzt er mit einem dieser Züge eine eigene Freiheit, so dass er sich selbst tötet.

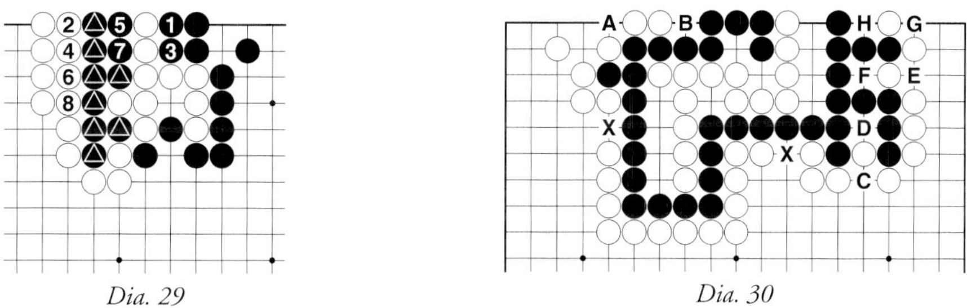

Dia. 29 *Dia. 30*

Diagramm 30: Weiß hat keine äußeren Freiheiten, daher ist Schwarz klar der Favorit. Weiß muss vier Annäherungszüge spielen: Er muss A vor B spielen, C vor D, E vor F und G vor H. Schwarz hat zwei weitere äußere Freiheiten. Das macht acht plus zwei plus eins gleich elf. Weiß hat elf Freiheiten, daher ist die Stellung unentschieden.

Typ-3: Ein Auge gegen kein Auge

Im Folgenden werden Kämpfe betrachtet, die Augen beinhalten. Das Referenzdiagramm zeigt zwei fast identische Kämpfe. Der linke ist von der Art, wie sie gerade betrachtet worden sind: keine Augen und zwei oder mehr innere Freiheiten. Der Kampf rechts sieht fast ebenso aus. Tatsächlich scheint Weiß genauso viele Freiheiten zu haben wie links, und so auch Schwarz, aber die Situation ist in Wirklichkeit etwas anders. Die weiße Gruppe rechts hat ein Auge, also einen

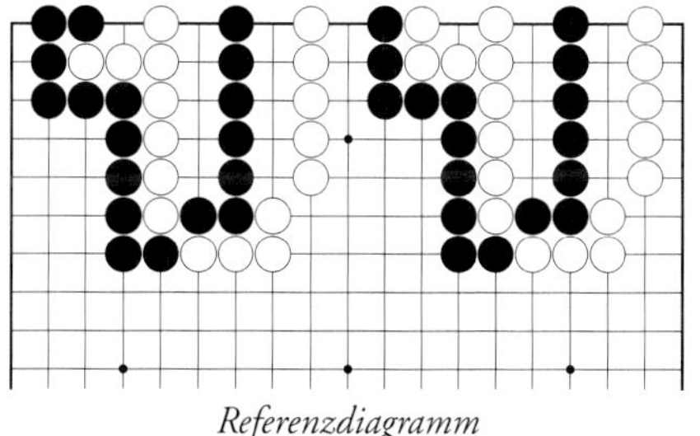

Referenzdiagramm

Punkt, der vollständig umschlossen ist. Es ist ein vollständig neuer Typ von Kampf, der andere Eigenschaften hat. Auf zu dessen Untersuchung!

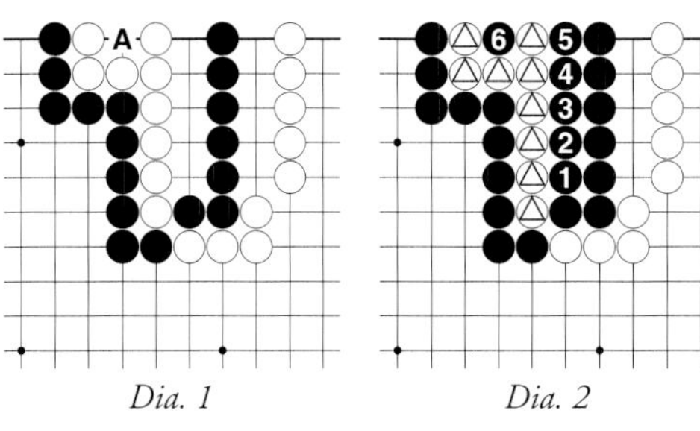

Dia. 1 *Dia. 2*

In Diagramm 1 kann Schwarz nicht auf A in das Auge spielen. Das ist nicht nur unklug, wie das Besetzen innere Freiheiten, es ist einfach gegen die Spielregeln. Schwarz auf A ist verboten. Schwarz kann nur als letztes in das Auge spielen, wenn das Schlagen der Steine Freiheiten schafft. Daher kann Schwarz die weißen Steine schlagen, indem er so wie in Diagramm 2 zuerst auf alle anderen weißen Freiheiten spielt und am Schluss in das Auge setzt. Um das jedoch zu tun, muss Schwarz auf alle inneren Freiheiten spielen. Was, wenn er nichts tut? Lebt er mit *Seki*, wenn er Weiß den ersten Zug machen lässt?

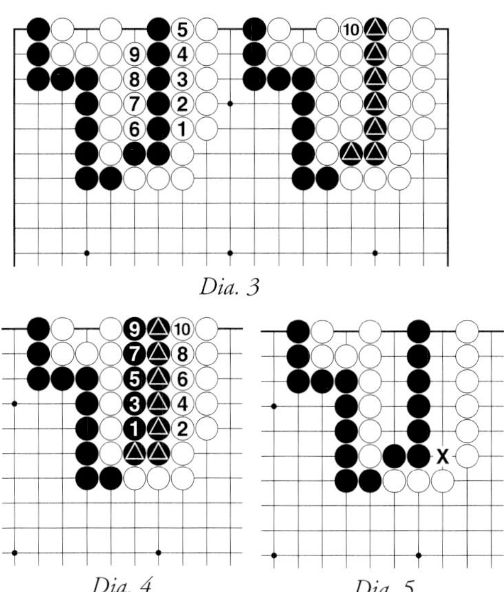

Dia. 3

Dia. 4 *Dia. 5*

Diagramm 3 zeigt, dass Weiß alle äußeren schwarzen Freiheiten auffüllen und dann mit den inneren fortfahren kann. Wenn Schwarz sich zurücklehnt und nichts macht, stirbt er. In einem Kampf, in dem eine Seite ein Auge hat und die andere nicht (Typ-3-Kampf), kann die Stellung niemals ein *Seki* werden. Es handelt sich um einen Kampf auf Leben und Tod, den eine Seite verlieren muss. Weil die einzige Gewinnmöglichkeit von Schwarz darin besteht, auf alle inneren Freiheiten zu spielen, um so in der Lage zu sein, in das Auge zu setzten, zählen alle inneren Freiheiten für die Seite mit dem Auge (Weiß) und sind keine Freiheiten für die andere Seite (Schwarz).

Daher ist es die einzige Chance für Schwarz, alle inneren Freiheiten zu besetzen, während Weiß die äußeren Freiheiten besetzt. In dieser Stellung verliert Schwarz jedoch, wie Diagramm 4 zeigt.

In Diagramm 5 hat Schwarz eine äußere Freiheit mehr. Diesmal kann Schwarz gewinnen, wenn er zuerst spielt. Und wenn Weiß zuerst spielt, kann er gewinnen, indem er eine äußere schwarze Freiheit besetzt. Daher ist die Stellung unentschieden. Wer auch immer zuerst spielt, der gewinnt. Die Stellung kann also kein *Seki* werden.

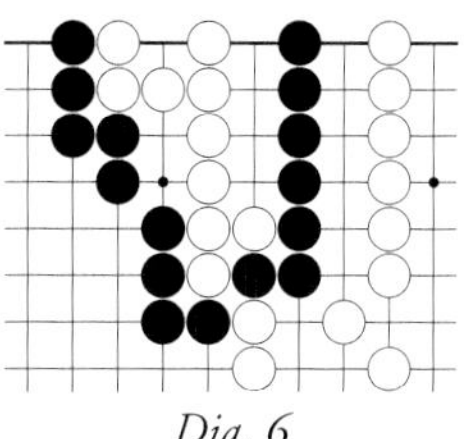

Dia. 6

In Diagramm 6 sind zunächst die Freiheiten zu zählen. Schwarz hat sieben äußere Freiheiten. Das ist alles, was er hat, denn man darf die inneren Freiheiten für die Seite ohne Auge nicht zählen. Schwarz hat keine elf Freiheiten. Weiß zählt seine äußeren Freiheiten, alle inneren Freiheiten und die Freiheiten in dem Auge. Das sind 2 plus 4 plus 1, macht 7. Beide Seiten haben die gleiche Anzahl Freiheiten, daher ist die Stellung unentschieden. Wer auch immer zuerst spielt, der gewinnt. Und die Stellung kann kein *Seki* werden.

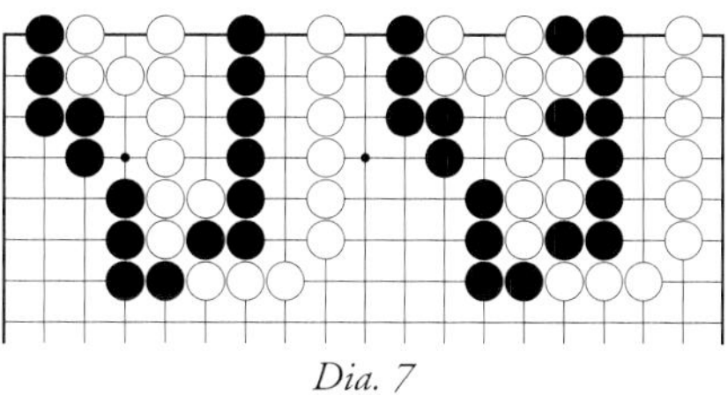

Dia. 7

Ein Auge zu haben, wenn der Gegner kein Auge hat, ist ein großer Vorteil. Alle internen Freiheiten zählen allein für einen selbst und, wie später noch gezeigt wird, das Auge ist, falls das Auge groß ist, eine Vielzahl von Freiheiten wert. Daher ist die Seite mit dem Auge klar im Vorteil, den Kampf zu gewinnen. Wenn es jedoch nicht viele innere Freiheiten gibt und das Auge klein ist, hilft es meist nicht viel. In Diagramm 7 sind beide Stellungen entschieden. Links ist Schwarz tot, rechts ist Weiß tot. Ein Auge zu haben ist sicher ein Vorteil, aber es bedeutet nicht, dass man den Kampf gewonnen hat. In der Praxis gewinnt häufig die Seite mit dem Auge, aber sie ist nicht bedingungslos lebendig, so wie der Favorit in einem Typ-2-Kampf. Es ist ein Kampf auf Leben und Tod – und den kann man verlieren.

So weit sind diese Art Kämpfe wunderbar einfach. Aber in tatsächlichen Partien verrechnen sich viele Spieler bei diesem Typ. Es ist verlockend, sich vorzumachen, die inneren Freiheiten zählten für die eigene Gruppe, auch wenn sie kein Auge hat.

In Diagramm 8 hat Schwarz acht (äußere) Freiheiten. Die Seite mit dem Auge (Weiß) zählt ihre äußeren Freiheiten, alle inneren Freiheiten und die Freiheiten im Auge. Das sind 1 plus 2 plus viele Freiheiten im Auge. Wie viele mögen es sein? Wie viele Freiheiten hat ein Auge?

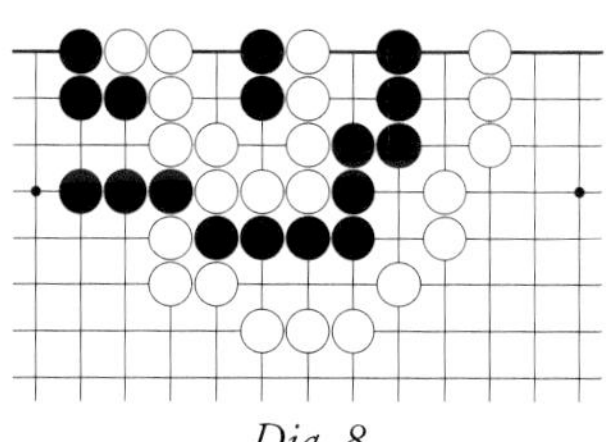

Dia. 8

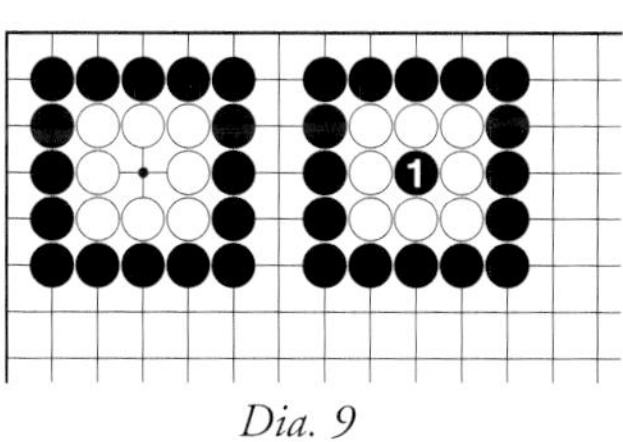

Dia. 9

Diagramm 9: Ein Auge, das einen einzelnen Punkt auf dem Brett umschließt, hat eine Freiheit.

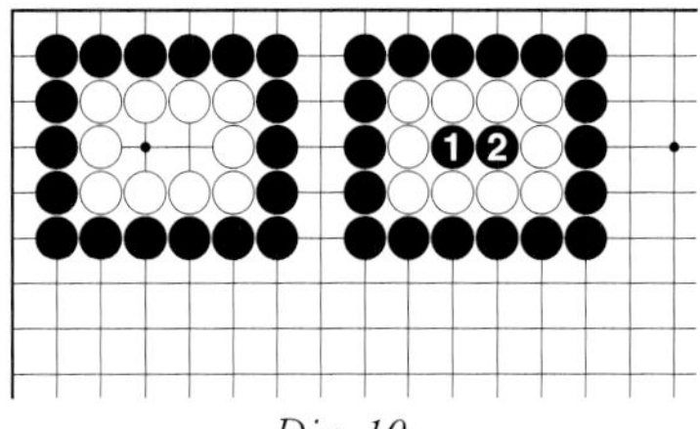

Dia. 10

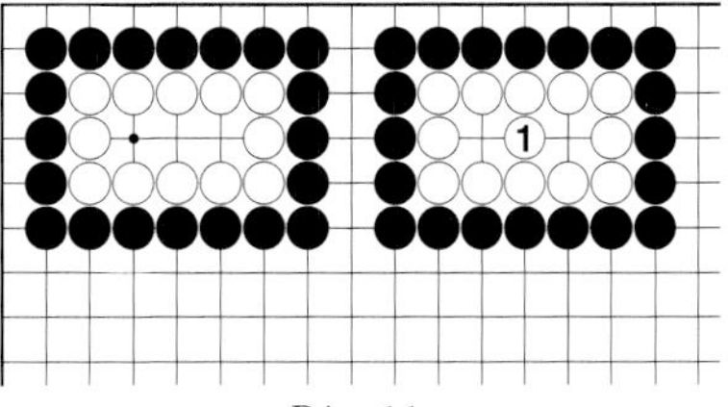

Dia. 11

Diagramm 10: Ein Auge, das zwei Punkte auf dem Brett umschließt, hat zwei Freiheiten.

Diagramm 11: Hier umschließt das Auge drei Punkte. In diesem Fall kann Weiß zwei Augen machen, wenn er zuerst spielt. Dann ist seine Gruppe lebendig und es gibt keine Möglichkeit für Schwarz, sie zu fangen.

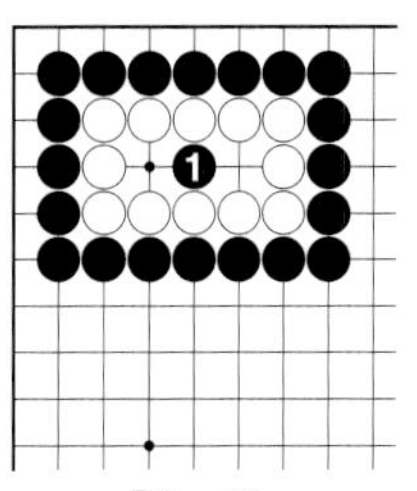

Dia. 12

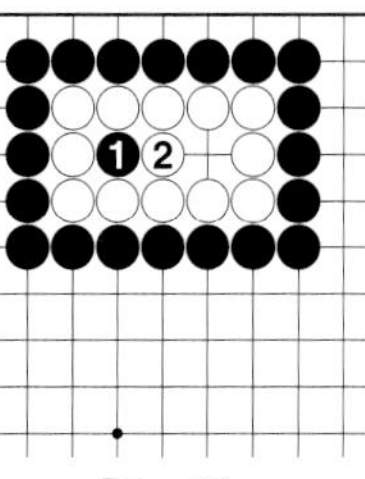

Dia. 13

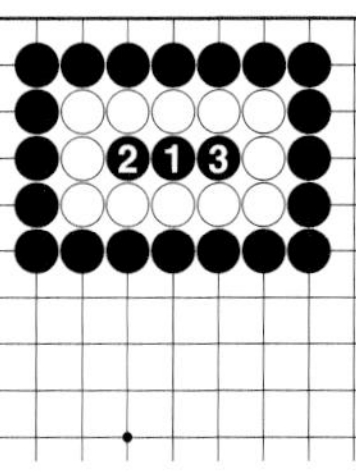

Dia. 14

Diagramm 12: Wenn Schwarz zuerst spielt, muss er auf den richtigen Punkt spielen. Der Zug auf die Mitte reduziert Weiß auf ein Auge.

Diagramm 13: Wenn Schwarz auf einen anderen Punkt spielt, wird Weiß auf den zentralen Punkt spielen und zwei Augen machen.

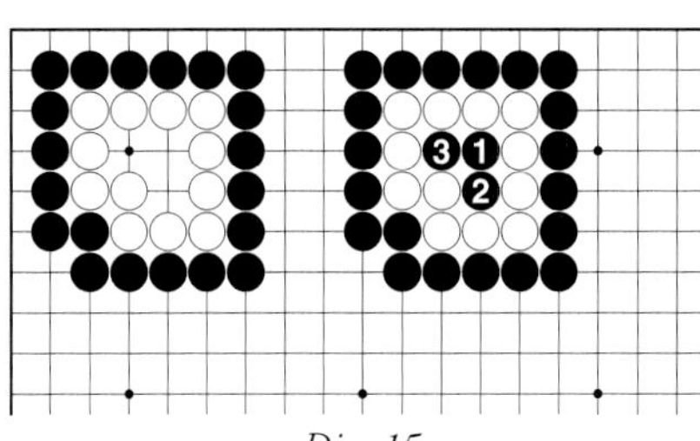

Dia. 15

Diagramm 14: Es sind drei Züge notwendig, um ein Drei-Punkt-Auge zu schlagen.

Diagramm 15: Die Form des Auges hat dabei keinen Einfluss auf die Anzahl der Freiheiten, außer in einigen speziellen Fällen, die später betrachtet werden. Ein gewinkeltes Drei-Punkt-Auge aber hat genau die gleiche Anzahl Freiheit wie ein gerades.

Diagramm 16 zeigt einige Beispiele für Vier-Punkt-Augen. Wenn die vier Punkte

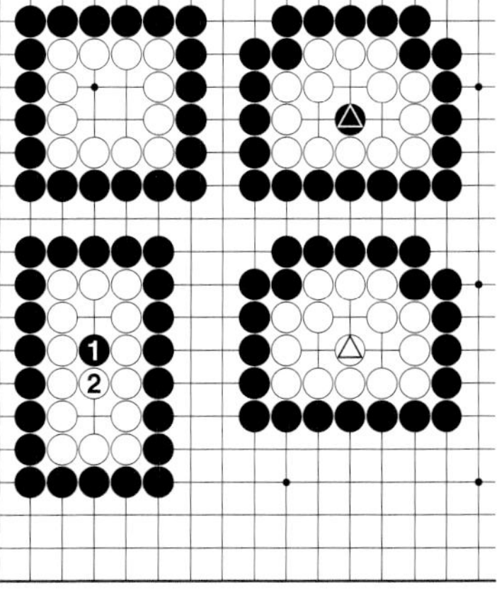

Dia. 16

auf einem Quadrat liegen, kann Weiß den Raum nicht mit einem Zug in zwei Augen unterteilen. Er müsste doppelt spielen, um zwei Augen zu erlangen. Die Pyramidenform hat einen zentralen Punkt – und der ist auch für beide Seiten der vitale Punkt. Schwarz muss damit beginnen, in die Mitte des weißen Gebietes zu spielen, um es auf ein einzelnes Auge zu reduzieren, anderenfalls wird Weiß dort spielen und seine Augen machen. Ein längliches Vier-Punkt-Auge ist lebendig. Auch wenn Schwarz zuerst spielt, kann Weiß immer noch zwei Augen erlangen. In diesem Fall gibt es keinen Kampf.

Dia. 17

Diagramm 17 zeigt, dass Schwarz ein Vier-Punkt-Auge in vier Zügen schlagen kann, wenn Weiß sich nicht wehrt. Aber das ist nicht das Optimum für Weiß, denn er kann mehr Freiheiten bekommen.

Diagramm 18a: Wenn Schwarz 5 spielt und Weiß auf *Atari* setzt, sollte Weiß die drei Steine mit 6 fangen. Weiß erhält so ein Drei-Punkt-Auge. Schwarz spielt dann auf den vitalen Punkt und fängt nach zwei weiteren Zügen, 9 und 11. Wie viele Züge waren nötig? Nicht sechs (1, 3, 5 , 7, 9 und 11), denn man zählt nur die Züge, die Weiß nicht beantwortet hat. Hier beantwortet Weiß 5 mit 6, daher stand es Weiß nur fünfmal frei, woanders zu spielen (2, 4, 8, 10 und 12). In den Stellungen in Diagramm 18b wird der Abtausch Schwarz A gegen Weiß B nicht mitgezählt. Also sind fünf Züge notwendig, um ein Vier-Punkt-Auge zu schlagen.

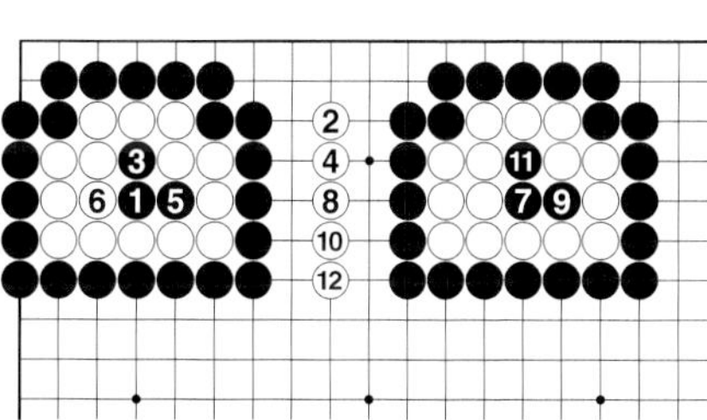

Dia. 18a

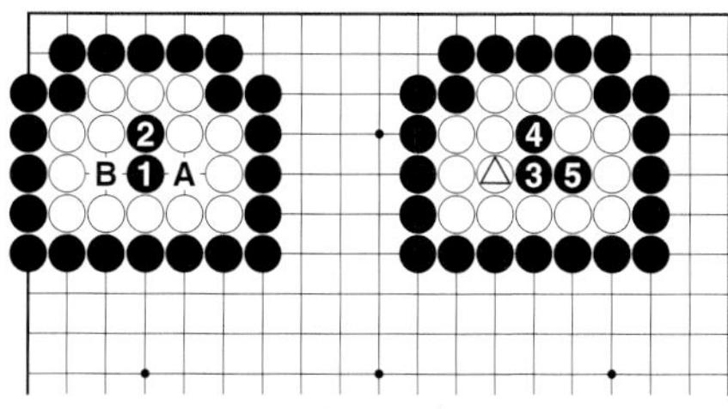

Dia. 18b

Weiß 6 in Diagramm 18a vergrößert die Freiheitenzahl, indem Weiß in das eigene Auge spielt und die Steine schlägt, wenn er auf *Atari* steht. Zu früh innen zu spielen, d.h. wenn man nicht auf *Atari* steht, ist dagegen ein schwerer Fehler. In Diagramm 19 ist Weiß 2 effektiv minus drei Freiheiten wert: Er reduziert das weiße Auge auf ein Drei-Punkt-Auge, in welchem bereits ein Stein steht.

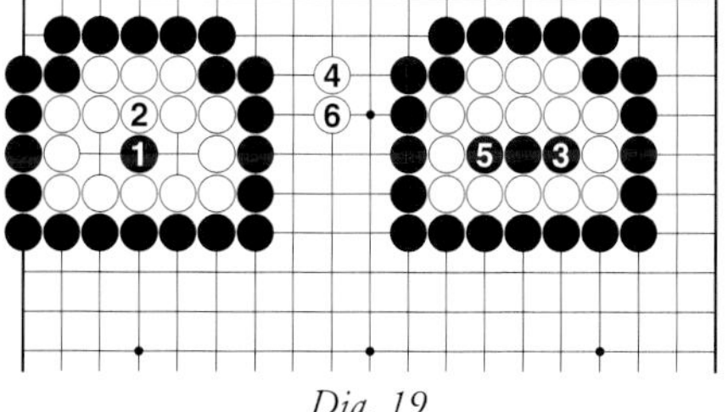

Dia. 19

Man sollte sich klar machen, dass Weiß im Fall von kleinen Augenräumen (ein, zwei oder drei Punkte) die Anzahl der Freiheiten nicht vergrößern kann, indem Steine geschlagen werden, die Schwarz in das Auge spielt.

Man sollte sich merken: Augen bis inklusive drei Punkte haben so viele Freiheiten, wie sie Punkte umschließen. Augen, die vier oder mehr Punkte umschließen, haben mehr Freiheiten, als sie Punkte umschließen. Sie werden als kleine bzw. große Augen bezeichnet. Die Namen sind nicht bloß beschreibend. Große Augen und kleine Augen haben verschiedene Eigenschaften und der Typ des Auges bestimmt den Typ des Kampfes, wie noch gezeigt wird.

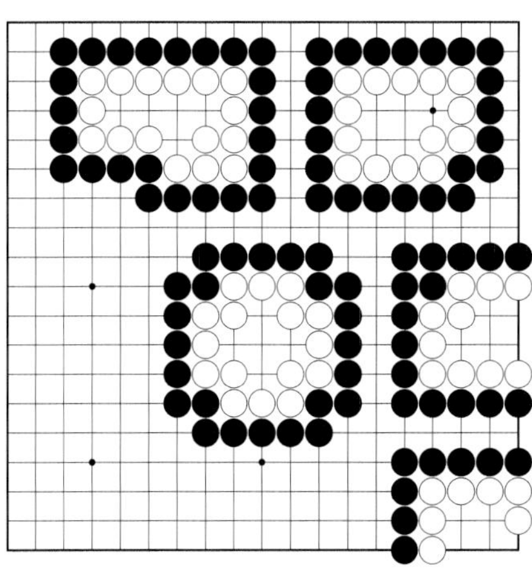

Dia. 20

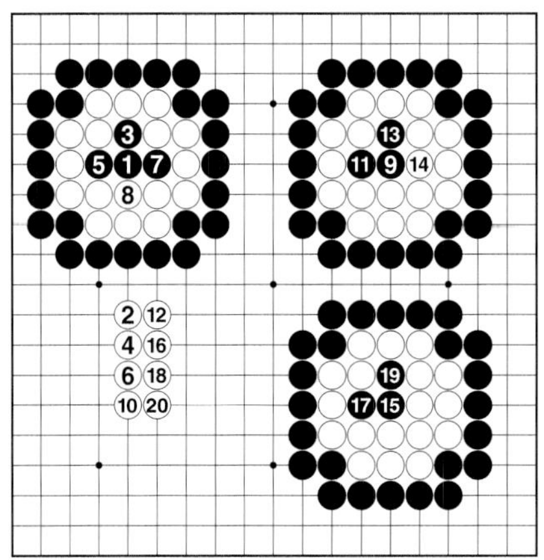

Dia. 21

Diagramm 20 zeigt einige Fünf-Punkt-Augen. Wenn Weiß zuerst spielt, kann er in jedem Fall zwei Augen machen. Schwarz muss jeweils auf den zentralen Punkt spielen, um dies zu verhindern, indem er das Gebiet auf ein einzelnes Auge reduziert. In der ersten Stellung ist Weiß bereits lebendig. Es gilt: kompakte Gebiete sind schlecht, um zwei Augen zu machen, längliche Formen sind besser. Der Leser sollte die anderen Formen selbst überprüfen.

Wie viele Züge sind notwendig, um ein Fünf-Punkt-Auge zu schlagen? Diagramm 21 gibt die Antwort. Weiß kann seine Freiheiten auf mehr als fünf steigern, indem er Schwarz jedes Mal schlägt, wenn er auf *Atari* steht. Weiß bekommt so acht Züge irgendwo. Wenn man die beantworteten Züge weglässt (Schwarz 7 und 13), muss Schwarz acht Züge machen: 1, 3, 5, 9, 11, 15, 17 und 19. Daher braucht man acht Züge, um Steine mit einem Fünf-Punkt-Auge zu schlagen.

Einige Leute mögen es, einen Kampf immer wieder Zug für Zug auszurechnen. Andere ziehen es vor, Gedächtnisstützen wie die Reihe 1-1, 2-2, 3-3, 4-5, 5-8, 6-12, 7-17 zu verwenden. Die Entscheidung steht jedem frei; in Ordnung ist das, womit man am besten zurecht kommt. Um zu verstehen, wie die Reihe ansteigt, und um den nächsten Wert zu bestimmen, sollte man beachten, dass bei einem Fünf-Punkt-Auge Schwarz drei unbeantwortete Züge spielt. Dabei antwortet Weiß jeweils im nächsten Zug, der *Atari* bedeutet, indem er die schwarzen Steine fängt, wobei ein Auge zurück bleibt, dass um einen Punkt kleiner ist. Um die Anzahl der Freiheiten für das nächstgrößere große Auge zu ermitteln, muss man nur die Anzahl der Punkte in dem Auge minus zwei addieren. Das heißt, ein Fünf-Punkt-Auge hat drei (fünf minus zwei) Freiheiten mehr als ein Vier-Punkt-Auge. Genauso hat ein Sechs-Punkt-Auge vier (sechs minus zwei) Freiheiten mehr als ein Fünf-Punkt-Auge. Man sollte es sich bis sieben merken (sieben minus zwei mehr als ein Sechs-Punkt-Auge), denn jenseits dessen kann Schwarz Weiß nicht davon abhalten, das Gebiet zu teilen, um zwei Augen zu bekommen.

Jetzt sollte man in der Lage sein, zu Diagramm 8 zurückzublättern, die Freiheiten zu zählen und den Kampf auszurechnen. Das weiße Fünf-Punkt-Auge ist acht Freiheiten wert, aber es stehen bereits zwei schwarze Steine darin. Daher wird Schwarz sechs Züge benötigen (8–2), um das Auge zu schlagen, wenn alle anderen weißen Freiheiten besetzt sind. Folglich hat Weiß eine äußere, zwei innere und sechs Freiheiten durch sein Auge, was zusammen neun macht. Schwarz hat acht äußere Freiheiten, das ist alles. Die inneren Freiheiten zählen nicht für Schwarz. Da Weiß mehr Freiheiten hat, ist die Stellung entschieden: Schwarz ist tot.

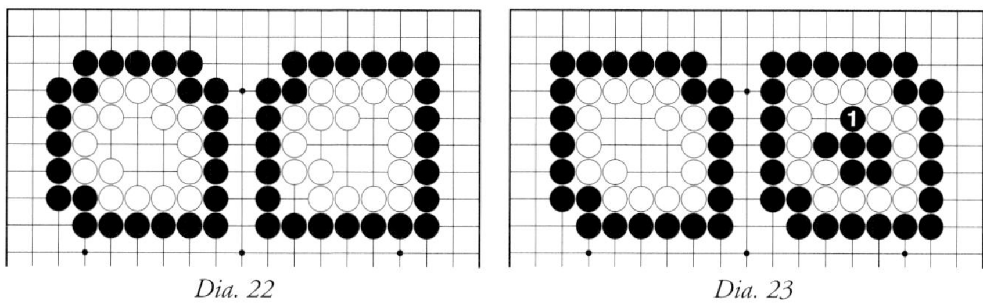

Dia. 22 *Dia. 23*

Diagramm 22 zeigt zwei Beispiele für Sechs-Punkt-Augen. Das linke ist die einzige Form mit einem zentralen Punkt, die Schwarz auf ein einzelnes Auge reduzieren kann. Es handelt sich um James Davies berühmte „Karnickel-Sechs", die in *Life and Death* (ein wundervolles Buch) diskutiert wird. Auf Japanisch heißt sie „Blumen-Sechs". Alle anderen Sechs-Punkt-Augen, wie z.B. das rechte, sind lebendig. Man sollte andere Formen selbst überprüfen.

Diagramm 23: Es ist möglich, ein Sieben-Punkt-Auge zu töten, wenn man es fast mit einem Karnickel-Sechs-Steinklumpen füllen kann. Schwarz 1 stellt Weiß auf *Atari*, daher muss Weiß schlagen. Das hinterlässt ihm ein zu tötendes 6-Punkt-Auge.

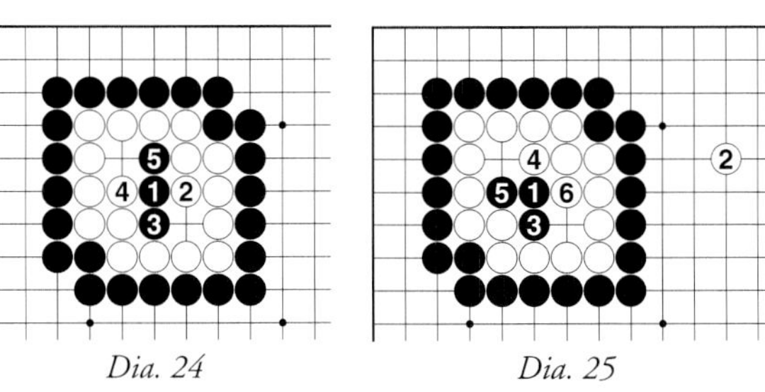

Dia. 24 Dia. 25

Man kann jedoch ein leeres Sieben-Punkt-Auge nicht töten, indem man damit anfängt, einen Stein hineinzustellen. Wie Diagramm 24 zeigt, kann Weiß leicht ein *Seki* erreichen und somit überleben. Abhängig von der Form kann es tatsächlich sein, dass der erste Zug nicht einmal *Sente* ist. In Diagramm 25 kann Weiß Schwarz 1 ignorieren und trotzdem leben. Im Fall der Form in Diagramm 26 droht Schwarz jedoch, Weiß auf ein Auge zu reduzieren. Daher muss Weiß auf 2 antworten, wenn er leben will. Es sind jedoch 17 Züge notwendig, um ein 7-Punkt-Auge zu füllen. Daher könnte Weiß, falls Schwarz irgendeine Schwäche in seiner Stellung hat, sich dafür entscheiden, Schwarz 1 zu ignorieren und den Kampf zu suchen.

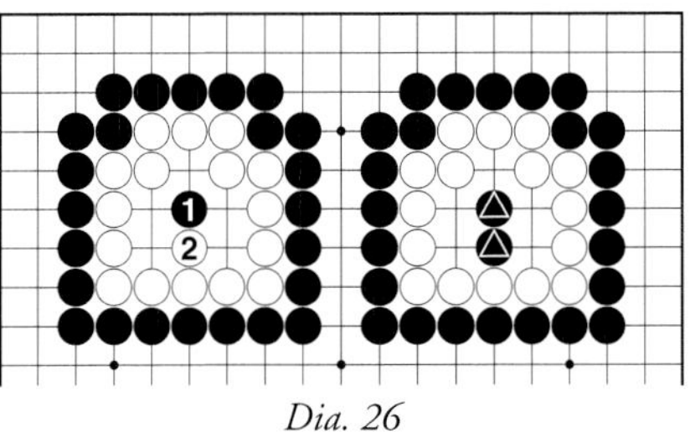

Dia. 26

In einfachen Stellungen sind Freiheiten durch Augen gleichwertig zu anderen Freiheiten. Es ist nur die Gesamtanzahl, die wichtig ist. In Diagramm 27 haben beide weißen Gruppen zehn Freiheiten. Beide Gruppen haben Fünf-Punkt-Augen. Die Größe des Auges wird durch die Anzahl der umschlossenen Punkte bestimmt, ohne Berücksichtigung irgendwelcher gegnerischen Steine darin. Die Steine darin reduzieren bloß die Anzahl der Freiheiten. Das Konzept der Augengröße wird in späteren Kämpfen entscheidend sein, wenn beide Seiten ein Auge haben. Man zählt nicht die freien Punkte in dem Auge, sondern die umschlossenen Felder.

Bisher ist die Betrachtung auf eindeutige Fragen beschränkt gewesen. Zum Abschluss sollen einige unschöne Fragen betrachtet werden. In Diagramm 28 hat die weiße Gruppe kein echtes Auge, sondern ein unechtes Auge. Schwarz

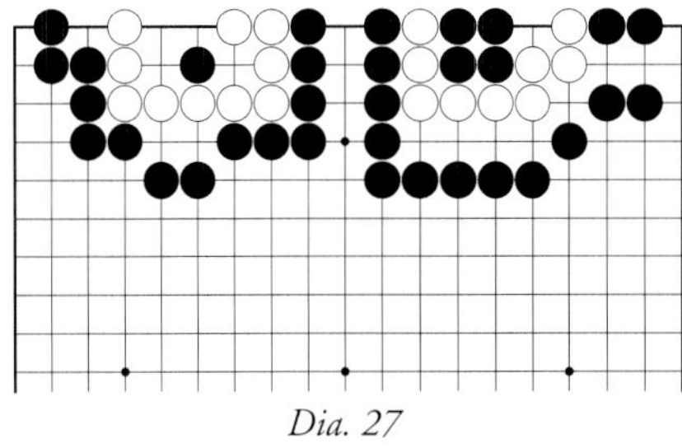
Dia. 27

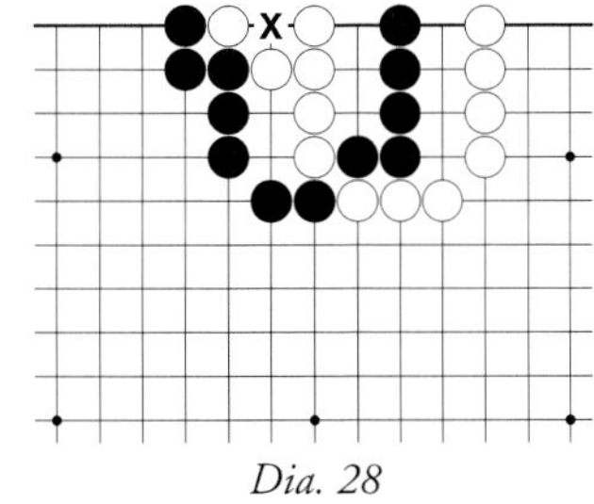

Dia. 28

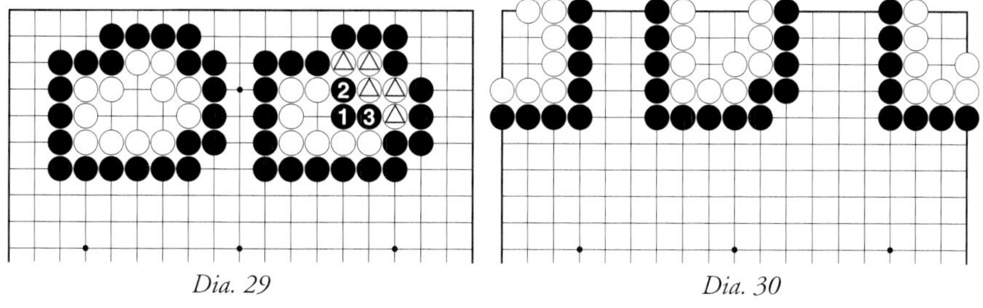

Dia. 29

Dia. 30

Dia. 31

Dia. 32

kann jederzeit auf X spielen, ohne zuvor die inneren Freiheiten besetzt zu haben. Somit handelt es sich um einen Typ-2-Kampf, nicht um einen Typ-3-Kampf. Diagramm 29 zeigt ein fehlerbehaftetes Auge. Obwohl dieses Vier-Punkt-Auge ein echtes Auge ist (Weiß könnte Schwarz 1 beantworten, indem er auf einem der Schnittpunkte verbindet), hat es keine fünf Freiheiten. Schwarz kann die Hälfte der weißen Steine in drei Zügen schlagen. Und wenn das nicht reicht, um einen Kampf zu gewinnen, kann er den Rest mit einem weiteren Zug schlagen.

Diagramm 30 zeigt drei Beispiele für Fünf-Punkt-Augen. Erwischt! Das rechte ist ein gefälschtes Fünf-Punkt-Auge. Es ist ein echtes Auge (kein unechtes), aber es hat keine acht Freiheiten, wie ein ordentliches Fünf-Punkt-Auge. Wie Diagramm 31 zeigt, kann Schwarz es mit vier Zügen schlagen, wenn Weiß nichts unternimmt. Aber Weiß kann nicht abwarten, bis Schwarz 5 ihn auf *Atari* stellt, weil er die schwarzen Steine nicht schlagen kann, indem er selbst auf 7 spielt. Das ist verboten, da Schwarz auf 1-1 eine Freiheit hat. Die letzte Möglichkeit für Weiß, in das Auge zu spielen, ist 4 in Diagramm 32. Innen zu spielen, bevor man auf *Atari* steht, bedeutet aber, Freiheiten zu verlieren, wie in Diagramm 19 gezeigt worden ist. Nach 4 hat Weiß ein Vier-Punkt-Auge mit zwei Steinen darin, was drei Freiheiten bedeutet. Wenn man den Austausch Schwarz 3 gegen Weiß 4 weglässt, hat Schwarz einen Zug gespielt, insgesamt braucht Schwarz also vier Züge, um das Auge zu füllen.

Was soll man dazu sagen, wenn ein Auge gefälscht ist? Ok, es passiert nur, wenn Schwarz selber eine Freiheit umschließen kann (hier auf dem 1-1-Punkt). Daher hat der Augenraum weniger Freiheiten als normal, wenn beide 2-1-Punkte unbesetzt sind. Solche gefälschten Augen können auch am Rand auftreten.

	Kleine Augen			**Große Augen**			
Augenraum:	1	2	3	4	5	6	7
Freiheiten:	1	2	3	5	8	12	17

Typ-4: Großes Auge gegen gleichgroßes Auge

Ein Kampf bei dem beide Seiten ein einzelnes großes Auge der gleichen Größe haben, ist einem Kampf sehr ähnlich, in dem keine Seite ein Auge hat. Es gibt jedoch zwei wichtige Unterschiede.

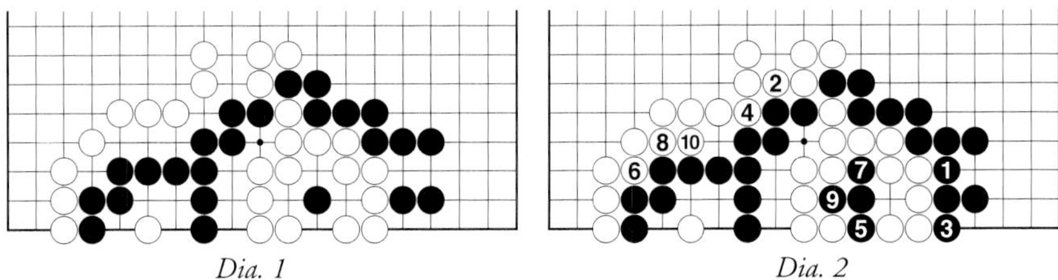

Dia. 1 *Dia. 2*

In Diagramm 1 haben Schwarz und Weiß jeweils ein Fünf-Punkt-Auge. Schwarz ist deutlich der Favorit, weil er mehr äußere Freiheiten besitzt. Kann Schwarz Weiß töten? Auf zur Untersuchung!

In Diagramm 2 besetzt Schwarz die äußeren weißen Freiheiten und macht dann damit weiter, das Auge zu füllen. Aber er kann die letzte Freiheit im Auge nicht besetzten, solange die weiße Gruppe noch andere äußere Freiheiten hat – das ist verboten. Wenn Schwarz daran festhält, Weiß umzubringen, ist die einzige Möglichkeit, mit 11 bis 17 in Diagramm 3 die inneren Freiheiten zu besetzen. Schwarz 17 stellt Weiß auf *Atari*, daher schlägt Weiß mit 18. Mit 19 in Diagramm 4 muss Schwarz in die Mitte des weißen Auges spielen, um Weiß davon abzuhalten, zwei Augen zu machen. Dann stellt Weiß 20 Schwarz auf *Atari*, daher muss er mit 21 schlagen.

Wenn jetzt Weiß mit 22 in Diagramm 5 in das schwarze Auge spielt, bringt 23 Schwarz im Kampf in Führung. Beide Seiten haben ein Vier-Punkt-Auge und es gibt keine inneren oder äußeren Freiheiten. Schwarz gewinnt offensichtlich das Rennen. Folglich ist die Antwort auf die ursprüngliche Frage zu Diagramm 1, dass Schwarz Weiß töten kann, wenn er zuerst spielt.

Was passiert, wenn Weiß zuerst spielt? Weiß 1 in Diagramm 6 macht ein *Seki*. Schwarz sollte nicht *Tenuki* spielen, aber es soll gezeigt werden, was passiert, wenn er an dem Versuch festhält, Weiß zu töten.

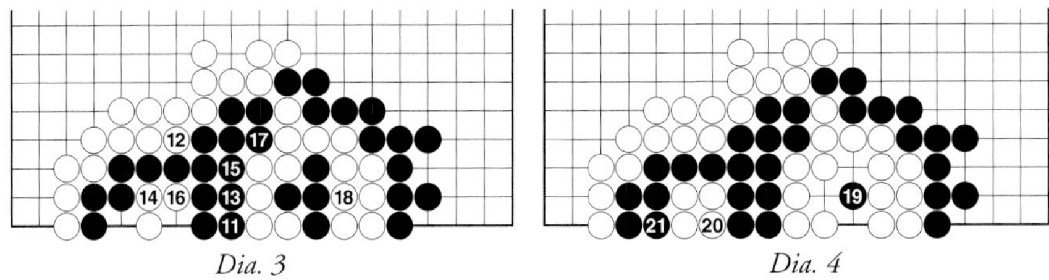

Dia. 3 *Dia. 4*

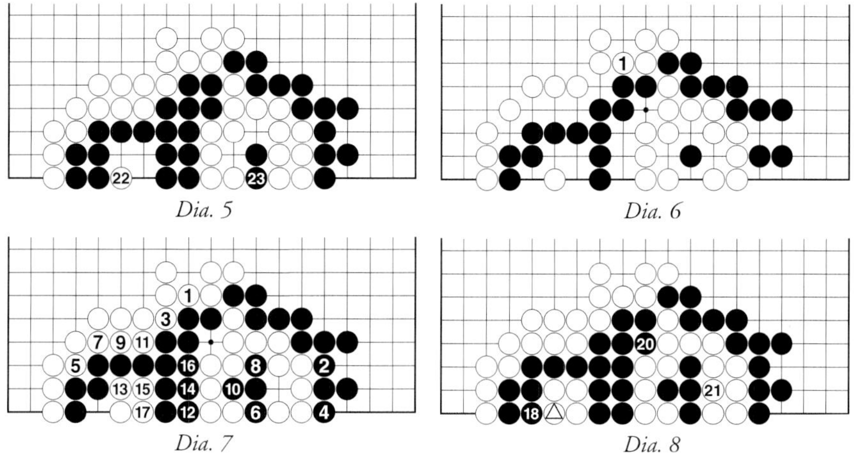

Dia. 5 Dia. 6

Dia. 7 Dia. 8

Nach Weiß 17 in Diagramm 7 wäre es Selbstmord für Schwarz, auf die letzte innere Freiheit zu spielen, denn er würde sich selbst auf *Atari* stellen – Weiß würde ihn einfach schlagen. Aber es wäre für Schwarz verboten, in das weiße Auge zu spielen. Daher ist der einzige mögliche Zug, in das eigene Auge zu spielen und die weißen Steine mit 18 in Diagramm 8 zu schlagen. Danach hat Schwarz genug Freiheiten, um nach Weiß 19 auf den markierten Stein mit 20 auf die letzte gemeinsame Freiheit zu spielen. Weiß schlägt mit 21, Schwarz nimmt mit 22 in Diagramm 9 den zentralen Punkt des weißen Auges und Weiß spielt 23.

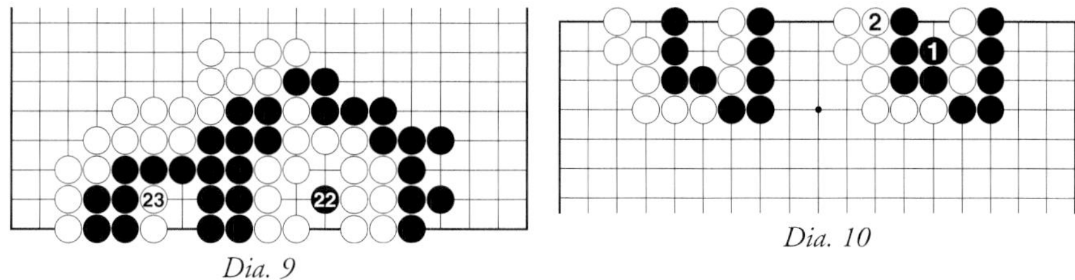

Dia. 9 Dia. 10

Jetzt ist die Stellung einfach auszurechnen. Es ist wie in Diagramm 5, nur dass diesmal Weiß einen Zug voraus ist. Während er sich bemüht hat, Weiß zu töten, hat Schwarz am Ende sich selbst umgebracht. Er hätte den Versuch, die letzte innere Freiheit mit 20 zu besetzen, unterlassen sollen. Er hätte sogar schon nach Weiß 1 in Diagramm 6 aufhören sollen.

Folglich ist die abschließende Beurteilung von Diagramm 1, dass der Favorit (Schwarz) töten und der Außenseiter ein *Seki* machen kann. Um zu töten, muss der Favorit auf alle inneren Freiheiten spielen, daher zählen sie alle für den Außenseiter. Das ist einer der Unterschiede zu einem Typ-2-Kampf (wo keine

Seite ein Auge hat), denn dort zählt der Favorit eine der inneren Freiheiten für sich. In Diagramm 10 schlägt Schwarz die weißen Steine, wenn er auf die letzte innere Freiheit spielt. Diese letzte innere Freiheit ist folglich eine Freiheit für die schwarzen Steine. In Typ-4-Kämpfen muss Schwarz jedoch alle inneren Freiheiten besetzen, bevor er auf die letzte Freiheit im weißen Auge spielen kann. Daher zählt keine der inneren Freiheiten für Schwarz. Sie zählen alle für Weiß.

Blicken wir zurück zu Diagramm 1, um Richtlinien für das Zählen von Freiheiten zu formulieren. Der Favorit ist derjenige mit mehr äußeren Freiheiten (in diesem Fall Schwarz). Schwarz hat sechs äußere Freiheiten. Weiß hat zwei äußere und vier innere Freiheiten. Beide Seiten haben die gleiche Anzahl Freiheiten in ihren Augen (8–1). Daher ist die Anzahl der Freiheiten gleich, die Stellung ist unentschieden. Der Favorit ist unbedingt lebendig und kann töten, wenn er zuerst spielt. Der Außenseiter kann ein *Seki* erreichen, wenn er zuerst spielt.

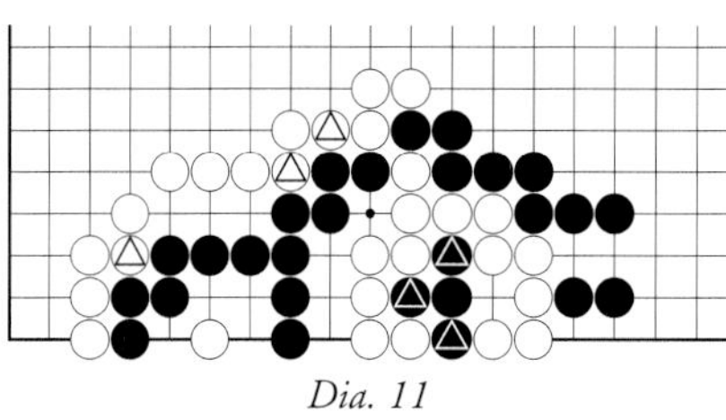
Dia. 11

Diagramm 11 zeigt eine ähnliche Stellung wie Diagramm 1. Hier stehen drei Steine zusätzlich im weißen Auge und Schwarz hat drei äußere Freiheiten weniger. Die Situation ist genau gleichwertig zu Diagramm 1. Die Anzahl der Steine im Auge beeinflusst die Anzahl der Freiheiten, daher haben beide Seiten wie in Diagramm 1 die gleiche Anzahl Freiheiten. Die Diagramme 12 bis 14 zeigen, was passiert, wenn Schwarz zuerst spielt. Er macht damit weiter, die weißen Freiheiten zu besetzen und kommt zu exakt dem gleichen Ergebnis wie in Diagramm 5.

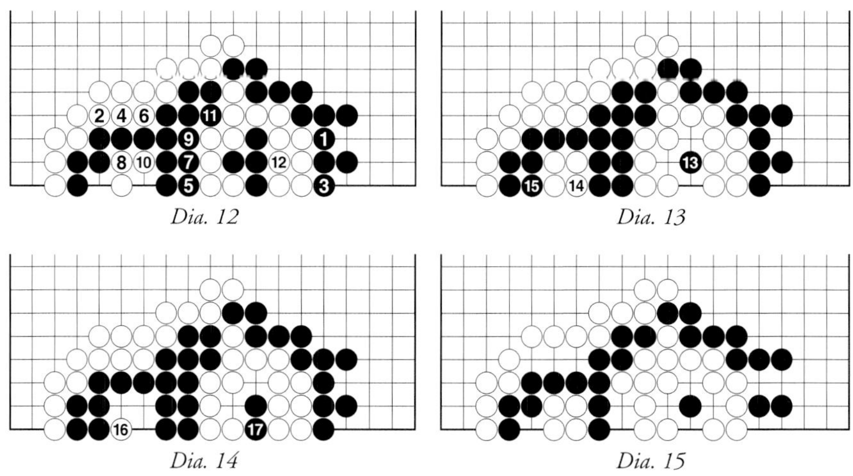
Dia. 12 *Dia. 13*

Dia. 14 *Dia. 15*

In Diagramm 11 hat Schwarz drei äußere Freiheiten plus sieben Freiheiten durch das Auge (8–1), was zusammen zehn macht. Weiß hat zwei äußere Freiheiten, vier Freiheiten durch das Auge (8-4) und vier innere Freiheiten, macht zusammen auch zehn. Wenn Schwarz zuerst spielt, kann er Weiß töten. Wenn Weiß zuerst spielt, kann er ein *Seki* erreichen.

In Diagramm 15 hat Schwarz mehr äußere Freiheiten als Weiß (3 zu 2), aber das macht ihn nicht zum Favoriten. Der Favorit wird als die Seite bestimmt, die mehr äußere Freiheiten plus Freiheiten durch das Auge (d.h. mehr exklusive Freiheiten) hat. In diesem Fall steht das schwarze Auge voller weißer Steine, daher berechnen sich seine exklusiven Freiheiten als drei äußere Freiheiten plus vier Freiheiten durch das Auge (8-4). Die Anzahl der weißen exklusiven Freiheiten ist zwei plus sieben. Daher ist in Diagramm 15 Weiß der Favorit und ist bedingungslos lebendig. Die inneren Freiheiten zählen für den Außenseiter. Folglich kann Schwarz drei plus vier plus zwei Freiheiten für sich zählen, macht neun. Weiß hat auch neun Freiheiten, die Stellung ist also unentschieden. Weiß kann töten, wenn er zuerst spielt, und Schwarz kann ein *Seki* erreichen, wenn er zuerst spielt.

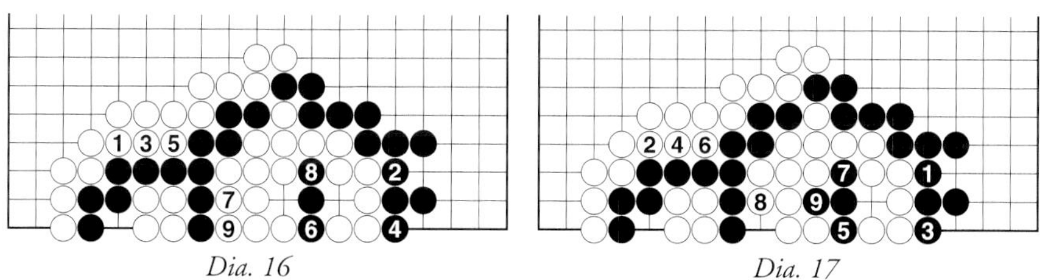

Dia. 16 *Dia. 17*

Diagramm 16 und 17 sollten ausreichen, um dies deutlich zu machen. Nach 9 in Diagramm 17 wäre es für beide Seiten selbstmörderisch, in das eigene Auge zu spielen, nur um den Weg frei zu machen, auf die letzte Freiheit spielen zu können. Daher lassen beide Seiten die Stellung so stehen und sie ist ein *Seki.*

Wenn es wie in Diagramm 18 keine inneren Freiheiten gibt, handelt es sich um einen direkten Kampf auf Leben und Tod ohne die Möglichkeit eines *Sekis.* Die Seite mit mehr Freiheiten gewinnt. In Diagramm 18 haben beide Seiten die gleiche Anzahl Freiheiten, daher ist die Stellung unentschieden. Wer zuerst spielt, der gewinnt.

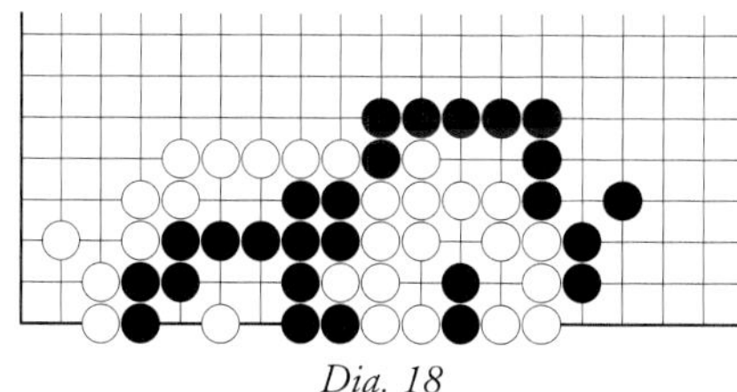

Dia. 18

Eine innere Freiheit ist ausreichend, um die Möglichkeit eines *Sekis* herzustellen. Das ist der zweite Unterschied zu Typ-2-Kämpfen, die mindestens zwei innere Freiheiten für die Möglichkeit eines *Sekis* brauchen. In Diagramm 19 hat Schwarz eine zusätzliche äußere

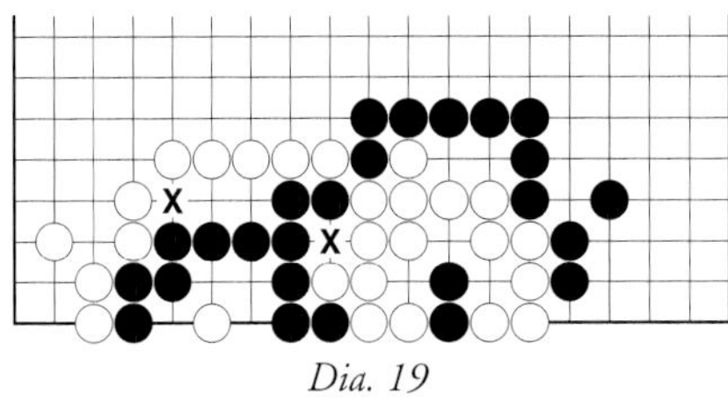
Dia. 19

Freiheit, daher ist er der Favorit, aber die inneren Freiheiten zählen für Weiß, daher ist die Gesamtzahl der Freiheiten immer noch gleich. Wenn Schwarz zuerst spielt, kann er töten (Diagramm 20), wenn Weiß zuerst spielt, kann er ein *Seki* erreichen (Diagramm 21).

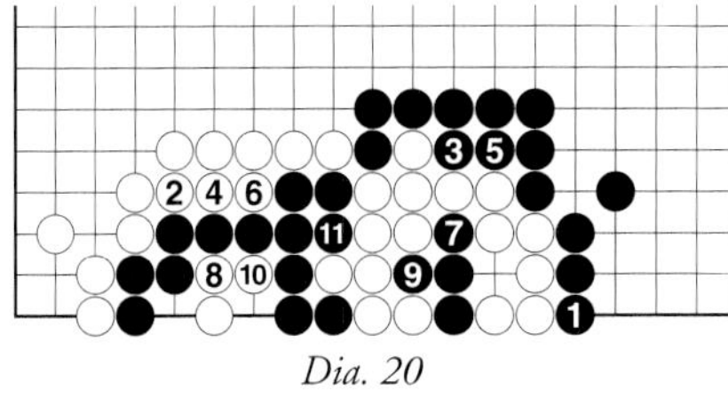
Dia. 20

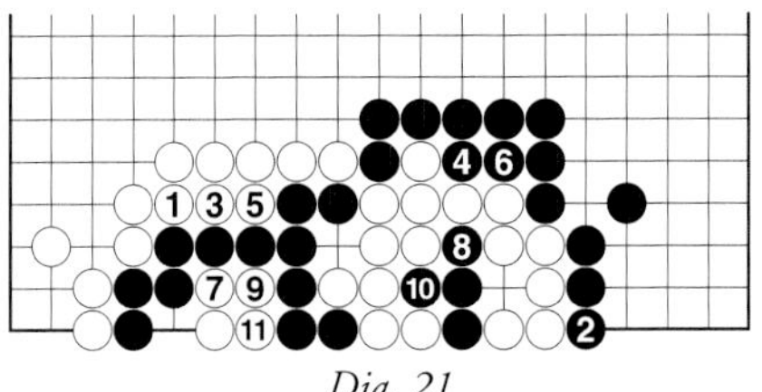
Dia. 21

Typ-5: Großes Auge gegen kleineres Auge

Ein Kampf, bei dem eine Seite ein großes Auge und die andere Seite ein kleineres Auge hat, ist sehr ähnlich zu einem Kampf, in dem eine Seite ein Auge hat und die andere keins (Typ-3-Kampf). Es wäre schön, wenn man sagen könnte, dass sie genau gleich wären, aber das ist nicht der Fall. Es gibt einen speziellen Fall der Typ-5-Kämpfe, die ein *Seki* zulassen, während in Typ-3-Kämpfen *Sekis* unmöglich sind. Dieser spezielle Fall wird am Ende des Abschnitts betrachtet. In den meisten Fällen sind die beiden Typen folglich genauso wie die beiden Beispiele im Referenzdiagramm identisch.

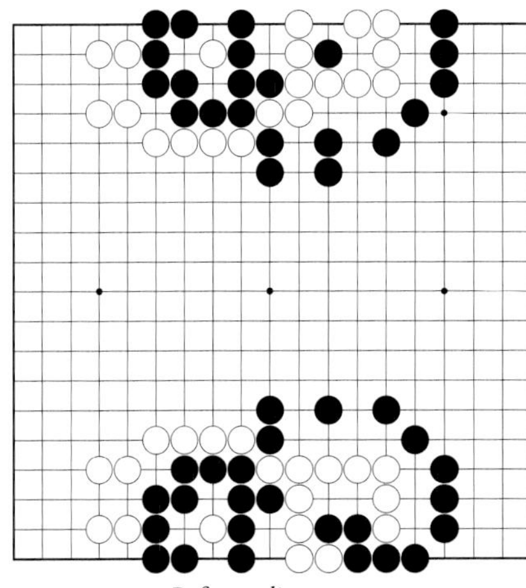
Referenzdiagramm

Der untere Kampf ist ein Typ-3-Kampf. Schwarz ist der Favorit, weil er ein Auge hat, daher zählt er alle inneren Freiheiten für sich. Die Anzahl der Freiheiten ist gleich, daher ist die Stellung unentschieden. Wer immer zuerst spielt, der gewinnt. Die Stellung kann kein *Seki* werden.

Der obere Kampf ist ein Typ-5-Kampf. Er ist genau gleichwertig zu dem Kampf unten – auf zu einer genaueren Betrachtung!

Was passiert, wenn Schwarz zuerst spielt? In Diagramm 1 besetzt Schwarz

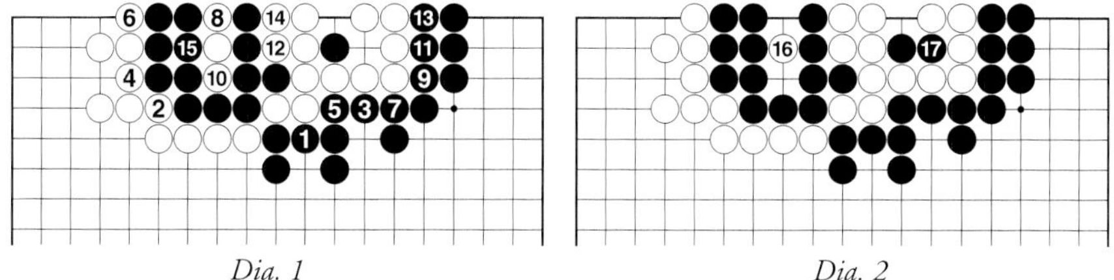

Dia. 1 *Dia. 2*

mit 1 bis 13 die äußeren weißen Freiheiten, während Weiß die äußeren schwarzen Freiheiten und alle außer einer der Freiheiten in dem Auge besetzt und dann damit beginnt, die inneren Freiheiten zu besetzten. Weiß 14 stellte Schwarz auf *Atari*, daher schlägt er mit 15. Dann spielt Weiß mit 16 in Diagramm 2 auf den Mittelpunkt des Auges. Aber es sollte klar sein, dass 17 Schwarz in Führung bringt. Es hilft Weiß nicht, wenn er es ablehnt, die gemeinsamen Freiheiten zu besetzen.

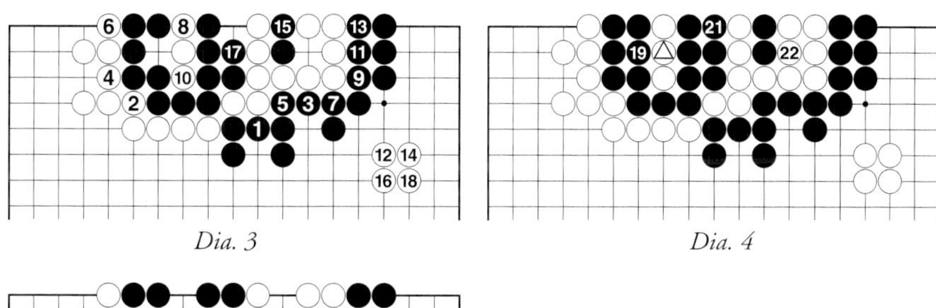

Dia. 3 *Dia. 4*

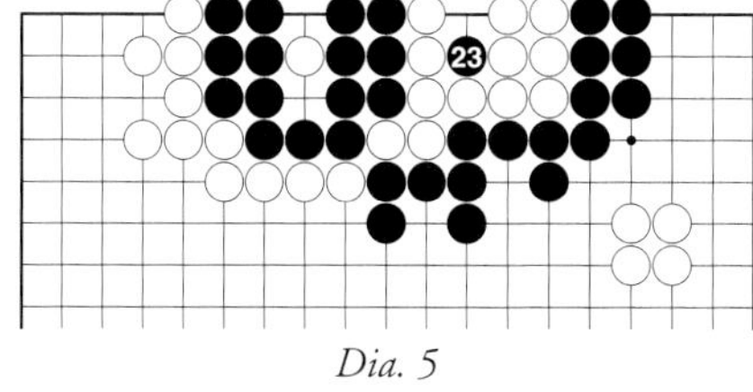

Dia. 5

Wenn er mit 12 bis 18 in Diagramm 3 fernbleibt, besetzt Schwarz sie stattdessen. Nach 17 wäre es selbstmörderisch für Schwarz, auf die letzte innere Freiheit zu spielen, und es wäre für ihn verboten, auf die letzte Freiheit in dem weißen Auge zu spielen. Daher schlägt er mit 19 in Diagramm 4. Weiß spielt mit 20 noch einmal in das Auge, aber das Auge verschafft Schwarz ausreichend Freiheiten, um zu gewinnen – wie in Diagramm 5 gezeigt. Das kleinste große Auge ist ein Vier-Punkt-Auge. Wenn Schwarz mit 19 schlägt, erhält er ein Drei-Punkt-Auge, das drei Freiheiten hat. Weiß ist jedoch auf nur zwei Freiheiten reduziert worden: die zwei, auf denen sich Schwarz nicht annähern kann, bevor er nicht auf 19 gespielt hatte. Deshalb liegt Weiß einen Zug zurück, auch wenn Weiß mit 20 den nächsten Zug hat. Zusammenfassend hat Weiß keine andere Wahl, als die inneren Freiheiten zu besetzen. Wenn er es nicht tut, wird Schwarz gewinnen. Die inneren Freiheiten zählen für Schwarz und nicht für Weiß – genau wie in einem Typ-3-Kampf.

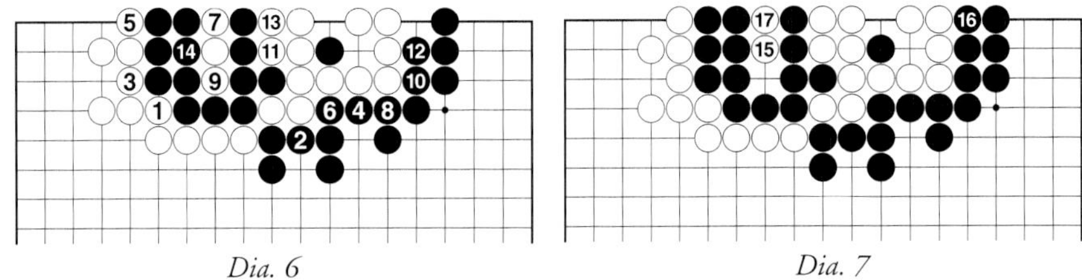

Dia. 6 *Dia. 7*

Wenn Weiß zuerst spielt, kann er den Kampf gewinnen, wie die Diagramme 6 und 7 zeigen.

Welches Auge ist größer?

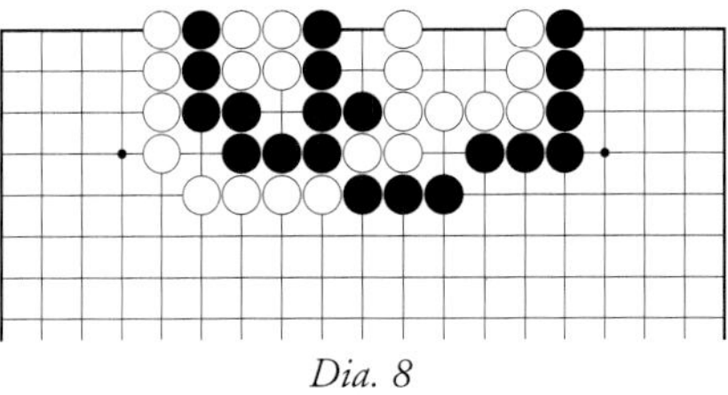

Dia. 8

Welche Seite hat in Diagramm 8 das größere Auge? Das schwarze Auge ist mit weißen Steinen gefüllt und hat nur einen freien Punkt, während das weiße Auge vier freie Punkte beinhaltet. Mehr noch, das weiße Vier-Punkt-Auge ist fünf Freiheiten wert, während das schwarze Auge nur vier Freiheiten (8-4) wert ist. Keine dieser Tatsachen ist jedoch für die Frage relevant, welches Auge größer ist. Schwarz hat ein Fünf-Punkt-Auge, während Weiß ein Vier-Punkt-Auge hat. Daher ist das schwarze Auge größer und Schwarz zählt alle inneren Freiheiten für sich. Die Stellung ist entschieden, Weiß ist tot. Man überzeuge sich selbst, indem man den Kampf ausrechne.

Diagramm 9 zeigt einen Kampf zwischen zwei einäugigen Gruppen. Auf den ersten Blick könnte es so aussehen, als ob Weiß ein Sechs-Punkt-Auge hat und Schwarz nur ein Fünf-Punkt-Auge. Wenn das der Fall wäre, wäre Schwarz tot, da er keine äußeren Freiheiten hat. Das weiße Auge ist jedoch nicht so groß wie es scheint.

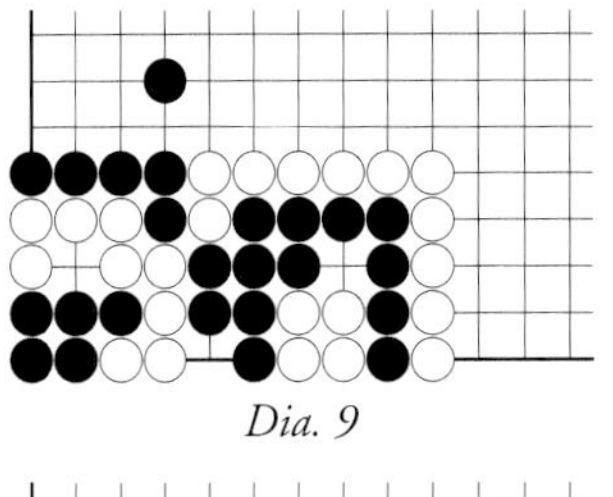

Dia. 9

Wenn Schwarz zuerst spielt, schlägt er auf 1 in Diagramm 10 und Weiß besetzt mit 2 eine Freiheit in seinem Auge. Dann besetzt Schwarz mit 3 die gemeinsame Freiheit und stellt Weiß auf *Atari*. Daher schlägt Weiß mit 4. Anschließend setzt

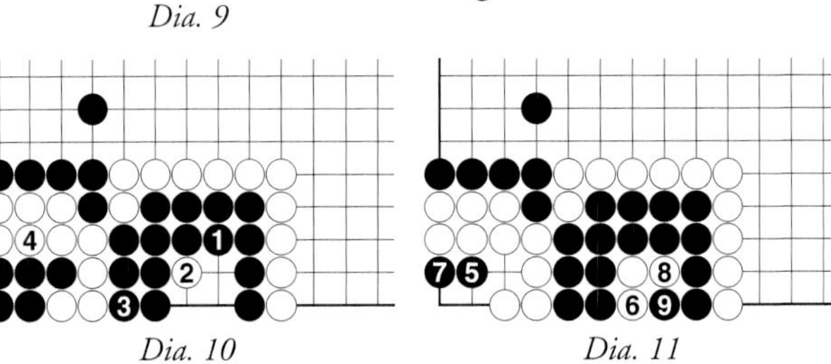

Dia. 10 *Dia. 11*

Schwarz mit 5 in Diagramm 11 auf den zentralen Punkt des weißen Auges und beide Seiten fahren damit fort, das jeweils andere Auge zuzusetzen.

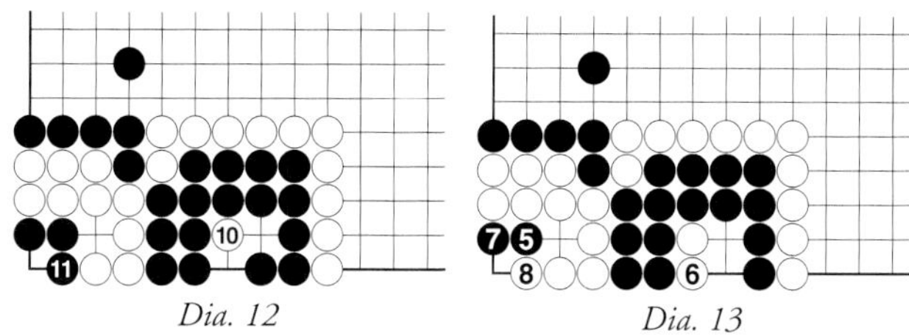

Dia. 12 Dia. 13

Weiß scheint in angenehmer Führung zu liegen, aber Schwarz 11 in Diagramm 12 stellt Weiß auf *Atari* und Weiß kann nicht schlagen, da Schwarz sich innerhalb der weißen Gruppe ein Auge auf dem 1-1-Punkt gebaut hat. Diese spezielle Art gefälschter Augen ist bereits im Abschnitt über die Typ-3-Kämpfe betrachtet worden. Wenn Schwarz ein Auge innerhalb der weißen Gruppe erlangt, ist das weiße „Sechs-Punkt"-Auge nur vier Freiheiten wert. Wenn Weiß jedoch mit 8 in Diagramm 13 in sein eigenes Auge spielt, reduziert er die Größe seines Auges auf die Größe des schwarzen. Wie man in Diagramm 14 deutlich sieht, handelt es sich jetzt um einen Typ-4-Kampf, denn beide Seiten haben ein Auge der gleichen Größe, mit der gleichen Anzahl an Freiheiten. Schwarz ist am Zug, also wird er gewinnen.

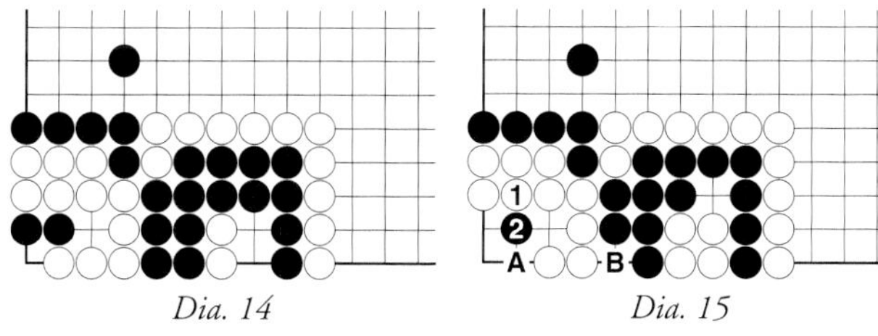

Dia. 14 Dia. 15

Wenn Weiß in Diagramm 9 zuerst spielt, erhält man Diagramm 15. Weiß hat das gleiche Problem wie zuvor – er hat keine guten Züge. Seine einzigen Möglichkeiten sind A und B, aber beide reduzieren seine eigenen Freiheiten. Man rechne das Ergebnis selbst aus. Wenn man zu Diagramm 9 zurückgeht, lautet die Schlussfolgerung, dass das weiße Auge effektiv nicht größer ist als das schwarze. Es hat die gleiche Größe und Schwarz liegt an Freiheiten vorn. Folglich ist die Stellung entschieden: Weiß ist tot.

Seki mit einem großen Auge gegen ein kleineres Auge

Der Unterschied zwischen „großes Auge gegen kleineres Auge" und „ein Auge gegen kein Auge" besteht darin, dass im ersten Fall ein *Seki* möglich ist, im letzteren jedoch nicht. Der *Seki*-Fall tritt auf, wenn es wie in Diagramm 16 einen Annäherungszug auf eine innere Freiheit gibt. Die Züge in Diagramm 17 und 18 ergeben sich ganz natürlich. Es sollte klar sein, dass es selbstmörderisch für Weiß

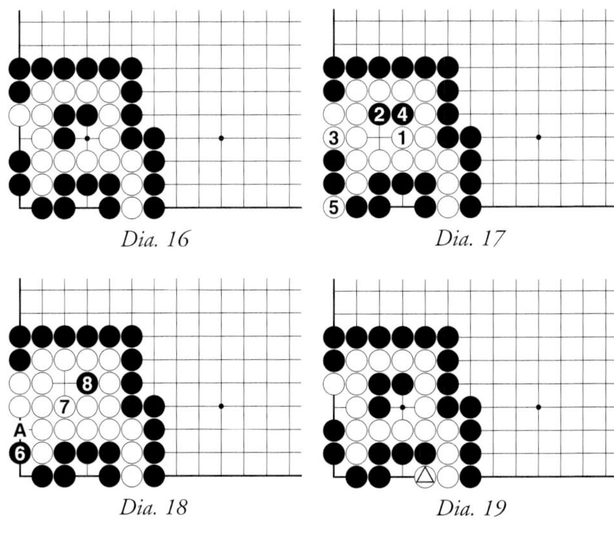

Dia. 16 Dia. 17 Dia. 18 Dia. 19

wäre, auf die innere Freiheit A zu spielen. Und wenn Schwarz auf A spielt, schlägt Weiß und die Stellung bleibt unverändert. Folglich kann keine Seite die andere töten – es ist ein *Seki*. Dieses Ergebnis ist für „ein Auge gegen kein Auge" unmöglich, wie man in Diagramm 19 sieht. Weiß kann sich von der anderen Seite annähern, Schwarz auf *Atari* stellen und es gibt nichts, was Schwarz dagegen tun kann.

Der Grund, warum in Typ-5-Kämpfen ein *Seki* möglich ist, lässt sich mit Hilfe von Diagramm 1 und 2 und den dazugehörigen Erläuterungen nachvollziehen. Der Effekt des inneren Annäherungszuges in Diagramm 16 lässt den Vorteil des großen Auges schwächer werden. Der Unterschied zwischen dem großen Auge und dem kleinen Auge ist verringert und nicht mehr groß genug, um den Favoriten gewinnen zu lassen. Selbst wenn der Favorit mehr Freiheiten hat (z.B. äußere Freiheiten), wird die Stellung in einer Art Annäherungs-*Ko* enden, statt unbedingt zu Leben oder Tod zu führen.

Typ-6: Kleines Auge gegen kleines Auge

Diagramm 1 stellt zwei Kämpfe gegenüber. Der linke ist ein Typ-4 Kampf. Schwarz und Weiß haben jeweils ein großes Auge und beide haben die gleiche Größe. Schwarz ist der Favorit und bedingungslos lebendig; die inneren Freiheiten zählen für Weiß. Kann Schwarz Weiß töten?

Man sollte in der Lage sein auszurechnen, dass die Stellung entschieden ist. Es handelt sich um ein *Seki*. Diagramm 2a verdeutlicht das: Wie bereits früher gezeigt worden ist, wäre es nach 8 für beide Seiten selbstmörderisch, in ihr eigenes Auge und dann auf die gemeinsame Freiheit zu spielen. Die

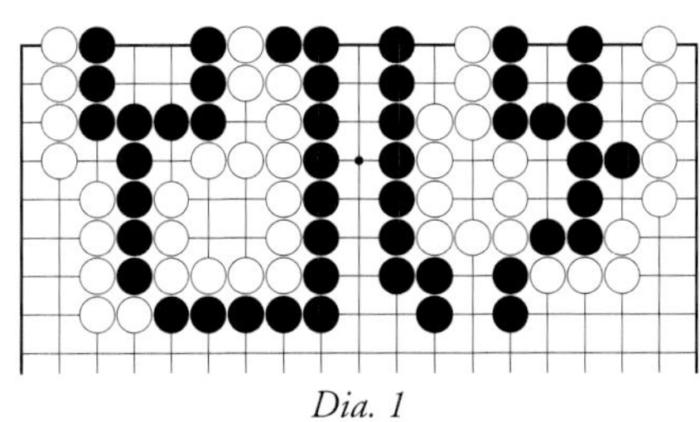
Dia. 1

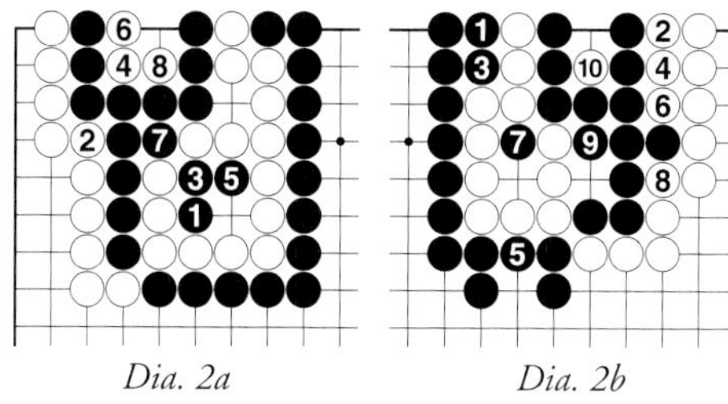

Dia. 2a *Dia. 2b*

Stellung rechts in Diagramm 1 ist ähnlich. Schwarz und Weiß haben jeweils ein Auge der gleichen Größe, aber dieses Mal sind es kleine Augen. Schwarz hat mehr exklusive Freiheiten (äußere Freiheiten und das Auge), daher ist er der Favorit. Kann er Weiß töten? Wie Diagramm 2b zeigt, kann er Weiß nicht töten, selbst wenn Schwarz als erster zieht. Das Ergebnis ist ein *Seki*. Es ist genau das gleiche Ergebnis wie auf der linken Seite von Diagramm 1.

Diagramm 3 stellt zwei Kämpfe gegenüber, in denen Schwarz und Weiß Augen unterschiedlicher Größe haben. Der linke ist ein Typ-5-Kampf. Schwarz hat ein großes und Weiß ein kleines Auge, daher ist Schwarz der Favorit. Die inneren Freiheiten zählen alle für Schwarz, daher liegt er weit in Führung, acht zu vier, und Weiß ist tot. Die Diagramme 4a und 5a zeigen, dass es nichts gibt, was Weiß tun kann. In einer echten Partie hätte Schwarz es nicht nötig, diese Züge auszuspielen. Sie werden hier nur als Nachweis dargestellt.

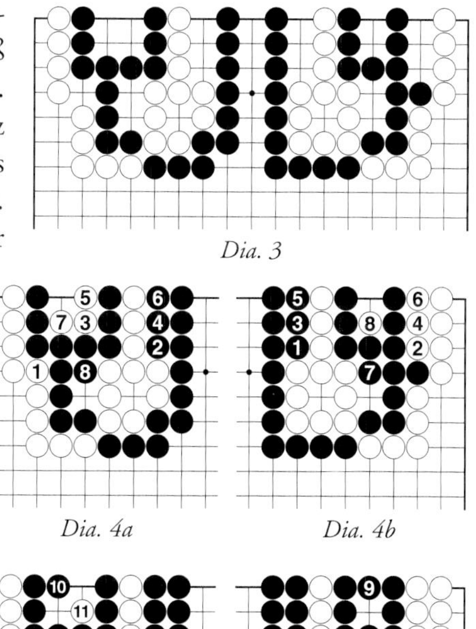

Dia. 3

Dia. 4a *Dia. 4b*

Dia. 5a (9 spielt Tenuki) *Dia. 5b*

Anders als in Diagramm 1 ist in Diagramm 3 die Stellung rechts anders als links. Wenn es sich um einen Fall mit einem großen Auge gegen ein kleines Auge handeln würde, wäre zu vermuten, dass Schwarz gewinnt, sieben zu vier. Aber statt Vermutungen anzustellen, soll der Fall besser näher untersucht werden. In Diagramm 4b beginnt Schwarz damit, mit 1 bis 5 die äußeren weißen Freiheiten zuzusetzen, und Weiß zieht mit 2 bis 6 nach. Wenn Schwarz jetzt mit 7 auf die innere Freiheit spielt, wirft Weiß mit 8 einen Stein in sein Auge ein. Schwarz steckt fest – er hat nicht genug Freiheiten, um mit A in Diagramm 5b auf die andere innere Freiheit zu spielen. Es handelt sich um ein *Seki*.

Der Unterschied zwischen den beiden Kämpfen entsteht aus den Eigenschaften eines großen Auges. In Diagramm 4a kann Schwarz alle außer einer inneren Freiheit und alle außer einer der Freiheiten im weißen Auge besetzten. Das bedeutet, Weiß hat zwei Freiheiten, bei denen man sich nicht nähern kann. Das kleinste große Auge, ein Vier-Punkt-Auge, hat jedoch drei Freiheiten, nachdem Schwarz mit 10 in Diagramm 5a herausgenommen hat. Folglich hat Schwarz Zeit, mit 12 auf die innere Freiheit zu spielen und zu gewinnen. Das ist in Diagramm 5b nicht der Fall. Wenn Schwarz mit 9 schlägt, hat er nicht genug Freiheiten, um auf die innere Freiheit zu spielen, daher ist es *Seki*.

Es ist ratsam, Diagramm 2b und 4b zusammen als einen Typ von Kampf zu betrachten. Wer es vorzieht, kann jedoch auch den Typ-4-Kampf auf große und kleine Augen gleicher Größe erweitern und nur Diagramm 4b als Typ-6-Kampf betrachten. Falls man die richtige Antwort erhält, wenn man den Kampf ausrechnet, macht das keinen Unterschied.

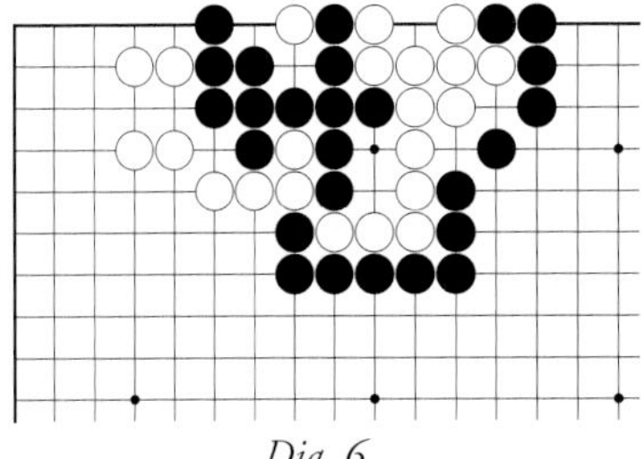

Dia. 6

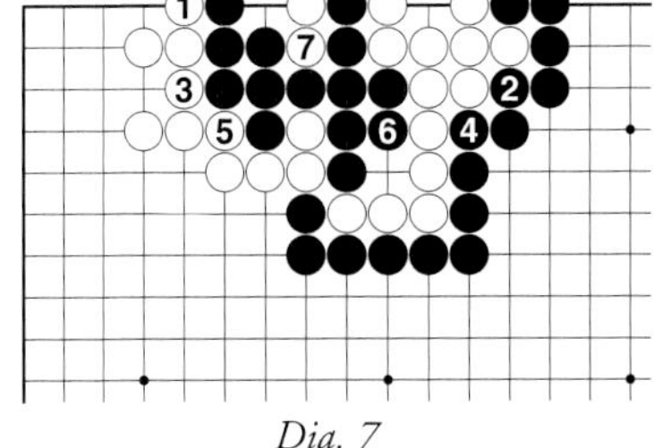

Dia. 7

Diagramm 6 zeigt einen Typ-6-Kampf mit dem größtmöglichen Unterschied der Augengröße. Schwarz hat das größte kleine Auge, ein Drei-Punkt-Auge, und Weiß hat das kleinste kleine Auge, ein Ein-Punkt-Auge. Wie ist der Status des Kampfes? Wenn Schwarz zuerst zieht (Diagramm 7), hat er gerade genug Freiheiten, um auf die innere Freiheit zu spielen und Weiß auf *Atari* zu stellen. Wenn Weiß zuerst spielt (Diagramm 8), kann er ein *Seki* erreichen. Zurück zu Diagramm 6, um dort die Freiheiten zu zählen. Schwarz ist der Favorit, weil er mehr exklusive Freiheiten hat (nicht weil der das größere Auge hat). Für ihn zählen drei äußere Freiheiten und zwei Freiheiten im Auge, macht zusammen fünf. Weiß zählt für sich zwei äußere Freiheiten, eine Freiheit im Auge und zwei innere Freiheiten, macht zusammen fünf. Die Anzahl der Freiheiten ist gleich, daher ist die Stellung unentschieden. Schwarz kann töten und Weiß kann ein *Seki* erreichen. In einem Typ-6-Kampf zählen die inneren Freiheiten alle für den Außenseiter. Das ist genauso wie bei einem

Typ-4-Kampf, bei dem beide Seiten ein großes Auge der gleichen Größe haben. Und es ist etwas anders als bei Typ-5-Kämpfen, bei denen eine Seite ein großes Auge und die andere ein kleineres Auge hat.

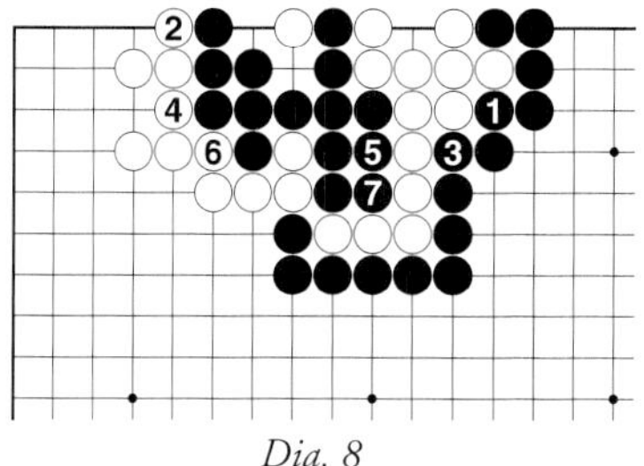

Dia. 8

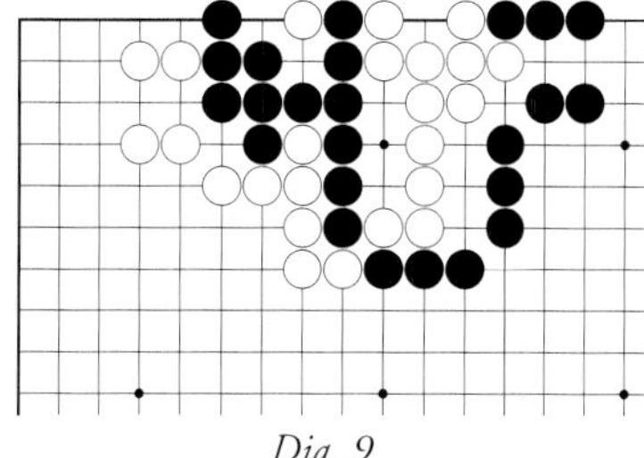

Dia. 9

In Diagramm 9 sind die Augen genauso groß wie in Diagramm 6, aber die Anzahl der inneren und äußeren Freiheiten ist anders. Wenn dies ein Fall mit einem großen gegen ein kleines Auge wäre, dann könnte Schwarz wegbleiben, da er vorne liegt. Aber das ist hier nicht der Fall. In dieser Stellung zählt Schwarz nicht deshalb die inneren Freiheiten für sich, weil er der Favorit in einem Typ-5-Kampf ist, sondern weil er der Außenseiter in einem Typ-6-Kampf ist. Weiß ist der Favorit und bedingungslos lebendig.

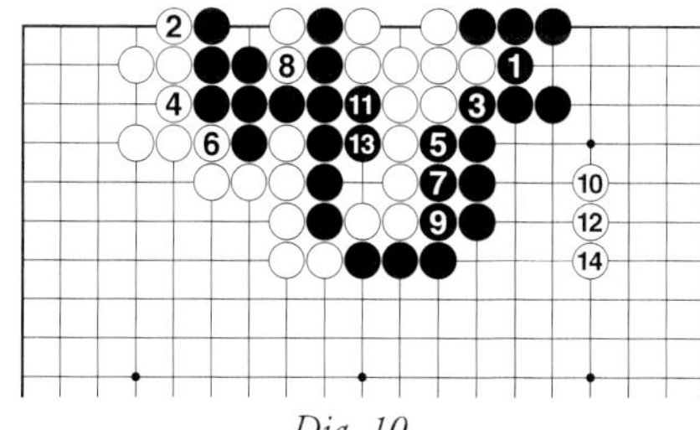

Dia. 10

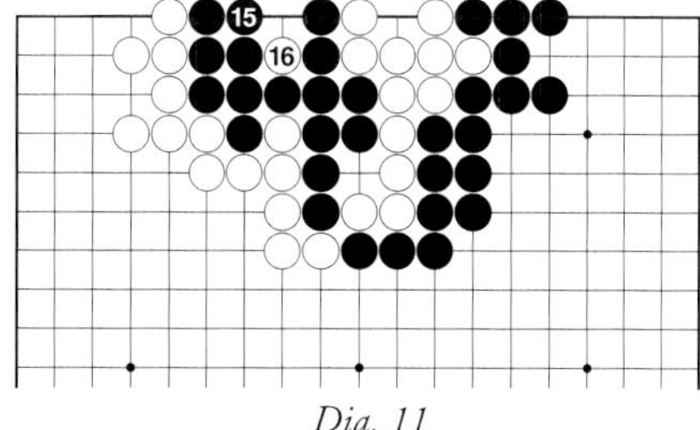

Dia. 11

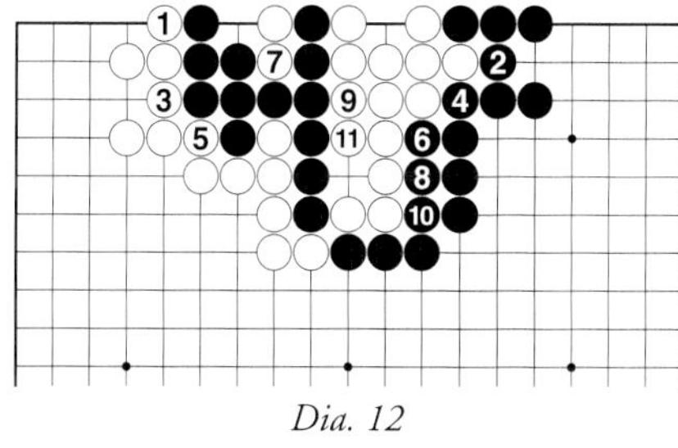

Dia. 12

Selbst wenn Schwarz zuerst spielt (Diagramm 10), kann er Weiß nicht töten. Wie Diagramm 11 zeigt, handelt es sich um ein *Seki*. Wenn Weiß zuerst spielt (Diagramm 12), kann er auch nicht töten. Der Status in Diagramm 9 ist so, dass Weiß der Favorit ist, weil er mehr exklusive Freiheiten hat (sechs zu fünf), aber er hat nicht genug Freiheiten, um Schwarz zu töten. Weiß hat sechs Freiheiten, während Schwarz acht hat. Die Stellung ist entschieden.

Zusammenfassung

Typ 1: Keine oder eine innere Freiheit
Jede Seite zählt ihre äußeren Freiheiten und die innere Freiheit, falls es eine gibt. Wenn die Anzahl gleich ist, dann ist die Stellung unentschieden und wer auch immer zuerst spielt, der gewinnt. Ein *Seki* ist nicht möglich.

Typ 2: Zwei oder mehr innere Freiheiten
Die Seite mit mehr äußeren Freiheiten (Favorit) zählt für sich alle ihre äußeren Freiheiten und eine innere Freiheit. Der Außenseiter zählt für sich alle seine äußeren Freiheiten und alle inneren Freiheiten. Wenn die Anzahl gleich ist, ist die Stellung unentschieden. Der Favorit kann töten, der Außenseiter kann ein *Seki* erreichen.

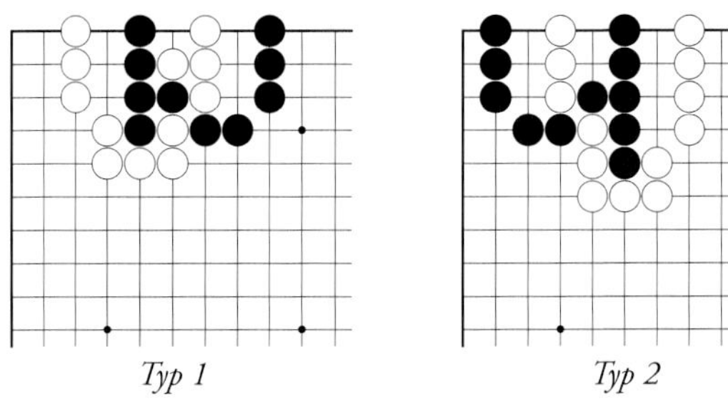

Typ 1 *Typ 2*

Typ 3: Ein Auge gegen kein Auge
Die Seite mit dem Auge (Favorit) zählt für sich alle inneren Freiheiten plus die äußeren Freiheiten und die Freiheiten durch das Auge. Die Seite ohne Auge zählt keine inneren Freiheiten für sich und nur die äußeren. Wenn die Anzahl der Freiheiten gleich ist, ist die Stellung unentschieden, und wer zuerst spielt, der gewinnt. Die Stellung kann niemals ein *Seki* werden. Große Augen haben immer mehr Freiheiten als die Anzahl der Punkte, die sie auf dem Brett umschließen.

Typ 4: Großes Auge gegen gleichgroßes Auge
Die Seite mit mehr exklusiven Freiheiten ist der Favorit. Alle inneren Freiheiten zählen für den Außenseiter und keine davon für den Favoriten. Wenn die Gesamtanzahl der Freiheiten (exklusive Freiheiten für den Favoriten, exklusive plus innere Freiheiten für den Außenseiter) gleich ist, ist die Stellung unentschieden. Der Favorit kann töten, der Außenseiter kann ein *Seki* erreichen. Eine innere Freiheit ist ausreichend, um ein *Seki* möglich zu machen.

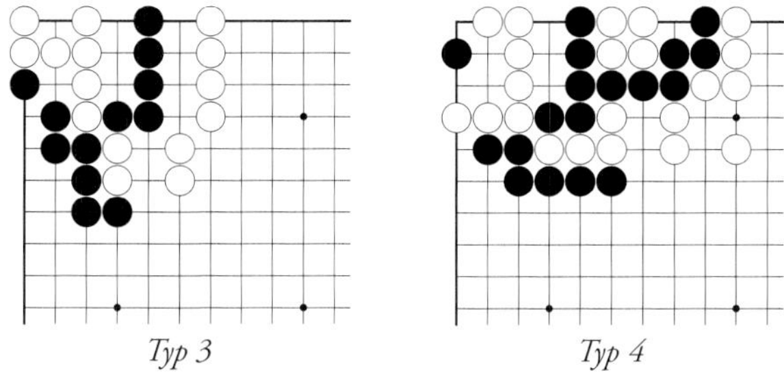

Typ 3 *Typ 4*

Typ 5: Großes Auge gegen kleineres Auge

Ähnlich wie Typ 3: Die Seite mit dem größeren Auge (Favorit) zählt für sich alle inneren Freiheiten plus die exklusiven Freiheiten. Die Seite mit dem kleineren Auge zählt für sich keine der inneren, sondern nur die exklusiven Freiheiten. Wenn die Anzahl der Freiheiten gleich ist, ist die Stellung unentschieden und wer auch immer zuerst spielt, der gewinnt. Ein *Seki* ist jedoch möglich, wenn es innere Annäherungszüge gibt.

Typ 6: Kleines Auge gegen kleines Auge (auch unterschiedlicher Größe)

Ähnlich wie Typ 4: Die Seite mit mehr exklusiven Freiheiten ist der Favorit. Alle inneren Freiheiten zählen für den Außenseiter plus die exklusiven und keine davon zählt für den Favoriten, sondern nur die exklusiven. Wenn die Anzahl der Freiheiten gleich ist, ist die Stellung unentschieden. Der Favorit kann töten und der Außenseiter kann ein *Seki* erreichen. Eine innere Freiheit ist ausreichend, um ein *Seki* möglich zu machen.

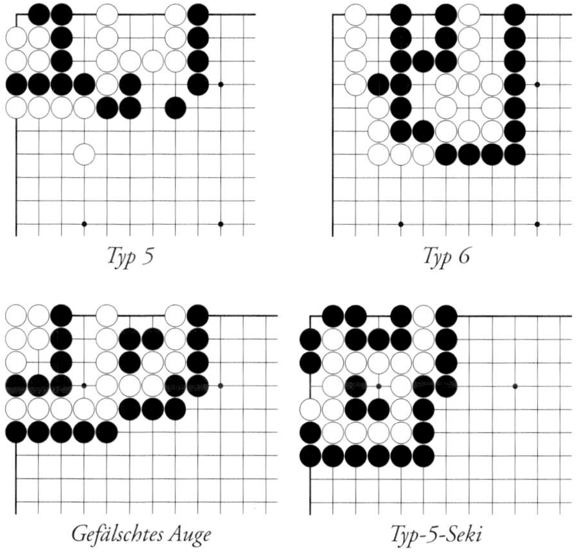

Typ 5 *Typ 6*

Gefälschtes Auge *Typ-5-Seki*

Gefälschte Augen: Weniger Freiheiten als normal
Wenn Schwarz die weißen Steine in seinem Auge schlägt, kann Weiß ein Auge im Innern machen, außer Schwarz macht einen Zug in sein eigenes Auge. In jedem Fall hat Schwarz weniger Freiheiten als normal. Im Beispiel ist das schwarze Auge vier Freiheiten wert statt sieben (12–5).

Typ-5-Seki: Spezialfall
Anders als bei Typ 3 ist bei Typ-5-Kämpfen ein *Seki* möglich, wenn es Annäherungszüge auf innere Freiheiten gibt.

8. Kapitel: Wie man Semeais gewinnt

Einwerfen

Nach dem Studium des Freiheitenzählens ist die nächste Frage, wie man *Semeais* (Wettläufe um Freiheiten) gewinnt. Offensichtlich muss man die gegnerischen Freiheiten besetzen, aber auf welche Freiheit sollte man zuerst spielen?

Viele Problembücher und Stellungen in echten Partien sind deshalb schwierig, weil es schwer ist, das mögliche Ergebnis zu ermitteln und zu bewerten, ob es auch gut ist. Im Folgenden werden zuerst verschiedene mögliche Endergebnisse vorgestellt, so dass man selbst herausfinden kann, welche erstrebenswert sind. Dann wird es einfacher, den Weg zu diesem Ziel zu finden.

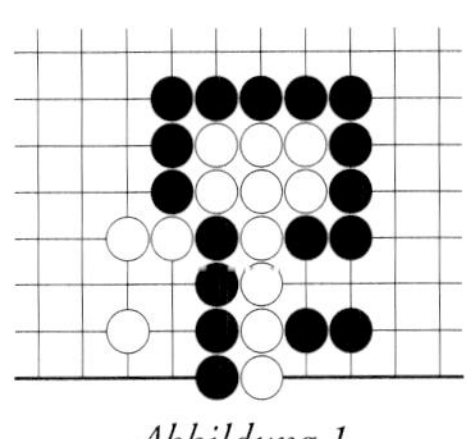

Abbildung 1

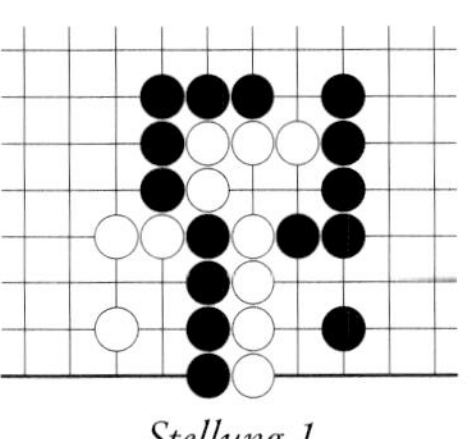

Stellung 1

Abbildung 1 zeigt einen sehr einfachen Kampf, so dass man sofort in der Lage sein sollte, ihn auszurechnen.

Stellung 1 zeigt den Kampf wenige Züge davor. Schwarz möchte auf die weißen Freiheiten spielen,

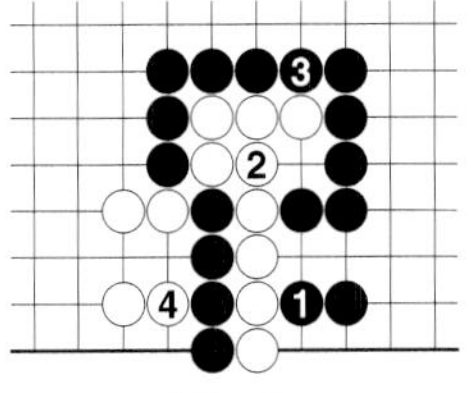

Dia. 1a

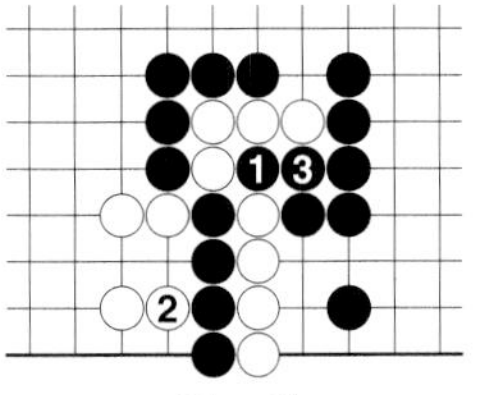

Dia. 1b

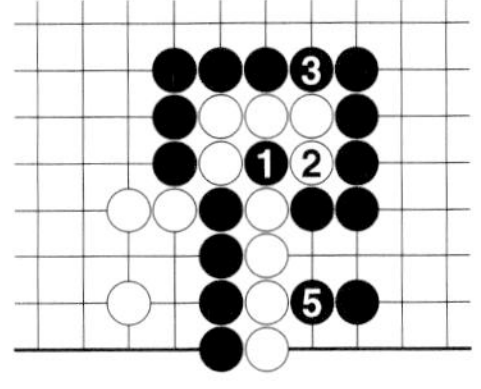

Dia. 1c (4 auf 1)

aber mit welchem Zug soll er anfangen? Wenn Schwarz 1 in Diagramm 1a spielt, wird Weiß 2 spielen. Anschließend ist das Ergebnis nach Schwarz 3 und Weiß 4 leicht zu berechnen. Schwarz liegt einen Zug zurück. Doch das Einwerfen auf 1 in Diagramm 1b ist ein mächtiges *Tesuji*.

Man findet viele Beispiele für diese Technik in Büchern wie *Get Strong at Tesuji*, der Reihe *Graded Go Problems* und dem Buch *Tesuji*. Es ist jedoch wichtig zu verstehen, dass es Stellungen gibt, in denen Einwerfen ein schlechter Zug ist. Man muss sich an das *Tesuji* erinnern, die Fortsetzung im Kopf ausrechnen und das Ergebnis beurteilen. Wenn es funktioniert, dann ist das gut. Wenn es aber nicht funktioniert, dann sollte man es auch nicht spielen; man sieht sich stattdessen einfach nach einem anderen Zug um. Wenn Weiß nach Schwarz 1 in Diagramm 1b eine der äußeren schwarzen Freiheiten besetzt, verbindet Schwarz mit 3 und das Ergebnis ist einfach zu rechnen. Schwarz liegt einen Zug vorn.

Wenn Weiß mit 2 in Diagramm 1c schlägt, gibt Schwarz mit 3 *Atari* und zwingt Weiß zu verbinden. Jetzt erhält man nach Schwarz 5 das Ergebnis in Figur 1, deren Status bereits geklärt ist: Schwarz gewinnt.

Die Abbildungen 2a und 2b zeigen zwei mögliche Ergebnisse eines Kampfes. Wie ist der Status der beiden Abbildungen? Es sind beides Typ-2-Kämpfe, in denen es zwei oder mehr interne Freiheiten gibt. Schwarz hat mehr äußere Freiheiten, daher ist er der Favorit. In Figur 2a ist der Kampf unentschieden: Wenn Schwarz zuerst spielt, kann er Weiß töten, und wenn Weiß zuerst spielt, kann er mit einem *Seki* leben. In Abbildung 2b gibt es eine innere Freiheit mehr. Die zählt für den Außenseiter, also Weiß. Der Kampf ist entschieden. Selbst wenn Schwarz zuerst zieht, kann er Weiß nicht töten, sondern Weiß lebt in einem *Seki*. Von diesen beiden Abbildungen ist Abbildung 2a für Schwarz klar vorzuziehen. Stellung 2 zeigt den gleichen Kampf wenige Züge früher. Schwarz ist am Zug.

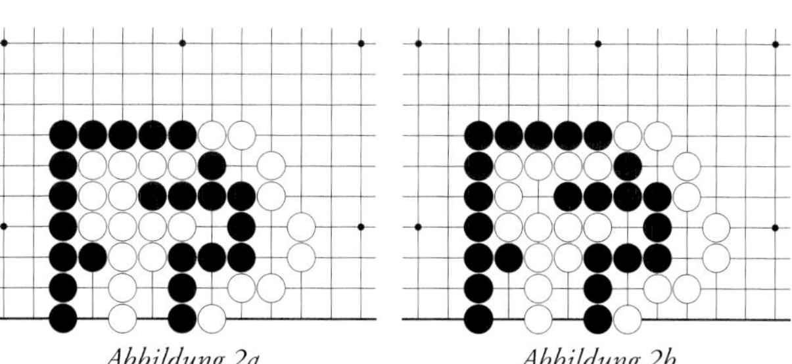

Abbildung 2a *Abbildung 2b*

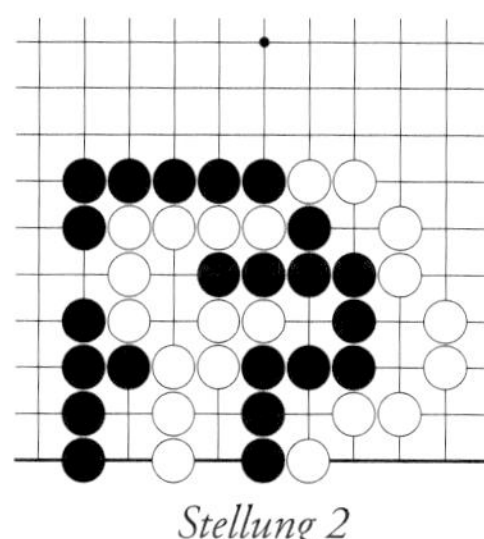

Stellung 2

Wieder ist das *Tesuji* der Einwurf auf 1 in Diagramm 2a. Schwarz 3 gibt *Atari* und zwingt Weiß dazu, mit 4 zu verbinden. Jetzt steht der Kampf wie in Abbildung 2a: Schwarz ist am Zug, daher kann er Weiß töten, wenn er eine äußere weiße Freiheit besetzt. Schwarz 1 in Diagramm 2b überlässt Weiß mit

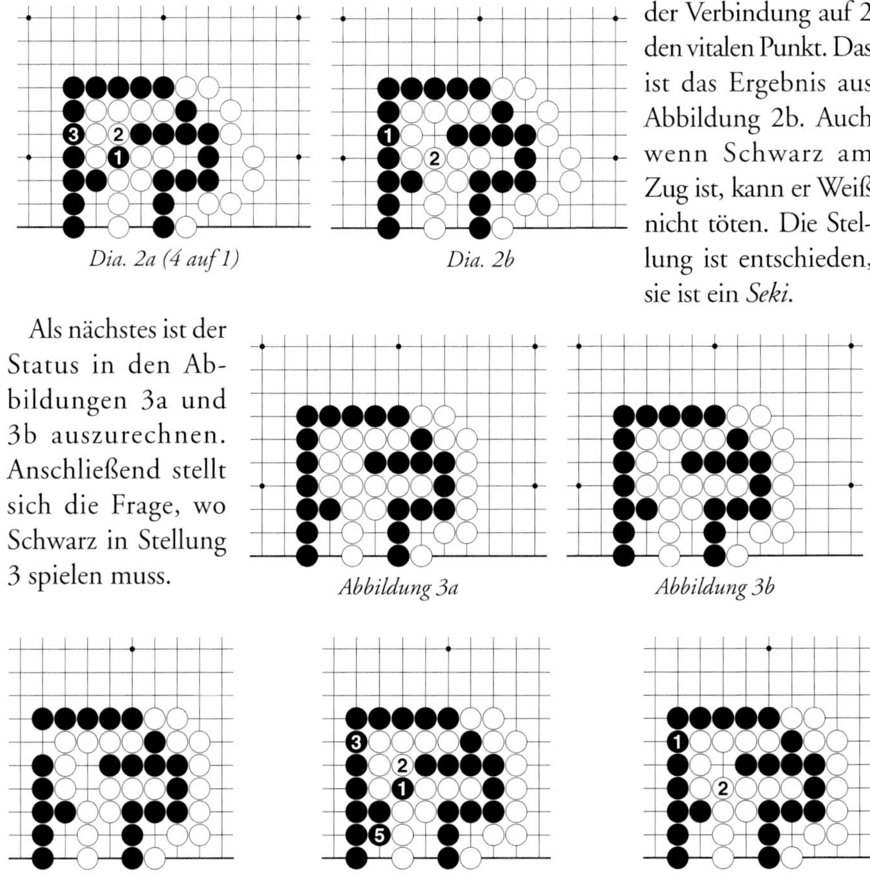

Dia. 2a (4 auf 1) *Dia. 2b*

der Verbindung auf 2 den vitalen Punkt. Das ist das Ergebnis aus Abbildung 2b. Auch wenn Schwarz am Zug ist, kann er Weiß nicht töten. Die Stellung ist entschieden, sie ist ein *Seki.*

Als nächstes ist der Status in den Abbildungen 3a und 3b auszurechnen. Anschließend stellt sich die Frage, wo Schwarz in Stellung 3 spielen muss.

Abbildung 3a *Abbildung 3b*

Stellung 3 *Dia. 3a (4 auf 1)* *Dia. 3b*

Der Einwurf auf Schwarz 1 in Diagramm 3a ist die instinktive Antwort vieler Spieler, die das Einwurf-*Tesuji* gelernt haben, ohne es völlig zu verstehen. Aber in dieser Stellung ist es falsch. Nach dem Einwurf und dem *Atari* verbindet Weiß mit 4 auf 1 und die Stellung ist dieselbe wie in Abbildung 1a. Schwarz muss mit 5 in Diagramm 3a noch einen weiteren Stein investieren, um im *Seki* zu leben, denn sonst kann Weiß ihn töten. Man darf aber mit diesem Ergebnis nicht zufrieden sein und glauben, in Nachhand zu leben sei ein Erfolg.

Diagramm 3a ist für Schwarz ein echter Fehler. Statt einzuwerfen sollte er einfach mit 1 in Diagramm 3b eine äußere Freiheit besetzen und Weiß zum Verbinden zwingen. Das Ergebnis entspricht Abbildung 3b. Die Stellung ist entschieden. Schwarz lebt bereits im *Seki* und kann die Vorhand irgendwo anders nutzen. Der entscheidende Punkt für das Verständnis des Einwurfs liegt darin, dass, wenn er effizient Freiheiten reduziert, es entscheidend ist zu wissen, wessen Freiheiten er reduziert. In Stellung 3 ist Schwarz der Außenseiter, weil er weniger äußere Freiheiten hat. Daher gehören die inneren Freiheiten ihm. Wenn er mit 1 in Diagramm 3a einwirft, reduziert er seine eigenen Freiheiten. Das ist der diametrale Gegensatz zu den ersten zwei Stellungen.

Die Abbildungen 4a und 4b zeigen zwei mögliche Ergebnisse eines Typ-3-Kampfes, bei dem Schwarz ein Auge hat und Weiß nicht. Abbildung 4a ist klar das erstrebenswertere Ergebnis für Schwarz, da die inneren Freiheiten für ihn zählen: Der Status ist unentschieden. In Abbildung 4b dagegen ist Schwarz tot. Stellung 4 zeigt den Kampf wenige Züge eher, wenn Schwarz am Zug ist. Man sollte sich die Antwort überlegen, bevor man weiterliest.

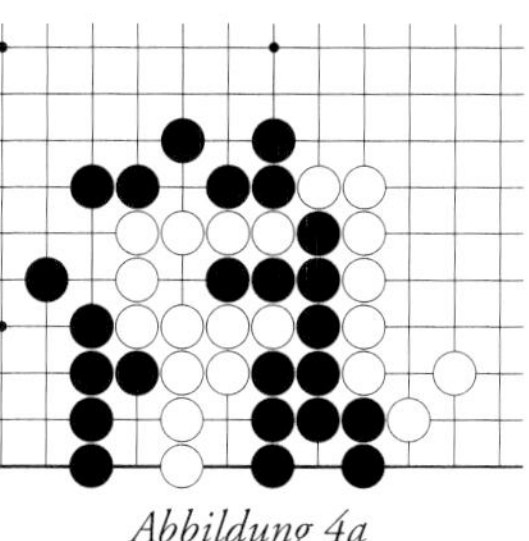
Abbildung 4a

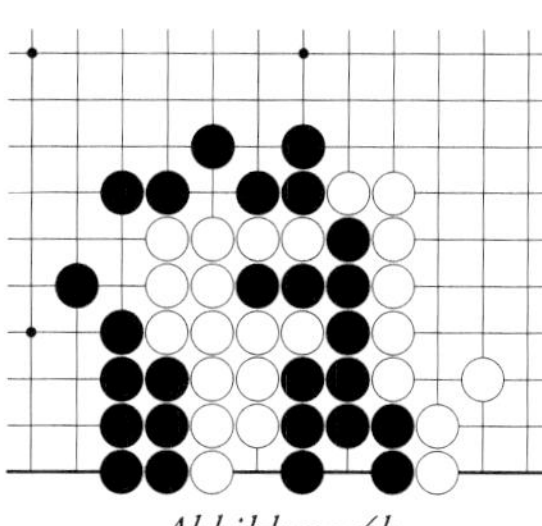
Abbildung 4b

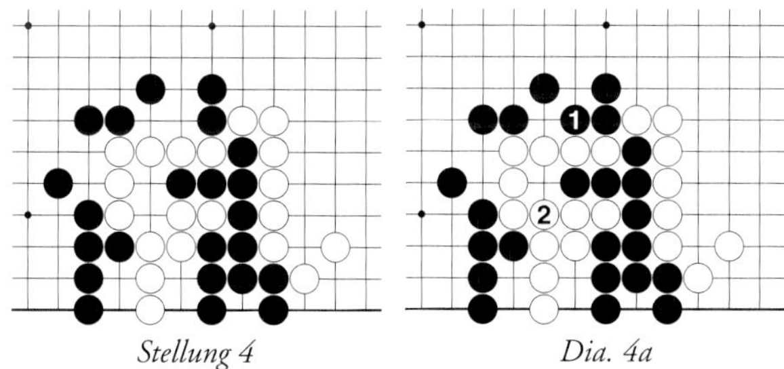

Stellung 4

Dia. 4a

Wenn Schwarz mit 1 in Diagramm 4a eine äußere Freiheit besetzt und Weiß auf 2 verbindet, ist das Ergebnis einfach auszurechnen. Die Stellung ist unentschieden und Schwarz wird gewinnen, weil er am Zug ist. Der Einwurf auf 1 in Diagramm 4b ist ein Fehler, weil in einem Typ-3-Kampf die inneren Freiheiten der Seite mit dem Auge gehören. Daher reduziert Schwarz mit dem Einwurf seine eigenen Freiheiten.

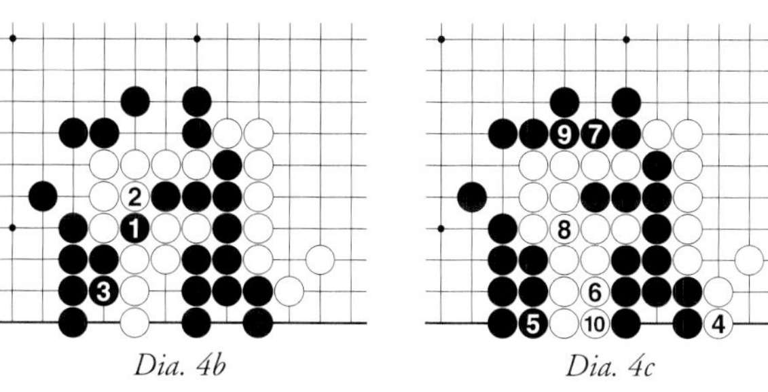

Dia. 4b

Dia. 4c

Diagramm 4c zeigt die Fortsetzung. Nachdem Weiß auf 8 verbunden hat, wird die Stellung aus Abbildung 4b erreicht. Weiß 10 stellt Schwarz auf *Atari* und es ist endgültig vorbei.

Weiß 2 in Diagramm 4a vereinfacht die Situation. Weiß 2 in Diagramm 4d dagegen bietet Schwarz mehr Gelegenheiten, Fehler zu machen. Schwarz darf nicht einwerfen, um daraus vermeintlich Vorteil zu ziehen, dass Weiß es unterlassen hat zu verbinden. Es ist unbedingt erforderlich, dass Schwarz den Einwurf bis zum Ende unterlässt. Weiß hat keine Chance, einen Typ-3-Kampf zu gewinnen, außer er spielt auf alle inneren Freiheiten, daher darf Schwarz keinen Einwurf auf eine innere Freiheit machen.

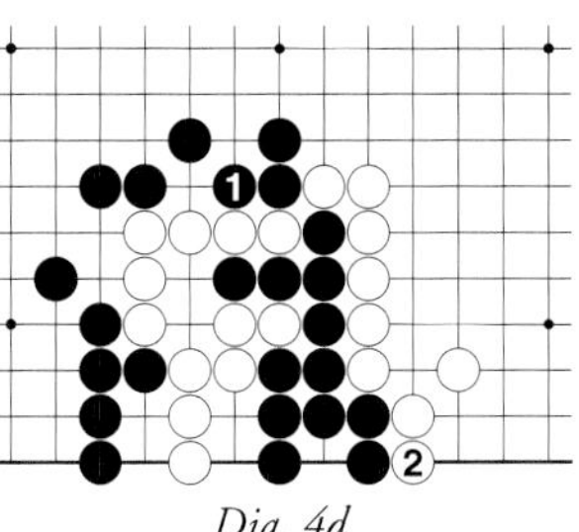

Dia. 4d

Ein Auge machen oder nicht

Die Abbildungen 1a und 1b zeigen zwei entschiedene Stellungen, die man leicht unmittelbar ausrechnen kann. In Abbildung 1a ist Weiß tot, denn es handelt sich um einen Typ-3-Kampf und Schwarz liegt mit fünf zu drei Freiheiten vorn. In Abbildung 1b ist die Stellung ein *Seki*, da es sich um einen Typ-2-Kampf handelt und keine Seite ausreichend Freiheiten hat, um die andere zu töten.

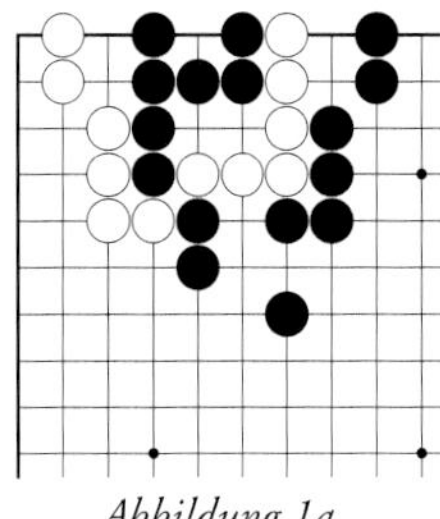

Abbildung 1a

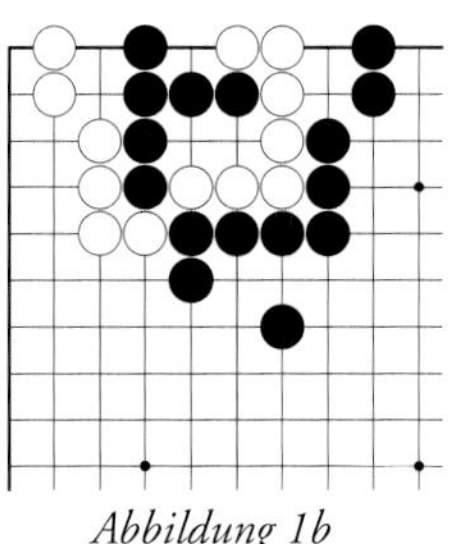

Abbildung 1b

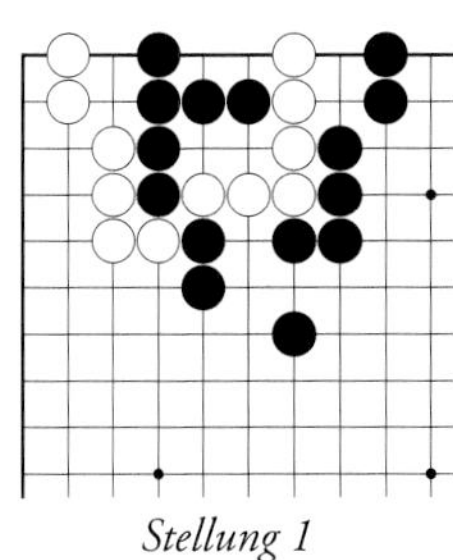

Stellung 1

Stellung 1: Schwarz am Zug

Aus den ersten beiden Abbildungen sollte klar geworden sein, dass Schwarz mit 1 in Diagramm 1a ein Auge machen sollte – das tötet Weiß. Man beachte, dass, wenn Weiß antwortet, indem er eine äußere schwarze Freiheit besetzt, Schwarz wegbleiben kann. Dann wäre Weiß in Nachhand gestorben. Statt wie in Diagramm 1a ein Auge zu machen, mit Schwarz 1 in Diagramm 1b auf eine äußere Freiheit zu spielen, erlaubt Weiß, mit 2 den vitalen Punkt zu nehmen, so dass keine Seite ein Auge bekommt. Das Ergebnis ist Abbildung 1b.

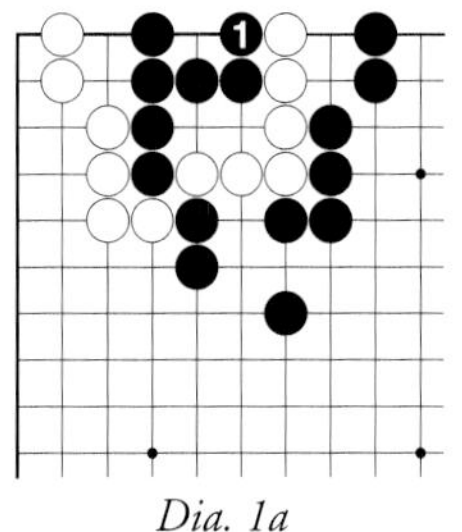

Dia. 1a

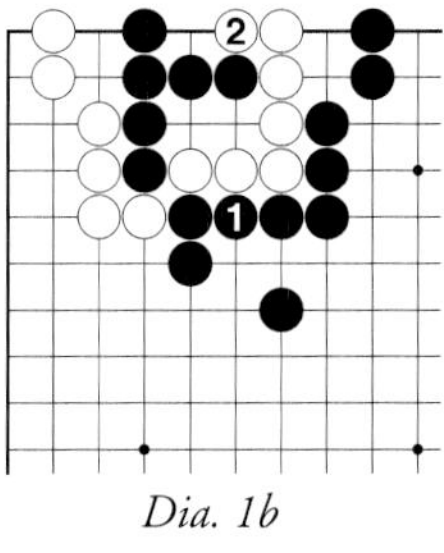

Dia. 1b

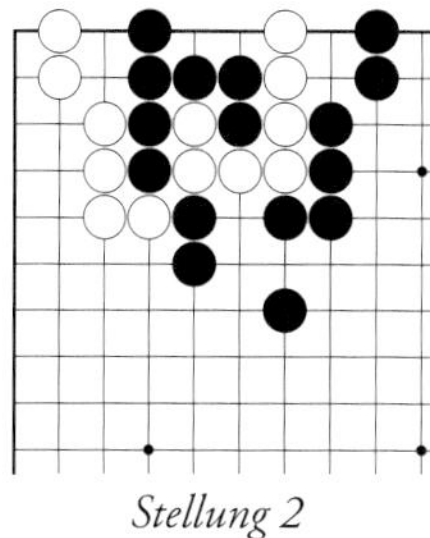
Stellung 2

Stellung 2: Schwarz am Zug

Man sollte nicht voreilig mit 1 in Diagramm 2a ein Auge machen, bevor man zu Ende gedacht hat. Ein Überschlagen der Freiheiten in Diagramm 2a zeigt, das jede Seite drei Freiheiten hat und Weiß ist am Zug. In dieser Stellung zieht Schwarz keinen Vorteil daraus, dass er ein Auge macht, sondern er verringert nur seine Freiheiten. Stattdessen sollte Schwarz wie in Diagramm 2b auf eine äußere Freiheit spielen. Wie Diagramm 2c zeigt, gewinnt er dann.

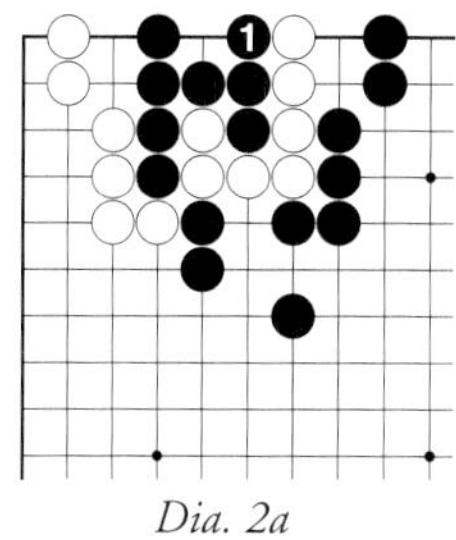

Dia. 2a

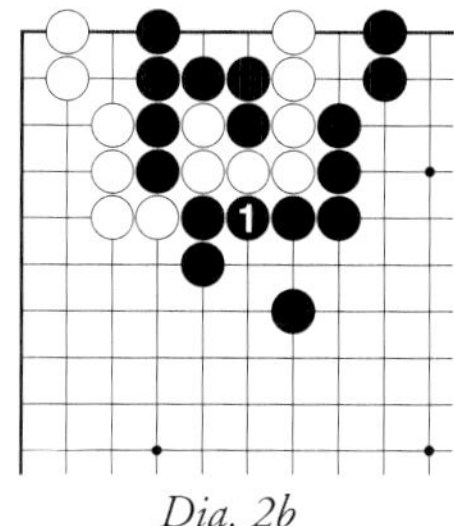

Dia. 2b

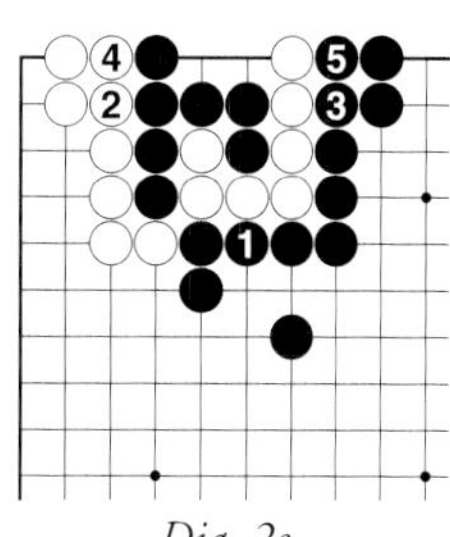

Dia. 2c

Ein Auge zu machen, wenn der Gegner kein Auge hat (und auch keines machen kann), hat vier mögliche Auswirkungen:

- Man erhält die inneren Freiheiten zum alleinigen Besitz.
- Es kann den Gegner zu Annäherungszügen zwingen.
- Es kann die Anzahl der eigenen Freiheiten verringern.
- Es schließt die Möglichkeit aus, im *Seki* zu leben.

Stellung 3: Schwarz am Zug

Schwarz sollte auf 1 in Diagramm 3a spielen. Das verschafft ihm alle inneren Freiheiten und er liegt vier zu drei vorne. Auf 1 in Diagramm 3b zu spielen ist ein Fehler. Schwarz mag denken, dass das die weißen Freiheiten reduziert, aber er irrt. Alle inneren Freiheiten gehören Schwarz, daher ist es Schwarz, für den ein Verlust von Freiheiten resultiert. Wie Diagramm 3c zeigt, gewinnt jetzt Weiß.

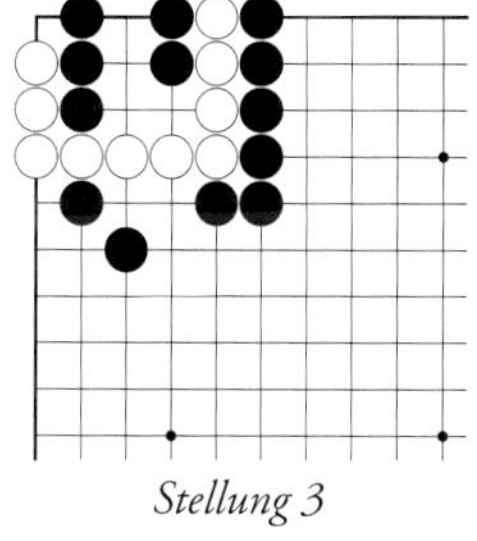
Stellung 3

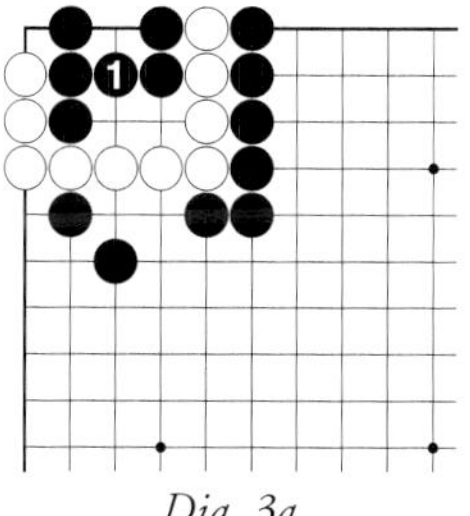

Dia. 3a

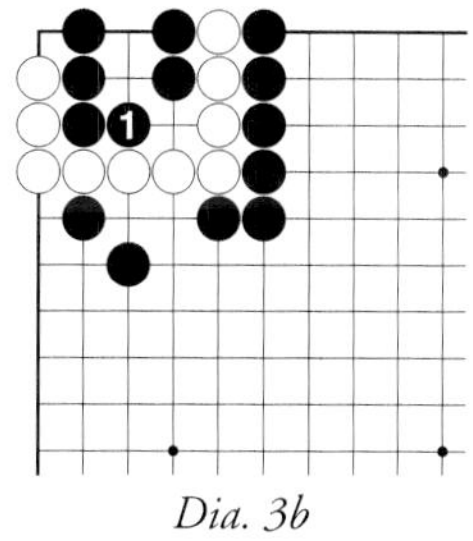

Dia. 3b

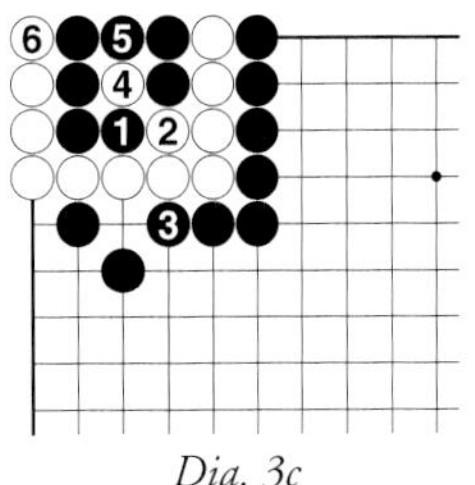

Dia. 3c

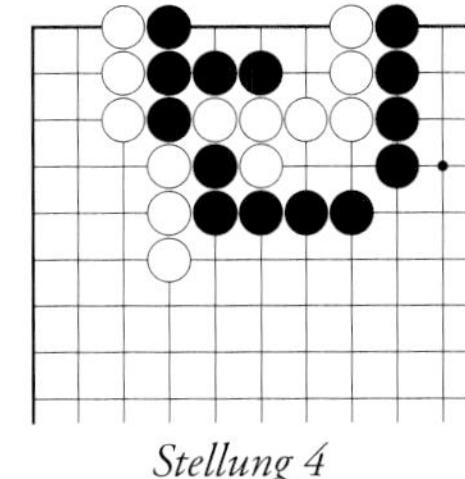

Stellung 4

Stellung 4: Schwarz am Zug

Diese Stellung ist ähnlich wie Stellung 3: Schwarz sollte auf 1 in Diagramm 4a spielen, ein Auge machen und dabei die Anzahl der inneren Freiheiten maximieren. Auf 1 in Diagramm 4b zu spielen verfehlt es, Weiß zu töten. Und 1 in Diagramm 4c ist ebenfalls schlecht, wie Diagramm 4d zeigt. In manchen Situationen ist der Diagonalzug das *Tesuji*. In Diagramm 4e zum Beispiel hält er Weiß davon ab, von innen *Atari* zu geben, daher muss er außen einen Zusatzzug auf 2 spielen und verliert. Schwarz 1 in Diagramm 4c hat jedoch keine solche Wirkung.

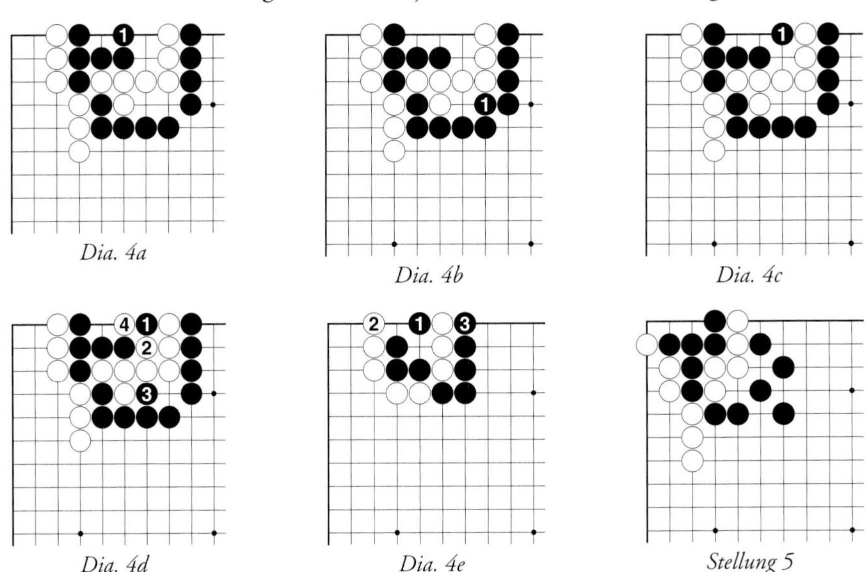

Dia. 4a *Dia. 4b* *Dia. 4c*

Dia. 4d *Dia. 4e* *Stellung 5*

Stellung 5: Schwarz am Zug

Schwarz scheint in Schwierigkeiten zu stecken. Er hat zwei Freiheiten gegen drei weiße, daher wird Weiß ihn einfach auf *Atari* setzten, wenn er auf eine äußere weiße Freiheit spielen.

Der Schlüsselzug ist, mit 1 in Diagramm 5a ein Auge zu machen. Da es keinerlei innere Freiheiten in diesem Kampf gibt, mag das eigentlich nicht sehr lohnenswert aussehen. Die zweite Auswirkung eines Auges ist jedoch, dass der Gegner gezwungen wird, in bestimmten Stellungen Annäherungszüge zu machen – und dies ist eine solche Stellung. Wenn Weiß auf 2 in Diagramm 5b verbin-

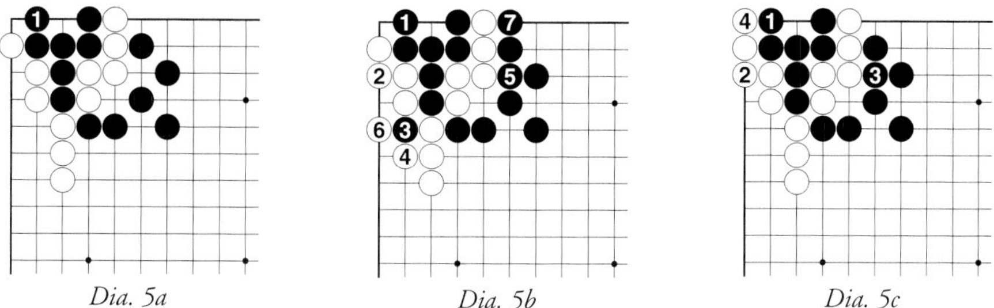

Dia. 5a *Dia. 5b* *Dia. 5c*

det, schneidet Schwarz auf 3. Das zwingt Weiß dazu, zwei Züge zu spielen, um diesen Stein zu schlagen, bevor er in der Ecke *Atari* geben kann. Das Ergebnis ist, dass Schwarz den Kampf gewinnt. Wenn Schwarz es unterlässt zu schneiden und damit beginnt, mit 3 in Diagramm 5c die äußeren weißen Freiheiten zu besetzten, kann Weiß mit 4 *Atari* geben.

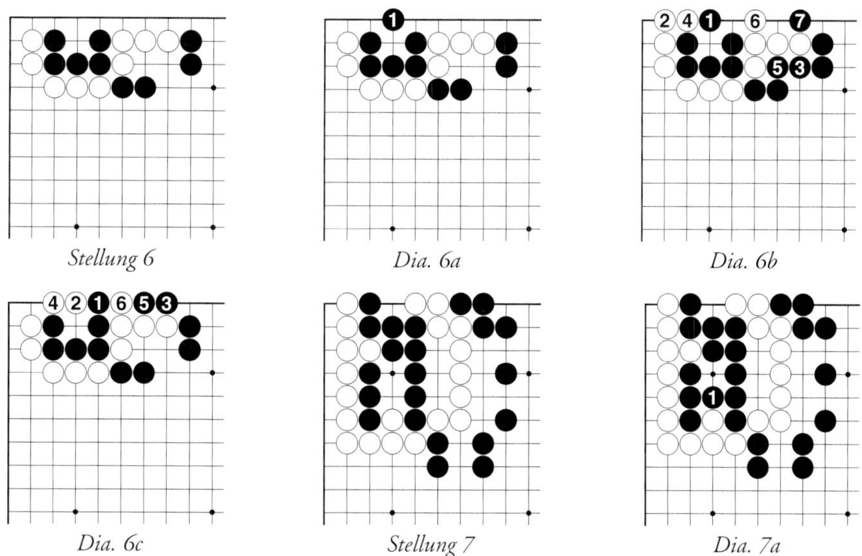

Stellung 6 *Dia. 6a* *Dia. 6b*

Dia. 6c *Stellung 7* *Dia. 7a*

Stellung 6: Schwarz am Zug

Schwarz sollte mit 1 in Diagramm 6a ein Auge machen. Das zwingt Weiß dazu, Annäherungszüge zu machen. Daher gewinnt Schwarz den Kampf, wie Diagramm 6b zeigt. Schwarz 1 in Diagramm 6c scheitert, genauso wie 1 auf 6 oder woanders.

Stellung 7: Schwarz am Zug

Es ist sehr verführerisch, mit 1 in Diagramm 7a ein Auge zu machen. Aber ein Überschlagen der Freiheiten zeigt fünf für beide – und Weiß ist am Zug. Daher verstirbt Schwarz, wie in Diagramm 7b dargestellt. Stattdessen sollte Schwarz

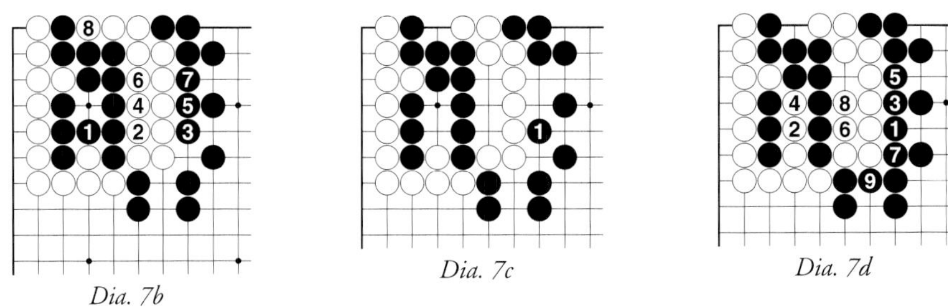

Dia. 7b *Dia. 7c* *Dia. 7d*

wie in Diagramm 7c eine äußere Freiheit besetzen. Obwohl er drei Steine verliert, sichert er den größten Teil seiner Gruppe, indem er, wie in Diagramm 7d gezeigt, mit einem *Seki* lebt.

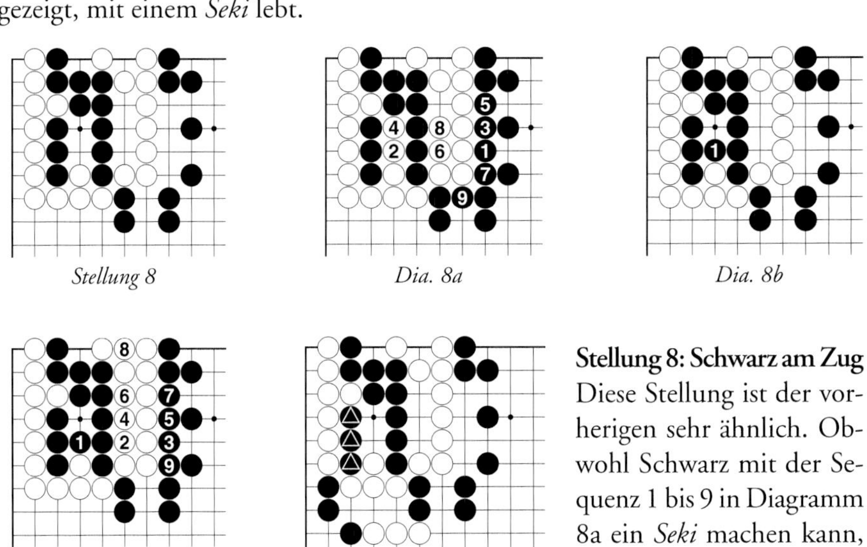

Stellung 8 *Dia. 8a* *Dia. 8b*

Dia. 8c *Dia. 8d*

Stellung 8: Schwarz am Zug

Diese Stellung ist der vorherigen sehr ähnlich. Obwohl Schwarz mit der Sequenz 1 bis 9 in Diagramm 8a ein *Seki* machen kann, ist das nicht das mögliche Optimum. In dieser Stellung sollte Schwarz mit 1 in Diagramm 8b ein Auge machen. Das zwingt Weiß dazu, einen Annäherungszug auf 8 in Diagramm 8c zu spielen, was Schwarz die Zeit gibt, mit 9 eine weitere Freiheit zu besetzten. Danach kann Weiß Schwarz nicht auf *Atari* stellen und verstirbt. Man vergleiche dieses Ergebnis mit Diagramm 7b.

In einer echten Partie könnte die Stellung komplizierter sein – wie zum Beispiel in Diagramm 8d, wo die drei schwarzen Steine wertvolle Schnittsteine sind. Wenn Weiß sie mit einer Sequenz wie in Diagramm 8a schlägt, verbindet er dadurch seine Gruppen miteinander.

Schwarz würde diese drei Schnittsteine gerne wie in Diagramm 8c behalten und ähnlich wie in Diagramm 8d die untere weiße Gruppe getrennt halten.

Die Wahl des richtigen Zeitpunktes, wann Weiß diese Steine auf *Atari* stellen sollte, ist schwierig und nichts, dass im Einzelnen in diesem Buch für fortgeschrittene Anfänger diskutiert werden sollte. Sie hängt von vielen Faktoren ab. Wenn Weiß das *Atari* zu früh in der Partie spielt, bevor die Gruppen eingekreist sind, könnte Schwarz den Versuch eines Angriffs auf die untere Gruppe aufgeben und sich andere Ziele suchen. Aber wenn Weiß zu lange wartet, könnte Schwarz die Chance ergreifen, dort zuerst zu spielen und ein Auge zu machen. Idealerweise würde Weiß das *Atari* spielen, wenn Schwarz noch nach dem Angriff auf die untere Gruppe schielt und folglich mit der Verbindung antwortet und damit sowohl die Freiheiten als auch die Chance eines Auges verliert. Weiß muss dieses *Atari* jedoch gewissenhaft planen, da es die Freiheiten der unteren Gruppe verringert.

Je größer, desto besser

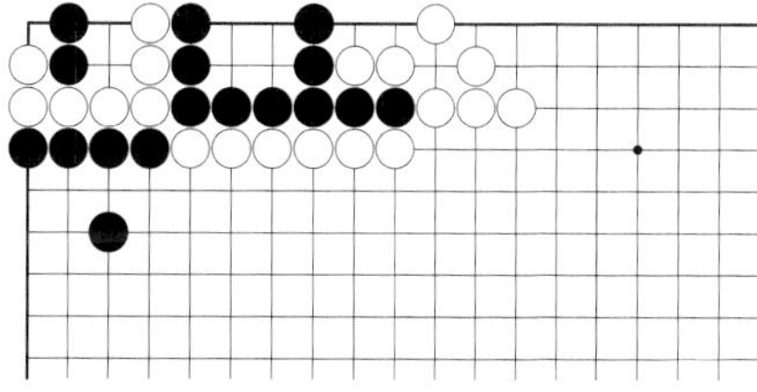

Referenzstellung

Rechenübung

Die Referenzstellung zeigt einen einfachen Kampf (Typ-5), den man leicht ausrechnen können sollte. Die Antwort wird später in diesem Abschnitt gegeben.

Die Abbildungen 1a und 1b zeigen ein Paar ähnlich aussehender, entschiedener Stellungen (beides sind Typ-3-Kämpfe), die man ebenfalls leicht ausrechnen können sollte. Stellung 1 zeigt die Situation zwei Züge früher. Schwarz ist am Zug.

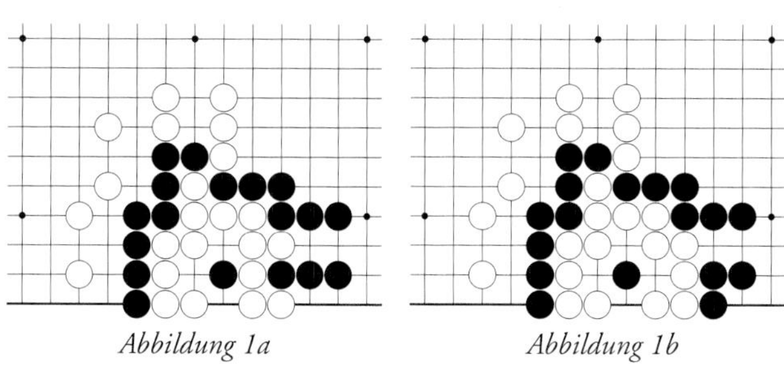

Abbildung 1a *Abbildung 1b*

Stellung 1

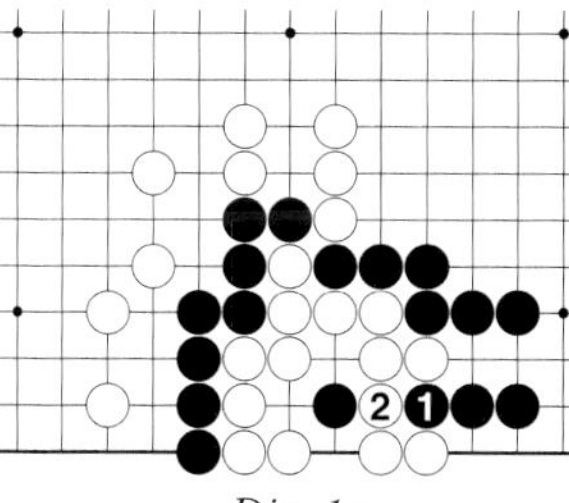

Dia. 1a

Größere Augen erhöhen die Freiheiten

Schwarz 1 in Diagramm 1a ist richtig. Wenn Weiß auf 2 antwortet, entspricht das Ergebnis der Stellung in Abbildung 1a. Der

Kampf ist entschieden: Schwarz liegt sieben zu sechs vorn, daher ist Weiß tot. Wenn Schwarz mit 1 in Diagramm 1b eine äußere Freiheit besetzt, ist Weiß 2 ein guter Zug. Das Ergebnis entspricht Abbildung 1b. Die Stellung ist entschieden: Schwarz liegt sieben zu acht hinten, daher ist Schwarz tot. Wenn man die Abbildungen 1a und 1b vergleicht, so stellt man fest, dass Schwarz in beiden Fällen gleich viele Freiheiten und Weiß in Abbildung 1b zwei Freiheiten mehr hat, obwohl beide Seiten in beiden Fällen gleich oft gespielt haben.

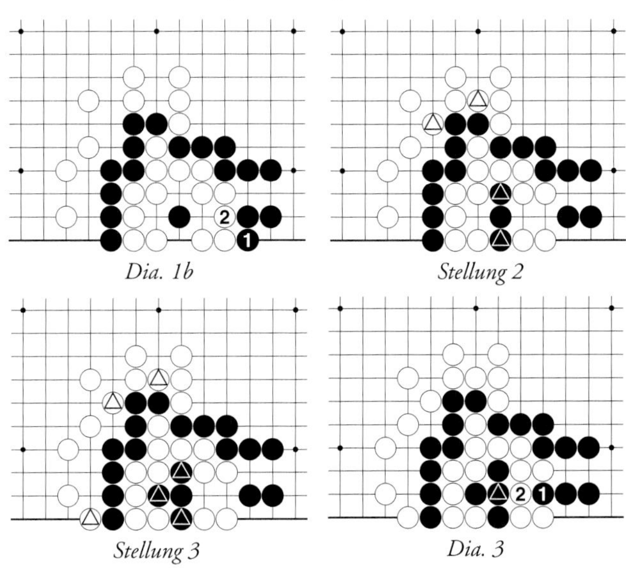

Dia. 1b

Stellung 2

Stellung 3

Dia. 3

Der Unterschied entsteht durch die Größe des weißen Auges. In Stellung 1a hat Schwarz die weiße Gruppe auf ein Vier-Punkt-Auge reduziert. Große Augen bringen mehr Freiheiten, als sie Felder umschließen. Man sollte sich erinnern, dass ein Vier-Punkt-Auge fünf Freiheiten, während ein Fünf-Punkt-Auge acht Freiheiten wert ist. Selbst wenn Weiß in Abbildung 1b eine äußere Freiheiten weniger hat als in Abbildung 1a, hat er doch in seinem größeren Auge drei Freiheiten mehr. Folglich beträgt der Gesamtvorteil zwei Freiheiten. Wenn Weiß ein Zwei-Punkt-Auge hätte, dann würde er sich nicht steigern, wenn er ein Drei-Punkt-Auge daraus machen kann und eine äußere Freiheit dafür verliert, weil ein Drei-Punkt-Auge nur eine Freiheit mehr hat als ein Zwei-Punkt-Auge. Ein Drei-Punkt-Auge ist immer noch ein kleines Auge und die Anzahl der Freiheiten divergiert erst, wenn das Auge zu einem großen wird.

Stellung 2 ist ähnlich wie Stellung 1, nur dass Schwarz zwei äußere Freiheiten weniger hat und Weiß wegen der zusätzlichen schwarzen Steine zwei Freiheiten durch sein Auge weniger hat. Das Ergebnis ist exakt gleich wie in Stellung 1. Man sollte das selbst überprüfen.

In Stellung 3 sind ein weiterer weißer Stein, der die äußeren schwarzen Freiheiten verringert, und ein weiterer Stein innerhalb des weißen Auges hinzugefügt worden. Man könnte vermuten, dass das Ergebnis genauso ist wie in Stellung 1 und 2, aber das ist falsch. Man sollte etwa über die Stellung nachdenken, bevor man weiter liest.

Wenn Schwarz auf 1 in Diagramm 3 spielt, antwortet Weiß auf 2 und schlägt die vier schwarzen Steine. Als nächstes muss Schwarz auf die Stelle des markierten Steins spielen, um Weiß davon abzuhalten, zwei Augen zu machen. Trotzdem sollen die Freiheiten nach Weiß 2 gezählt werden. Schwarz hat vier Freiheiten. Das leere weiße Vier-Punkt-Auge ist fünf Freiheiten wert, dazu kommen zwei äußere Freiheiten, so dass Weiß insgesamt sieben hat. Schwarz liegt klar hinten. Tatsächlich würde Weiß ihn ignorieren und woanders spielen, wenn Schwarz mit 3 auf die Stelle des markierten Steins spielen würde. Das unterscheidet sich klar von den Stellungen 1 und 2. Was ist passiert?

Stellung 4 ist ähnlich zu Stellung 3, aber die Farben sind vertauscht und Weiß hat sechs Außenfreiheiten. Wenn er 1 für 2 in Diagramm 4a abtauscht, verliert er sechs zu sieben Freiheiten. Tatsächlich ist Weiß in dieser Stellung bedingungslos tot, aber das ist kein Grund, es Schwarz leicht zu machen. Angenommen, Schwarz antwortet korrekt, dann funktioniert Weiß 1 in Diagramm 4b auch nicht, aber er bietet Schwarz die Möglichkeit, einen Fehler zu machen. Wenn Schwarz auf 2 in Diagramm 4b schlägt, liegt Weiß genauso wie vorher sechs zu sieben hinten. Schwarz könnte auch mit dem gleichen Ergebnis auf eine äußere weiße Freiheit spielen. Der Fehler liegt bei Schwarz 2 in Diagramm 4c. Das scheint ein guter Zug zu sein, weil er das größere Auge macht, aber tatsächlich läuft er direkt in die weiße Falle.

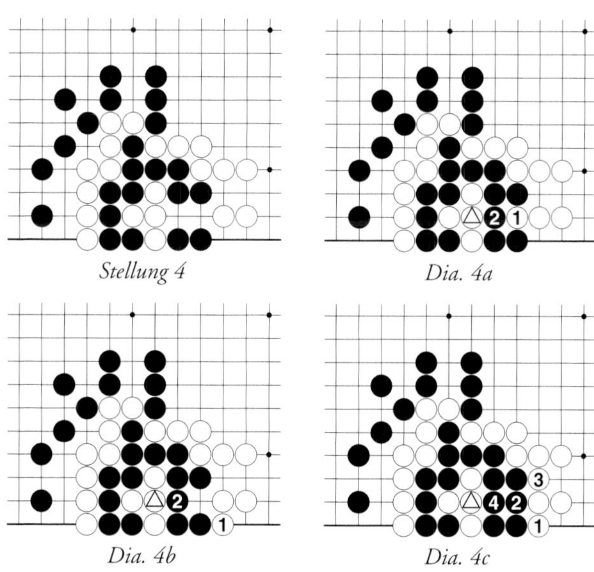

Stellung 4 *Dia. 4a* *Dia. 4b* *Dia. 4c*

Weiß 3 ist danach *Atari*, daher muss Schwarz auf 4 schlagen. Als Ergebnis liegt Weiß sechs zu fünf vorne, daher gewinnt er wie durch Zauberei, wenn er als nächstes an die Stelle des markierten Steins spielt. Wenn man die Diagramme 4b und 4c vergleicht, sieht man, was passiert ist. In Diagramm 4c bedeutet der

Abtausch von Schwarz 2 gegen Weiß 3 einen sofortigen Verlust von zwei Freiheiten für Schwarz. Tatsächlich muss Weiß nach Schwarz 2 in Diagramm 4c nicht auf 3 spielen – er kann wegbleiben und immer noch gewinnen und Schwarz ist in Nachhand gestorben. Auf 1 in Diagramm 4a zu spielen ist zu direkt. Schwarz muss über die Antwort nicht einmal nachdenken, sie ist zu offensichtlich. Auf 1 in Diagramm 4c zu spielen bedeutet, eine drohende Niederlage in einen Sieg zu verwandeln, besonders wenn Schwarz gedankenlos die halbverdaute Regel anwendet, dass ein größeres Auge immer besser ist.

Warum scheitert 2 in Diagramm 4c? Das liegt daran, dass dieser Zug das schwarze Auge effektiv nicht größer macht. Neben dem Zählen der Anzahl der umschlossenen Felder besteht die alternative Methode, die Größe eines Auges zu bestimmen, darin, die Anzahl der Züge zu zählen, die der Gegner braucht, um es zu füllen. In Diagramm 1b muss Weiß vier Züge in das schwarze Auge machen, um ihn auf *Atari* zu stellen, während er in Diagramm 1a nur drei Züge spielen muss. In Stellung 4 jedoch hat Weiß bereits vier Steine in das schwarze Auge gespielt, daher verlangt Schwarz 2 in Diagramm 4c nicht nach weiteren Steinen. Es ist nur dann lohnend, ein größeres Auge zu machen, wenn es den Gegner auch zwingt, zusätzliche Züge zu investieren.

Das gegnerische Auge kleiner machen, als das eigene

Dieses Mal wird die Ausgangsstellung weggelassen, weil man sie sich leicht vorstellen kann. Es ist ein guter Zug, mit Schwarz 1 in Diagramm 5a die Größe des weißen Auges zu reduzieren. Mit 1 in Diagramm 5b auf eine äußere Freiheit zu spielen ist dagegen schlecht. Wie viele Freiheiten werden verschenkt? Man sollte in der Lage sein, die beiden Kämpfe auszurechnen. In Diagramm 5a hat Weiß ein Vier-Punkt-Auge, während Schwarz ein Fünf-Punkt-Auge hat (Typ-5-Kampf). Daher zählen die inneren Freiheiten für Schwarz. Es steht acht zu acht, der Kampf ist unentschieden. Wenn Schwarz am Zug ist, gewinnt er somit. In Diagramm 5b hat es Schwarz zugelassen, dass Weiß ein Fünf-Punkt-Auge macht, weshalb beide Seiten gleichgroße Augen haben (Typ-4-Kampf). Weiß ist nun der Favorit, weil er mehr exklusive Freiheiten hat (zehn zu vier), daher

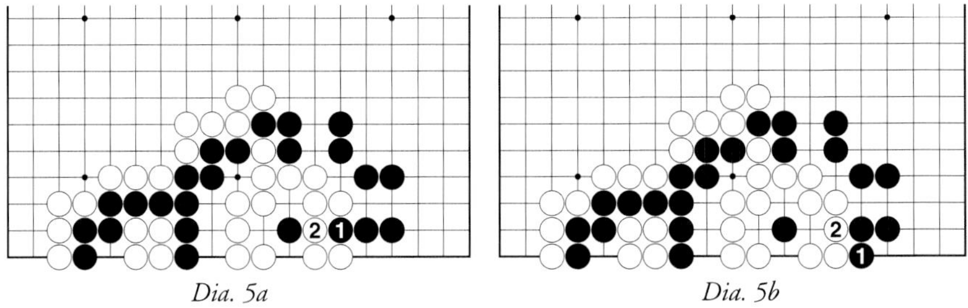

Dia. 5a *Dia. 5b*

ist Weiß bedingungslos lebendig. Als der Außenseiter bekommt Schwarz die inneren Freiheiten, aber es steht immer noch acht zu zehn und Schwarz ist tot. Der Unterschied der Freiheiten zwischen den Figuren 5a und 5b beträgt zwei. Der Unterschied im Ergebnis ist, dass Schwarz in dem einen Fall Weiß tötet und im anderen sich selbst.

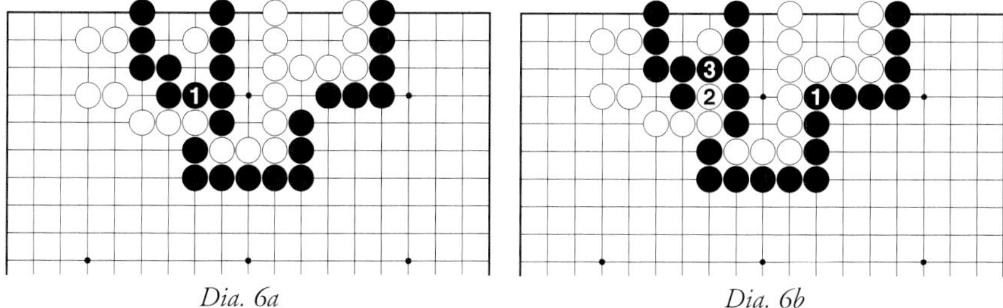

Dia. 6a *Dia. 6b*

Das eigene Auge größer machen als das gegnerische

In Diagramm 6a maximiert Schwarz 1 die Größe des schwarzen Auges. Er hat drei Freiheiten durch das Auge und fünf innere Freiheiten um den Preis des Verlustes einer äußeren Freiheit. Er gewinnt den Kampf 15 zu sechs: Weiß ist tot.

In Diagramm 6b hat Schwarz es Weiß erlaubt, mit 2 in Vorhand in das Auge zu stoßen. Nachdem Schwarz auf 3 blockt, ergibt sich ein *Seki*, denn keine Seite kann die andere töten. Beide Seiten haben ein großes Auge gleicher Größe. Schwarz ist mit sieben exklusiven Freiheiten gegen fünf für Weiß der Favorit, daher kann Weiß Schwarz nicht töten. Aber Weiß zählt die inneren Freiheiten für sich, daher kann Schwarz Weiß nicht töten. Es steht sieben zu zehn gegen Schwarz. Man beachte, dass die zehn weißen Freiheiten nur für die Verteidigung einsetzbar sind. Weiß kann die gemeinsamen Freiheiten nicht zum Angriff verwenden. Das ist in einem einfachen Kampf (Typ-2), in dem es keine Augen gibt, deutlich zu sehen.

In Stellung 7 ist Schwarz der Favorit, weil er mehr äußere Freiheiten hat, und ist daher bedingungslos lebendig. Kann Schwarz Weiß töten? Nein, er liegt sieben zu neun zurück. Selbst, wenn Schwarz zuerst spielt, kann Weiß einmal wegbleiben und immer noch mit einem *Seki* leben. Kann Weiß Schwarz töten, da er mit neun

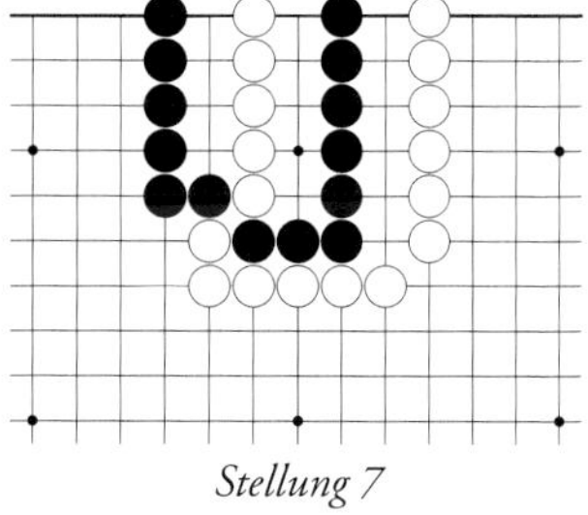

Stellung 7

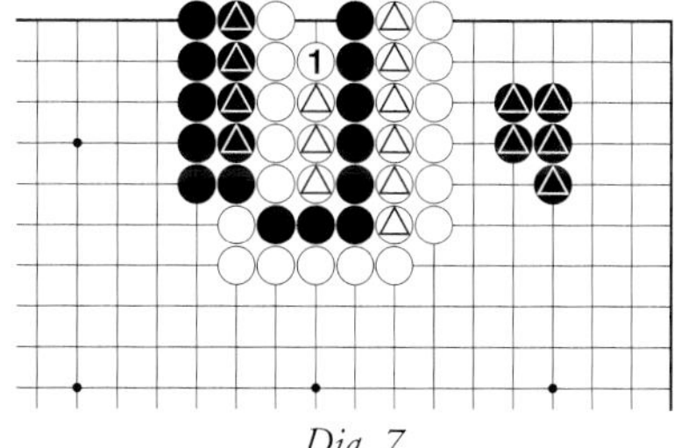

Dia. 7

zu sieben Freiheiten führt? Absolut nicht. Die neun weißen Freiheiten zählen nur für die Verteidigung. Wie Diagramm 7 zeigt, in dem gleich viele markierte Steine zugefügt werden, muss er auf alle inneren Freiheiten spielen, wenn Weiß unsinnigerweise versuchen sollte, Schwarz zu töten. Schwarz kann gelassen fünf Mal anderswo spielen. Anschließend müsste Weiß sich selbst auf *Atari* stellen, um Schwarz auf *Atari* zu stellen. Es ist schwierig, sich etwas schlechteres auf dem Go-Brett vorzustellen. Das ist der Grund, warum die Stellungsbeurteilung mit „Schwarz ist bedingungslos lebendig" begann. Die Frage ist nur, ob Schwarz Weiß töten kann oder ob Weiß in einem *Seki* leben kann. Die Situation in Diagramm 6b ist ähnlich.

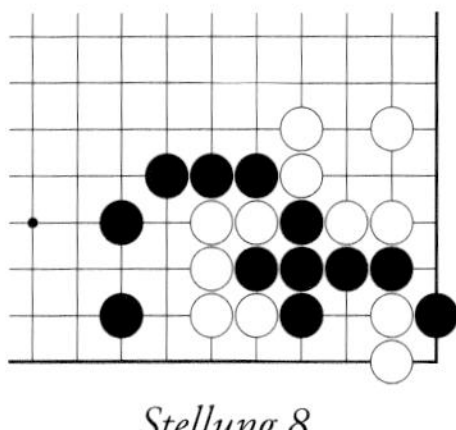
Stellung 8

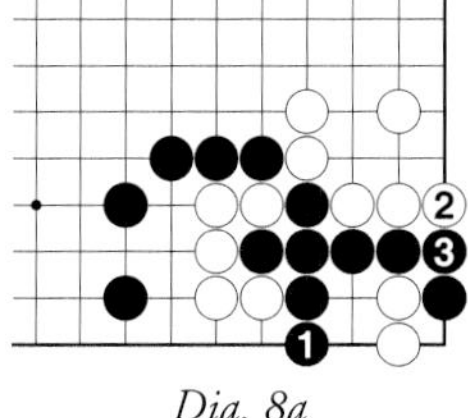
Dia. 8a

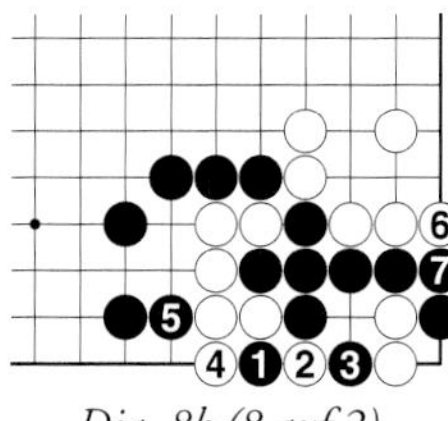
Dia. 8b (8 auf 2)

Stellung 8: Schwarz am Zug

Schwarz sollte mit 1 in Diagramm 8a direkt zum Rand strecken. Das verschafft ihm ein Fünf-Punkt-Auge. Nach Weiß 2 und Schwarz 3 ist die Stellung leicht auszurechnen: Schwarz liegt klar vorne. Der Umbieger (*Hane*) auf 1 in Diagramm 8b ist ein schwerer Fehler. Der weiße Einwurf auf 2 reduziert die Größe des schwarzen Auges und lässt Schwarz keine andere Wahl, als ein grässliches *Ko* zu spielen. Er kann nicht mit 5 auf 2 verbinden, weil er dann deutlich zu wenig Freiheiten hat.

Stellung 9: Weiß am Zug

Naheliegend ist der Durchstoß auf 1 und Schnitt auf 3 in Diagramm 9a. Wenn Schwarz 4 spielt, um den Schnittstein zu schlagen, fangen Weiß 5 und 7 die schwarzen Steine links und die weiße Ecke lebt. Schwarz wird jedoch nicht so

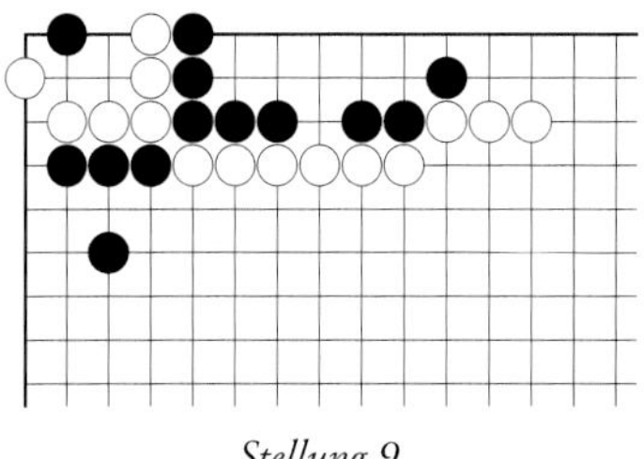
Stellung 9

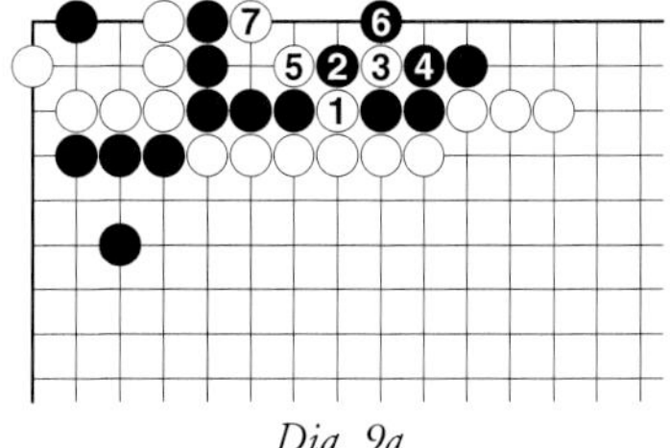
Dia. 9a

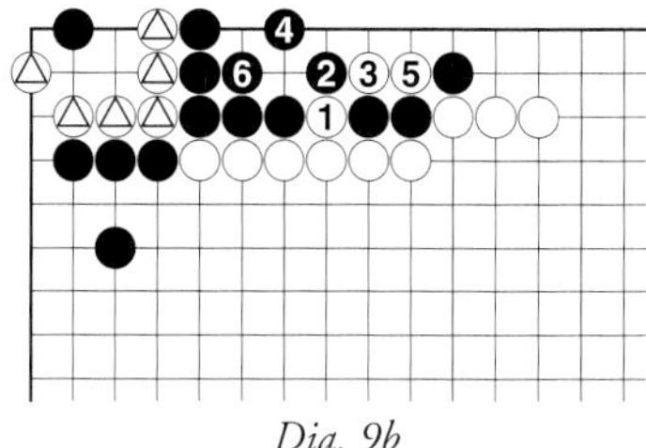
Dia. 9b

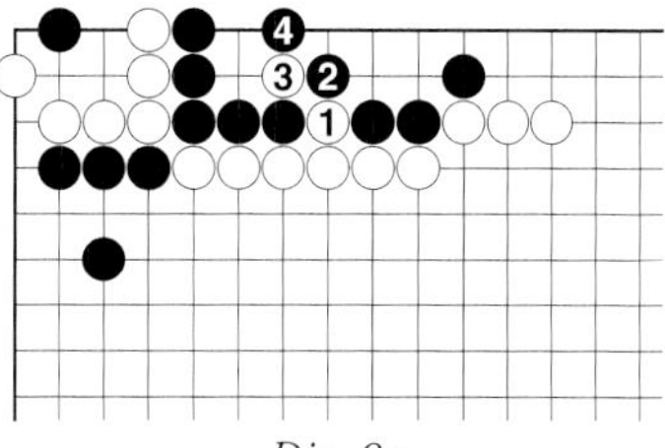
Dia. 9c

entgegenkommend sein, sondern auf 4 in Diagramm 9b spielen, rechts zwei Steine opfern, um links zwei Augen zu machen und die weiße Ecke umzubringen.

Wie wäre es, stattdessen mit 3 in Diagramm 9c auf der anderen Seite zu schneiden? Wieder ist 4 der Schlüsselzug.

In einer echten Partie könnte man versucht sein zu denken, Diagramm 9b sei ein gutes Ergebnis, ohne weiter darüber nachzudenken. Diagramm 9b ist jedoch nicht das Optimum für Weiß. Was man braucht, ist ein wenig Inspiration.

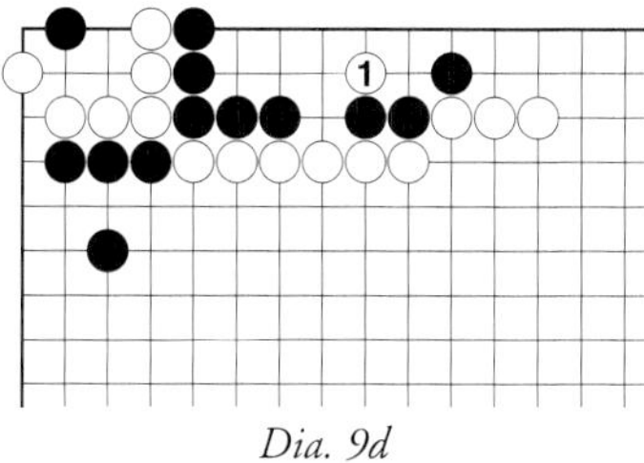
Dia. 9d

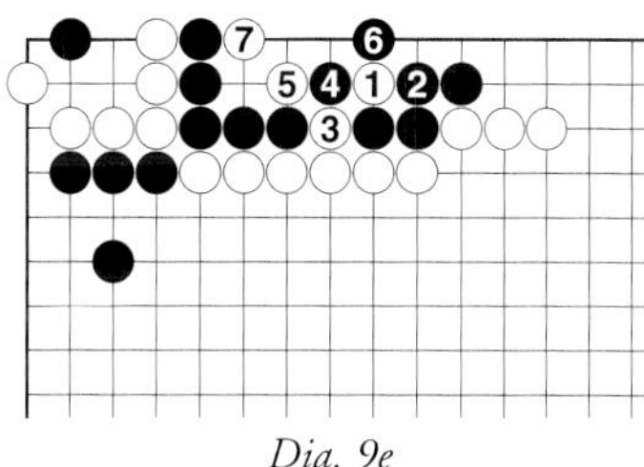
Dia. 9e

Tesuji-Zauberei

Weiß 1 in Diagramm 9d ist ein atemberaubendes *Tesuji*!

Wenn Schwarz auf 2 in Diagramm 9e verbindet, geht die Stellung in Diagramm 9a über, was Weiß erfreuen sollte. Die stärkste schwarze Gegenwehr ist es, innen auf 2 in Diagramm 9f zu blocken, aber funktioniert das? Weiß gibt auf 3 *Atari* und zwingt Schwarz dazu, mit 4 zu verbinden. Weiß 3 auf 4 würde zu Diagramm 9b überführen, was nicht gut wäre. Durch das einfache Anlegen auf 1 ohne durchzustoßen, hindert Weiß Schwarz daran, links zu leben. Stattdessen entsteht ein *Semeai*. Schwarz 2 auf 4 würde nach Weiß 3 und Schwarz 2 zum gleichen Ergebnis führen. Wo sollte Schwarz nach 5 in Diagramm 9f als nächstes spielen? Er sollte mit 6 in Diagramm 9g direkt zum Rand strecken, um das größtmögliche Auge zu erlangen. Das ist der vitale Punkt! Wenn Weiß dort spielt, verliert Schwarz rapide an Freiheiten. Um eine Stellung

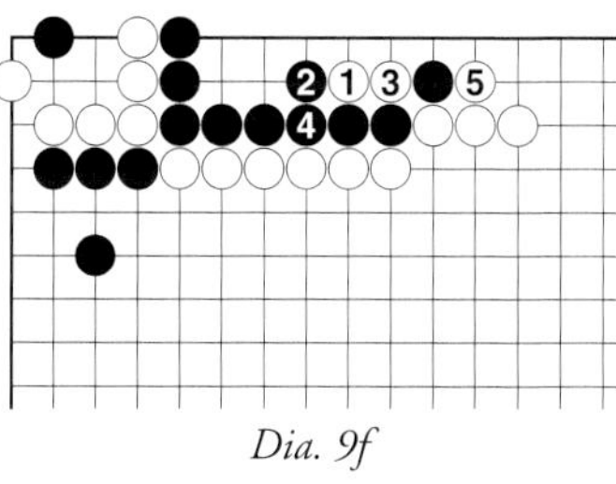
Dia. 9f

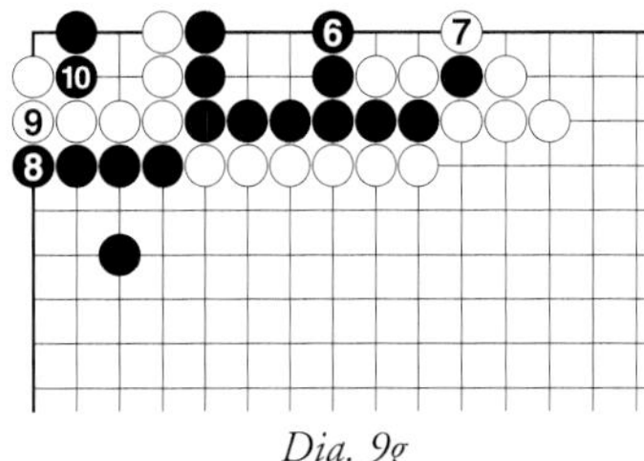

Dia. 9g

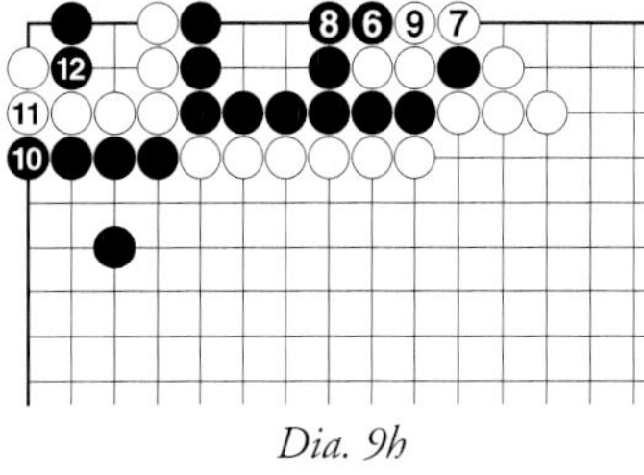

Dia. 9h

zu erreichen, die einfach auszurechnen ist, seien die Züge bis 10 angenommen. Dies ist jetzt die gleiche Stellung wie in der Referenzfigur am Anfang dieses Abschnitts. Es steht sechs zu sechs Freiheiten und Weiß ist am Zug, daher gewinnt Weiß.

Anstatt auf 6 in Diagramm 9g in Diagramm 9h *Atari* zu spielen bedeutet, eine Freiheit zu verlieren. Nach Weiß 7 muss Schwarz immer noch auf 8 spielen, denn andernfalls wird Weiß dort einwerfen. Das bewirkt, dass Schwarz 6 gegen 9 abgetauscht wird, was den Verlust einer Freiheit mit sich bringt. Die Züge 10 bis 12 sind zum leichteren Vergleich zugefügt worden.

Der Trick in Stellung 9 besteht darin, das *Tesuji* zu finden und die verschiedenen möglichen Fortsetzungen auszurechnen. Das bedeutet, Züge wie Schwarz 6 zu kennen und in der Lage zu sein, das abschließende *Semeai* auszurechnen. Wenn es bereits zwei schwarze Steine in dem weißen Auge in der Ecke gäbe, würde das weiße *Tesuji* scheitern, weil Weiß das *Semeai* verlieren würde. In diesem Fall wäre dann Diagramm 9b besser als nichts.

Richtlinien, um einen Kampf zu gewinnen

- Man reduziere die gegnerischen Freiheiten, nicht die eigenen. Ein Einwurf ist ein *Tesuji*, um Freiheiten zu reduzieren, aber man sollte sicher stellen, dass es nicht die eigenen sind.
- Augen gewinnen oft die Kämpfe. Augen zu machen verschafft einem alle inneren Freiheiten und kann den Gegner zu Annäherungszügen zwingen, aber es kann auch die eigenen Freiheiten verringern und schließt die Notlösung aus, in einem *Seki* zu leben.
- Große Augen erhöhen die Anzahl der Freiheiten. Man mache das Auge so groß wie möglich und reduziere die Größe des gegnerischen Auges.

9. Kapitel: Gute und schlechte Form

Wenn man sich vornimmt, mehr Gebiet zu machen als der Gegner, müssen die eigenen Steine effizient arbeiten und in der Lage sein, schnell Augen zu machen. Eine Gruppe, die nicht leicht zwei Augen bilden kann, kann angegriffen werden. Während man selbst damit beschäftigt ist, Augen zu machen, wird sich der Gegner Gebiet sichern. Steine, die eine gute Form bilden, sind in der Lage, einen feindlichen Angriff zurückzuschlagen, indem sie in ein oder zwei Zügen zwei Augen machen. Was Gute Form ist und wie sie erzeugt wird, ist das Thema dieses Kapitels.

Ponnuki

Der Begriff *Ponnuki* beschreibt eine Form, die sich ergibt, wenn ein Stein von vier Steinen geschlagen wird. Wenn Schwarz 1 in Diagramm 1 spielt und den weißen Stein herausnimmt, wird die sich ergebende Form in Diagramm 2 *Ponnuki* genannt.

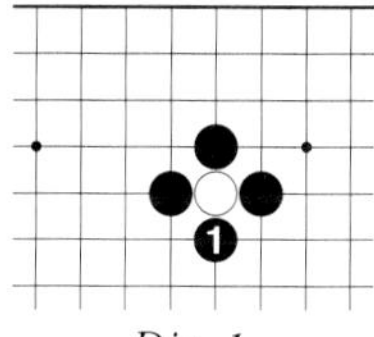

Dia. 1

Dia. 2

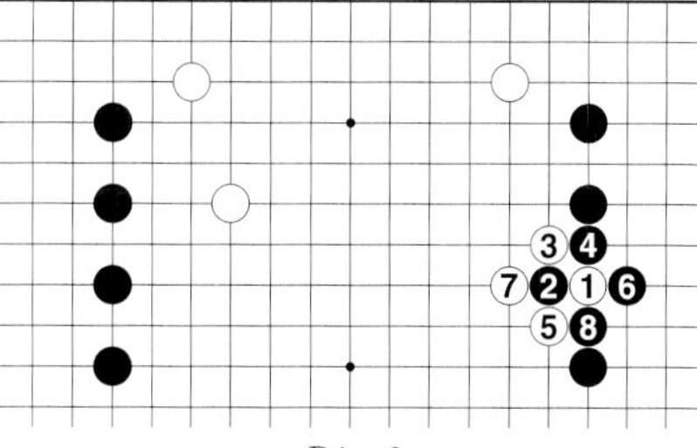

Dia. 3

Ein *Ponnuki* ist eine ideale Form. Es wird so hoch bewertet, dass es ein Sprichwort gibt, das besagt: „Ein *Ponnuki* ist 30 Punkte wert." Selbst wenn 30 Punkte eine Übertreibung sein mögen, so ist es doch immer gut, ein *Ponnuki* zu machen, das zur Mitte des Brettes strahlt. Diagramm 3 stellt ein Beispiel dar. Auch wenn Schwarz sich Punkte auf der rechten Seite sichert, während er Weiß mit 1 bis 7 ein *Ponnuki* machen lässt, so überlässt er Weiß doch die Initiative in der Mitte und am oberen Rand. Dieses *Ponnuki* spielt ideal mit den anderen drei weißen Steinen zusammen. In einer 6-Steine-Vorgabepartie sollte Weiß mit diesem Ergebnis sehr zufrieden sein.

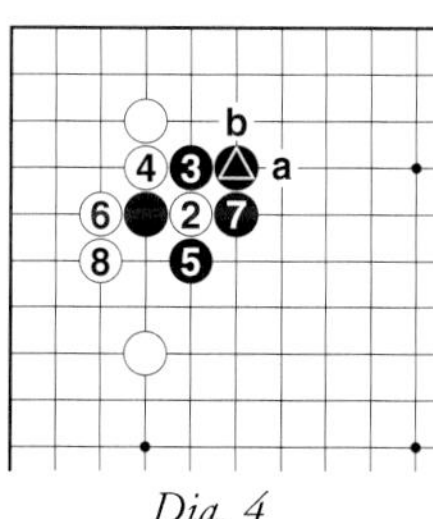

Dia. 4

Diagramm 4 zeigt eine Sequenz, die zu einem *Ponnuki* zu führen scheint, aber in diesem Fall ist das Ergebnis schlecht für Schwarz. Der Grund ist der markierte Stein. Dieser Stein ist nicht wirklich notwendig, er fügt nur einen Stein zu einer starken Form hinzu. Es wäre besser

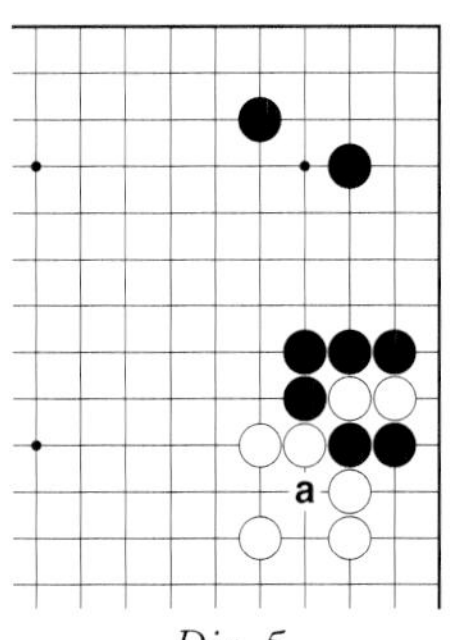

Dia. 5

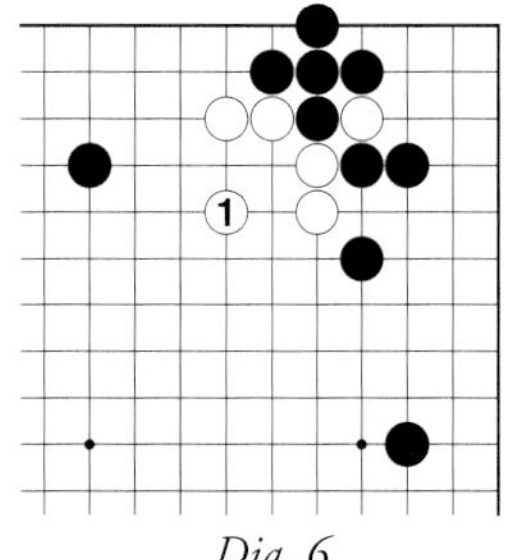

Dia. 6

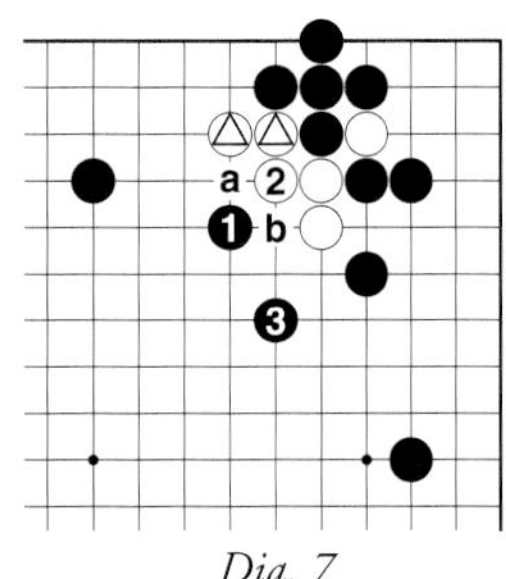

Dia. 7

gewesen, diesen Stein irgendwo anders zu spielen. Mit der Wahl dieser Zugfolge hat Schwarz nicht den vollen Wert aus seinen gespielten fünf Steinen herausgeholt.

Es gibt zwei Kriterien zur Beurteilung einer Form: Wie effizient sichert sie das Augenpotential und wie effektiv stärkt sie die Gruppe gegen Angriffe. Der markierte Stein in Diagramm 4 trägt deutlich nicht dazu bei, ein weiteres Auge zu machen, obwohl er Teil der Gruppe ist. Wenn er auf a stehen würde, könnte mindestens ein weiteres Auge auf b gebildet werden. So, wie er steht, ist er fast nutzlos. Zusammenfassend lässt sich sagen, dass Schwarz hier zu viele Steine gespielt hat und seine Stellung somit überkonzentriert ist.

Die zur Mitte zeigenden fünf weißen Steine in Diagramm 5 sind ein weiteres Beispiel für eine gute Form. Die Steine machen gute Form, weil der Punkt a fast sicher ein Auge wird. Das gibt dieser Gruppe Stabilität.

In Diagramm 6 hat Weiß gerade auf 1 gespielt. Diese Art von Zügen sollte zur zweiten Natur werden. Wenn Weiß hier spielt, ist seine Position stabilisiert. Man stelle sich nur vor, Weiß würde irgendwo anders spielen, dann könnte Schwarz mit 1 in Diagramm 7 angreifen und Weiß zwingen, auf 2 zu verbinden. Schwarz würde dann seinen Angriff mit 3 fortsetzen. Die weißen Steine sind jetzt eine formlose Kette und es wird nicht einfach, mit ihr die zum Leben notwendigen zwei Augen zu basteln. Solche Steine werden schwer genannt, da sie für Weiß eine Last darstellen.

Leere Dreiecke

Die weißen Steine im Diagramm 7 sind ein typisches Beispiel für schlechte Form. Die markierten Steine und Weiß 2 bilden ein leeres Dreieck, das zu a hin geöffnet ist. Genauso bildet Weiß 2 mit den anderen zwei weißen Steinen ein leeres Dreieck, das zu b hin geöffnet ist. Leere Dreiecke sind der Inbegriff der schlechten Form. Wenn man ein leeres Dreieck sieht, ist in der Mehrzahl der Fälle ein schlechter Zug gemacht oder ein notwendiger Zug unterlassen worden.

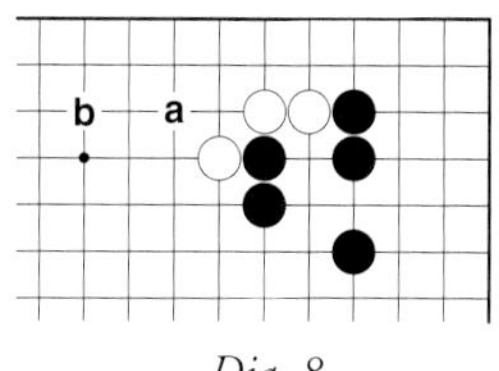

Dia. 8

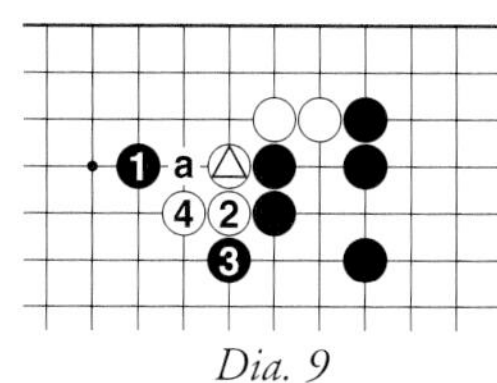

Dia. 9

In Diagramm 8 sind die drei weißen Steine am oberen Rand verwundbar und man sollte einen weiteren Zug auf a oder b investieren, um sie zu stärken. Wenn Weiß es unterlässt, hier zu spielen, greift Schwarz mit 1 und 3 in Diagramm 9 an und zwingt Weiß mit 2 und 4 zu antworten. Der markierte Stein bildet zusammen mit 2 und 4 ein leeres Dreieck um a.

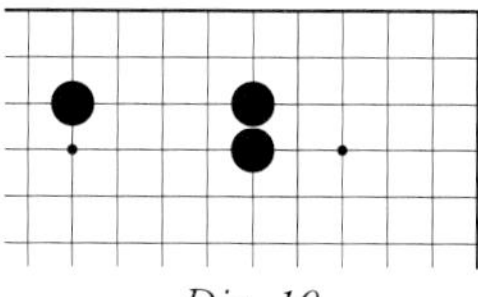
Dia. 10

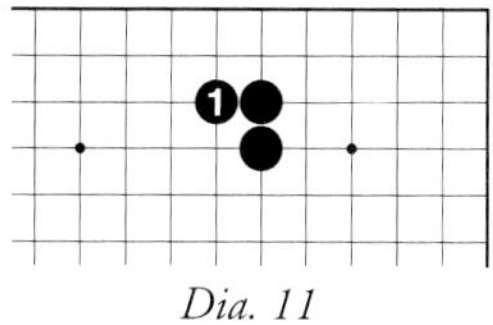

Dia. 11

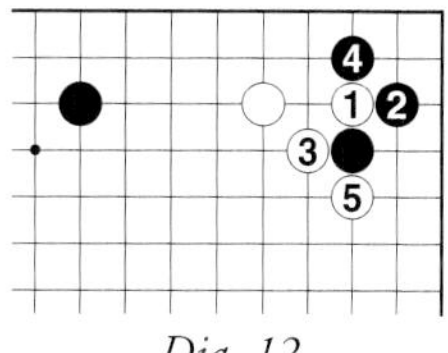

Dia. 12

Warum ist die Form des leeren Dreiecks ineffizient?

Für zwei Steine, die Seite an Seite stehen, ist eine 3-Punkt Ausdehnung wie in Diagramm 10 ideal. Diese Formation steckt am oberen Rand effizient Gebiet ab. Aber die Ausdehnung von 1 in Diagramm 11 steckt überhaupt kein Gebiet ab.

Bei dem *Joseki* in Diagramm 12 ist Weiß 5 die richtige Antwort auf Schwarz 4. Wenn Weiß stattdessen mit 5 in Diagramm 13 antwortet, bauen die vier weißen Steine ein leeres Dreieck. Der markierte Stein ist nun ein vergeudeter Zug. Auf a würde dieser Stein effizient stehen.

Auch wenn eine Ein-Punkt-Ausdehnung von zwei Steinen aus ein wenig zu nah ist, so ist es im Nahkampf doch oft notwendig, eng zu spielen, weshalb eine solche Ausdehnung auch vorkommt.

In Diagramm 14 kann sich Schwarz wegen des markierten weißen Steins nur auf 1 ausdehnen. Das ist der richtige Zug und der einzige Weg, hier gute Form zu spielen.

Ein Grund, weshalb dieser Zug gute Form ist: Wenn Weiß auf 2 in Diagramm 15 spielt und Schwarz auf 3 antwortet, beginnt auf a ein Auge Form anzunehmen.

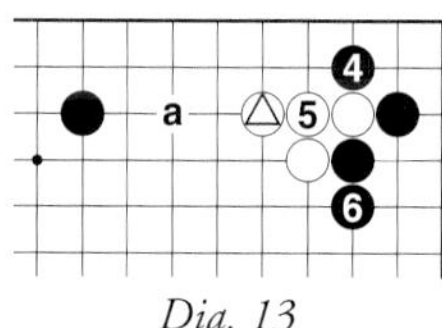

Dia. 13

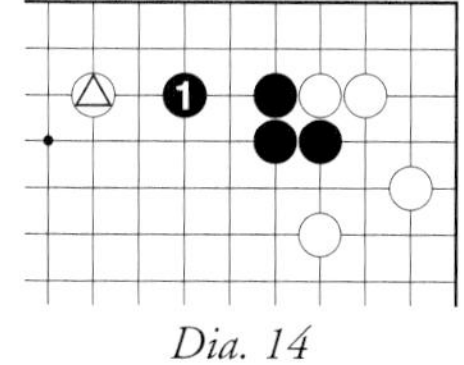

Dia. 14

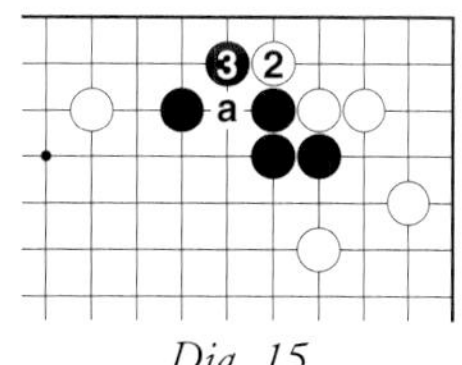

Dia. 15

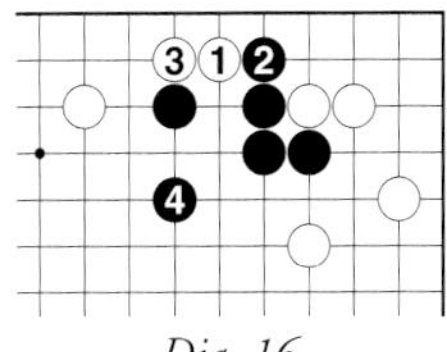

Dia. 16

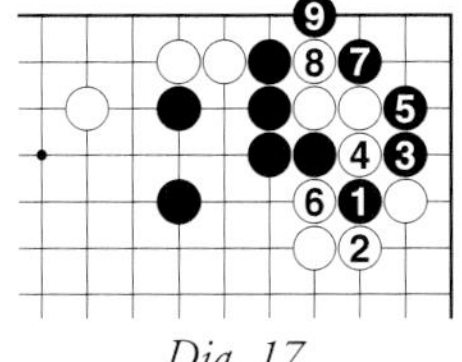

Dia. 17

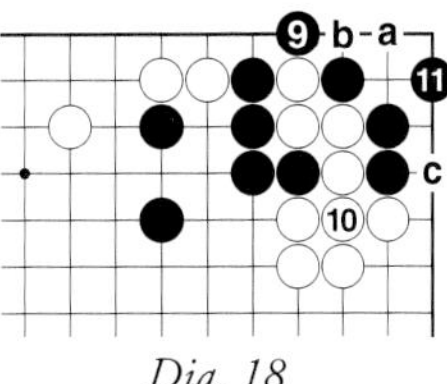

Dia. 18

Weiß kann diese Augenform zerstören, indem er selbst auf 1 in Diagramm 16 spielt. Schwarz würde dann mit 2 blocken und nach Weiß 3 locker mit 4 in die Mitte entkommen. Auch wenn Schwarz oben seiner Augenform beraubt worden ist, so ermöglicht ihm sein Stein auf 2 einen Gegenangriff.

Schwarz beginnt seinen Sturm auf die weiße Ecke mit 1, 3 und 5 in Diagramm 17. Weiß muss mit 6 einen Stein herausnehmen, danach spielt Schwarz 7 und 9 . Nachdem Weiß mit 10 in Diagramm 18 gedeckt hat, spielt Schwarz 11 und hat fast zwei Augen in der Ecke. Weiß kann ihn auf ein Auge reduzieren, indem er die Sequenz Weiß a, Schwarz b und Weiß c spielt, aber dann endet er in Nachhand, weil er den letzten Zug macht.

Das Beispiel mag ein wenig anspruchsvoll sein, aber es zeigt doch, dass es, wenn man von guter Form ausgeht, normalerweise – egal wie diese Form angegriffen wird – Gegenmaßnahmen gibt, um die Steine zu retten. (Wenn die Erfahrung wächst, wird man auch geschickter darin, diese Gegenangriffe zu finden.) In diesem Fall ist das weiße, vermeintlich sichere Gebiet in der Ecke verwüstet und die weißen Steine sind auf einen nutzlosen Klumpen reduziert worden.

Klumpige Formen

Der weiße Steinklumpen in Diagramm 18 ist ein weiteres Beispiel für schlechte Form. Sie sind nur noch ein nutzloser Haufen, der kein Gebiet macht. Solche Formen sind auf Japanisch als *Dango* bekannt, was einen Kloß bezeichnet.

Klumpige Formen entstehen normalerweise, wenn eine sogenannte Ausquetschtechnik (engl. *squeeze*) gespielt wird. Schwarz 1 in Diagramm 19 bereitet ein solches Ausquetschen vor. Weiß kann seine drei Steine nur durch 2 oder 5 in Diagramm 20 sichern. Wenn er auf 2 spielt, quetscht Schwarz ihn mit 3 und 5

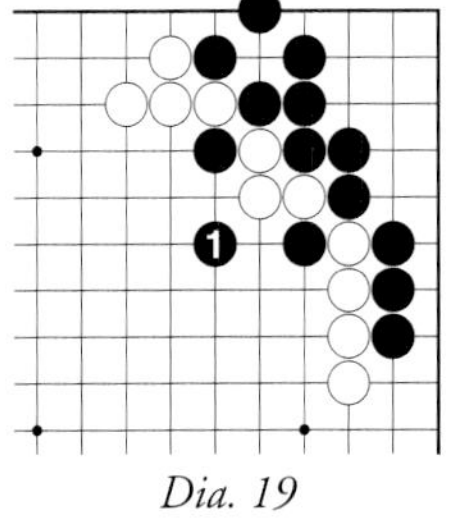

Dia. 19

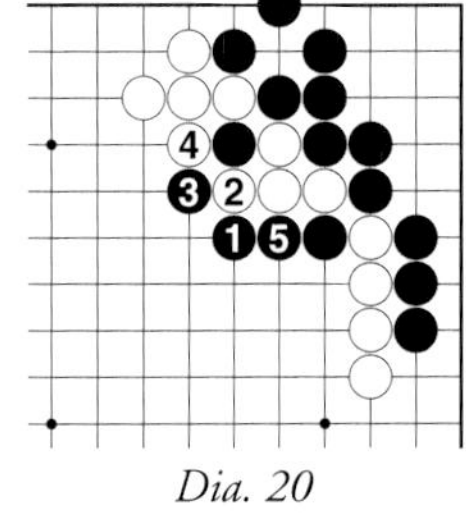

Dia. 20

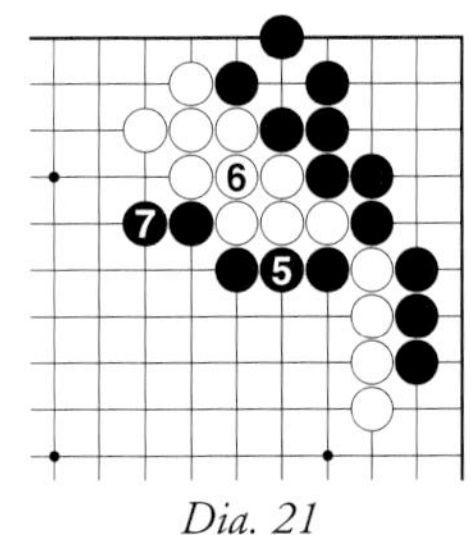

Dia. 21

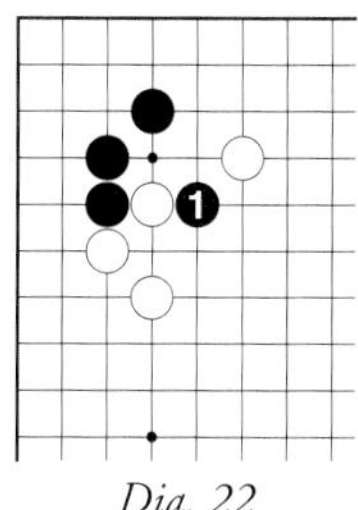

Dia. 22

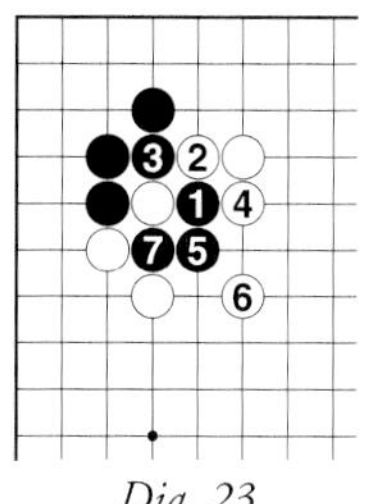

Dia. 23

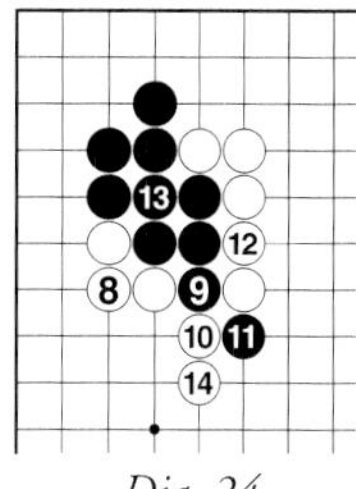

Dia. 24

aus und zwingt ihn dazu, einen Stein zu schlagen. Anschließend muss Weiß auf 6 in Diagramm 21 verbinden. Die weißen Steine sind jetzt zu einem ineffizienten Klumpen degeneriert und, nach Schwarz 7, für Angriffe verwundbar. Außerdem sind die vier weißen Steine rechts ebenfalls ein lohnendes Angriffsziel. Schwarz sollte in der Lage sein, einen respektablen Gebietsgewinn bei den Angriffen auf diese schwachen Gruppen zu realisieren.

Netz-*Tesujis*, wie Schwarz 1 in Diagramm 19, werden häufig verwendet, um klumpige Formen zu erzeugen. Diagramm 22 zeigt dafür ein weiteres Beispiel. Schwarz versucht, durch die weiße Mittelstellung zu brechen, indem er auf 1 anlegt. Weiß reagiert mit der Aufgabe eines Steins und wirft mit 6 in Diagramm 23 ein Netz aus. Weiß quetscht dann Schwarz mit 10 und 12 in Diagramm 24 aus. Und Schwarz hat am Ende nichts erreicht außer einem Klumpen nutzloser Steine, Weiß dagegen hat Gebiet auf der linken Seite gemacht und eine feste Mauer auf der rechten Seite errichtet. Alle weißen Steine arbeiten großartig zusammen, die schwarzen Steine dagegen sind ineffizient.

Kapitel Zehn: Endspiel

Das Endspiel ist das Stadium einer Partie, in dem sie endgültig entschieden wird. Durch geschickte Endspielzüge kann man manchmal Partien gewinnen, in denen man zurück liegt. Allgemeiner gesagt, kann Geschick im Endspiel einem den Vorteil verschaffen, um aus einer knappen Partie siegreich hervorzugehen.

Anders als in der Eröffnung oder dem Mittelspiel, ist Intuition nicht so wichtig. Stattdessen muss man sich bemühen zu lernen, den Wert von Endspielzügen zu bestimmen und die richtige Reihenfolge dieser Züge unter der Berücksichtigung der Beziehungen von Vorhand und Nachhand zu ermitteln. Man muss auch in der Lage sein zu bestimmen, ob die eigenen Züge wirklich Vorhand sind. Auch wenn ein Zug Vorhand zu sein scheint, könnte der Gegner doch vielleicht mehr

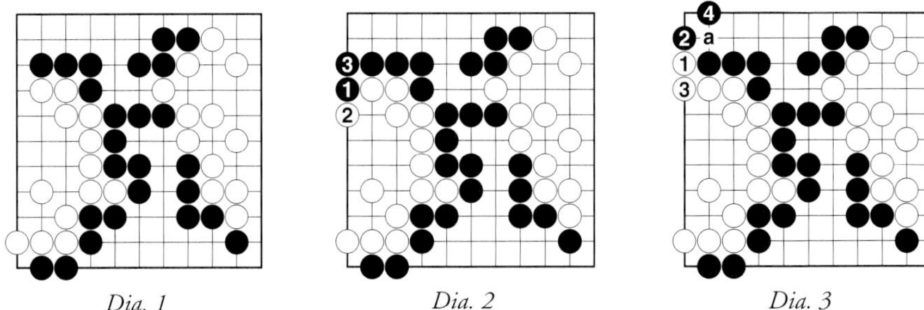

Dia. 1 *Dia. 2* *Dia. 3*

Punkte erlangen, indem er an einer anderen Stelle spielt. Es soll ein einfaches Beispiel auf einem 11x11-Brett betrachtet werden.

Die Partie in Diagramm 1 ist fast vorbei, beide Seiten haben etwa die gleiche Anzahl Punkte (es sind keine Gefangenen gemacht worden). Mit dem optimalen Zug kann Schwarz mit einem Punkt gewinnen, wenn er am Zug ist, hingegen kann Weiß mit drei Punkten gewinnen, wenn er zuerst spielt.

Es gibt fünf Stellen auf dem Brett, an denen noch Punkte gemacht werden können. Zuerst soll der Wert dieser Züge bestimmt werden, danach wird die Reihenfolge betrachtet, in der diese Züge mit einem maximalen Gewinn gespielt werden können.

Als erstes soll die Situation in der oberen linken Ecke betrachtet werden. Wenn Schwarz auf 1 in Diagramm 2 spielen würde, würde Weiß auf 2 verteidigen. Dieser Zug gibt *Atari* auf den schwarzen Stein 1, daher endet Schwarz in Nachhand, nachdem er auf 3 verteidigt hat. Da es für beide Seiten keine weiteren lohnenden Züge oder rentable Drohungen auf diesem Teil des Brettes mehr gibt, kann Weiß den nächsten Zug irgendwo anders spielen.

Wenn Weiß hier zuerst ziehen würde, würde er 1 in Diagramm 3 spielen. Nach dem Abtausch 2 gegen 3 droht Weiß auf a zu schneiden, daher muss Schwarz auf 4 oder a decken. Wieder kann Weiß den nächsten Zug irgendwo anders machen.

Wie ist der Wert dieser Züge? Wenn Weiß zuerst spielt, gewinnt er einen Punkt auf a und reduziert Schwarz um die beiden mit b markierten Punkte in Diagramm 4 – zusammen also drei Punkte. Ganz ähnlich erhält Schwarz die beiden mit b markierten Punkte und reduziert Weiß um den einen Punkt auf a, wenn er zuerst spielt – daher ist es drei Punkte wert, hier zu ziehen. Schwarz endet jedoch in Nachhand, wenn er zuerst zieht, während Weiß

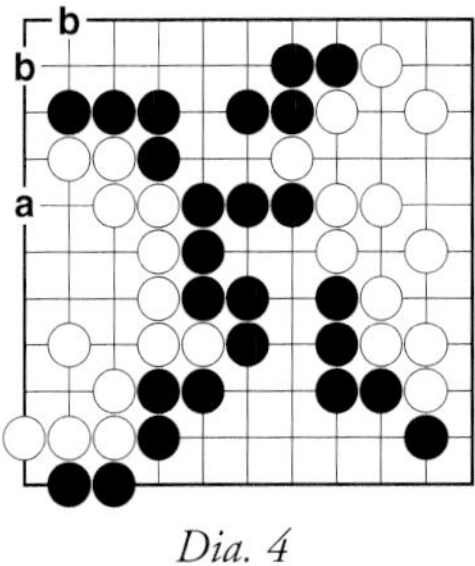

Dia. 4

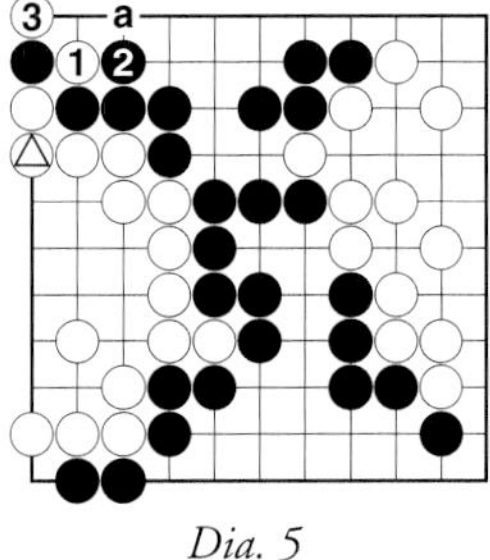

Dia. 5

in Vorhand endet, wenn er zuerst zieht. Deshalb ist es für Weiß lohnenswerter, hier zu spielen, als für Schwarz.

Ist es wirklich Vorhand, den markierten Stein in Diagramm 5 (Weiß 3 in Diagramm 3) zu spielen? Wenn Schwarz nicht deckt, kann Weiß einen Stein mit 1 und 3 fangen und einen Punkt gewinnen. Zusätzlich verliert Schwarz die Punkte 1, 3, 2 und a, die in Diagramm 3 sein Gebiet waren. Der schwarze Gesamtverlust beträgt somit fünf Punkte, aber Weiß endet in Nachhand. Konsequenterweise kann Schwarz Weiß 3 nur ignorieren, wenn er einen Zug findet, der fünf Punkte oder mehr wert ist. In diesem Fall wäre Weiß 3 also keine Vorhand.

Schwarz 1 in Diagramm 6 ist ein weiterer wertvoller Endspielzug. Er droht außerdem damit, mit einem weiteren Zug auf a Weiß auf b noch einen Punkt wegzunehmen. Andererseits ist Weiß 1 in Diagramm 7 auch der Punkt, auf den Weiß hier spielen will. Mit diesem Zug nimmt Weiß drei Punkte weg, b, 2 und c, die Schwarz bekommt, wenn er auf 1 in Diagramm 6 spielt. Zusätzlich stellt Weiß 1 sicher, dass Weiß der Punkt a erhalten bleibt. Zusammenfassend ist der Zug auf 1 mehr als drei Punkte wert. Weiß 1 in Diagramm 7 ist jedoch Vorhand, weil Schwarz auf 2 decken muss (ohne 2 würde Weiß b einen nicht hinnehmbaren Verlust für Schwarz bedeuten), wohingegen Schwarz 1 in Diagramm 6 als Nachhand betrachtet werden muss, da er nur damit droht, das weiße Gebiet um einen Punkt zu verringern.

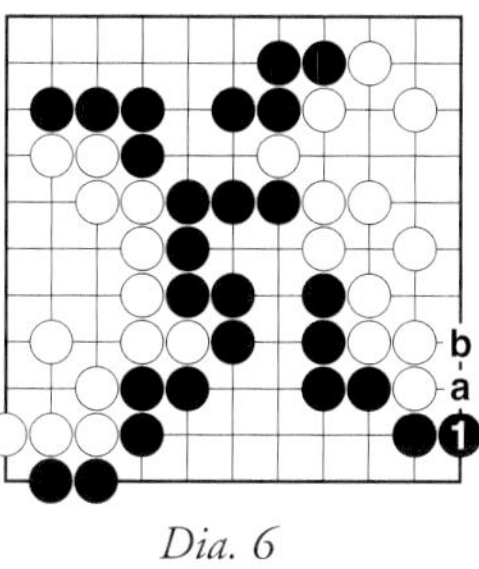

Dia. 6

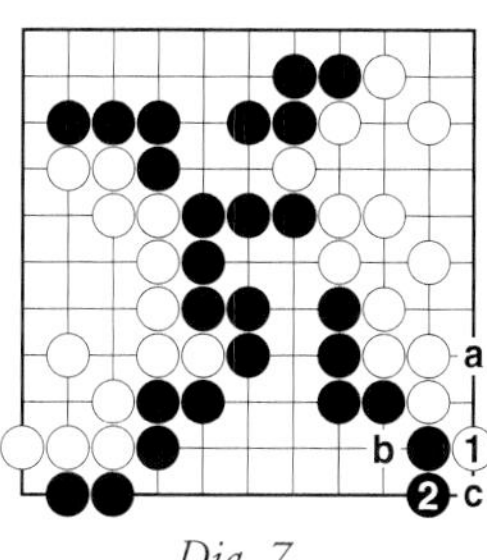

Dia. 7

In der oberen rechten Ecke kann Weiß mit 1 und 3 in Diagramm 8 zwei Punkte in Nachhand erhalten. Schwarz kann es mit 1 und 3 in Diagramm 9 genauso machen. Mit anderen Worten: Indem er auf 1 und 3 in Diagramm 8 spielt, erhält Weiß den Punkt a und nimmt Schwarz den Punkt 2 weg, während Schwarz durch 1 und 3 in Diagramm 9 den Punkt a erhält und Weiß den Punkt 2 wegnimmt. Daher stehen hier zwei Punkte auf dem Spiel.

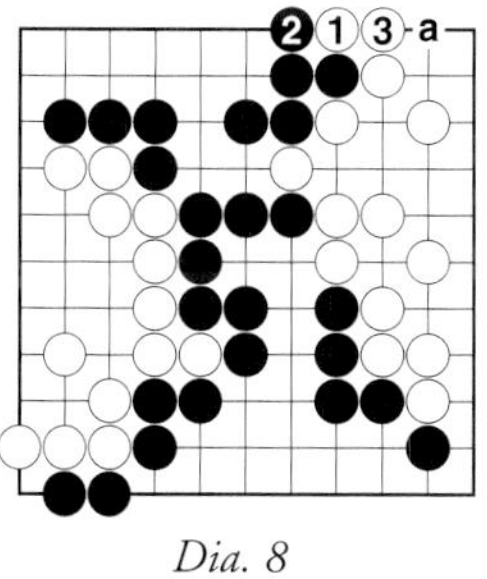

Dia. 8

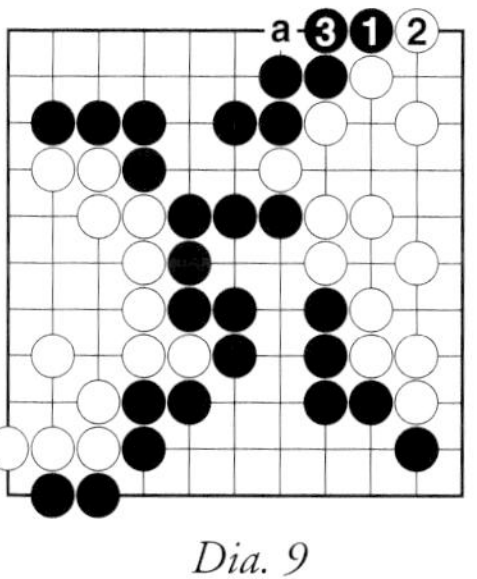

Dia. 9

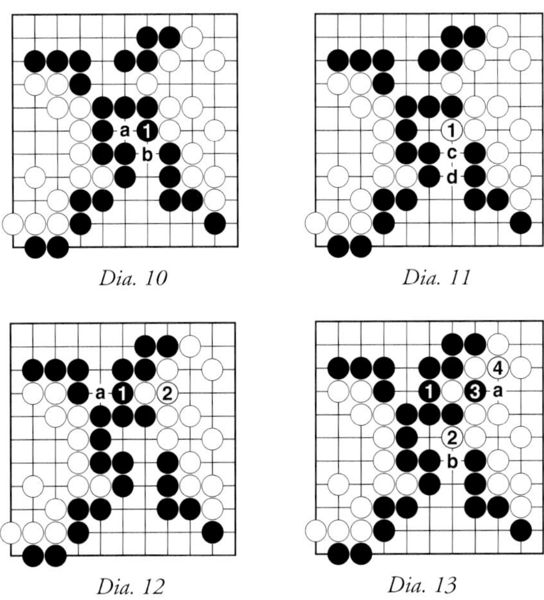

Dia. 10 *Dia. 11* *Dia. 12* *Dia. 13*

Schwarz 1 in Diagramm 10 sichert die beiden Punkte a und b in Nachhand, während Weiß 1 in Diagramm 11 Schwarz diese beiden Punkte wegnimmt und gleichzeitig droht, mit c auf d Schwarz einen weiteren Punkt wegzunehmen.

Zuletzt sichert Schwarz 1 in Diagramm 12 einen Punkt auf a in Vorhand, denn Weiß muss auf 2 antworten. Wenn Weiß 1 ignorieren würde, um 2 in Diagramm 13 zu spielen, dann würde Schwarz mit 3 einen Stein schlagen (ein Punkt), Weiß zum Verbinden auf 4 zwingen und ihm einen Punkt auf a wegnehmen (zwei weitere Punkte) – zusammen drei Punkte. Zusätzlich kann er einen weiteren Punkt von Weiß nehmen, indem er auf a spielt oder einen Punkt verteidigen, indem er auf b blockt.

Hier als Zusammenfassung sowohl für Schwarz als auch für Weiß die Werte der verschiedenen Endspielzüge aus Diagramm 1:

	Schwarz	**Weiß**
untere rechte Ecke	3 Punkte in Nachhand, Drohung eines weiteren Punktes	3 Punkte in Vorhand
obere linke Ecke	3 Punkte in Nachhand	3 Punkte in Vorhand
Mitte	2 Punkte in Nachhand	2 Punkte in Nachhand, Drohung eines weiteren Punktes
obere rechte Ecke	2 Punkte in Nachhand	2 Punkte in Nachhand
Mitte oben	1 Punkt in Vorhand	1 Punkt in Nachhand

Nachdem die vorstehenden Berechnungen gemacht worden sind, sollen die letzten Züge dieser Partie gespielt werden.

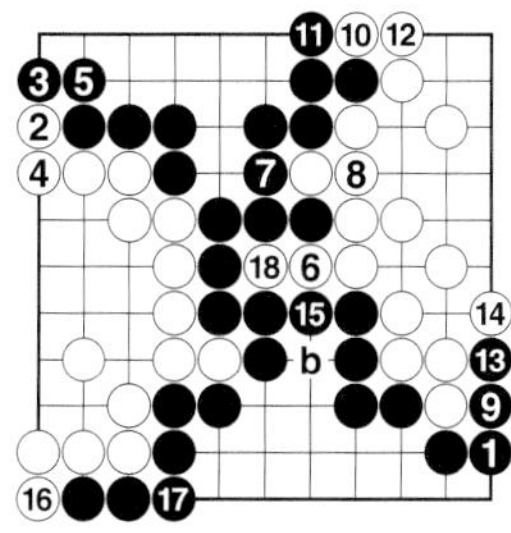

Dia. 14

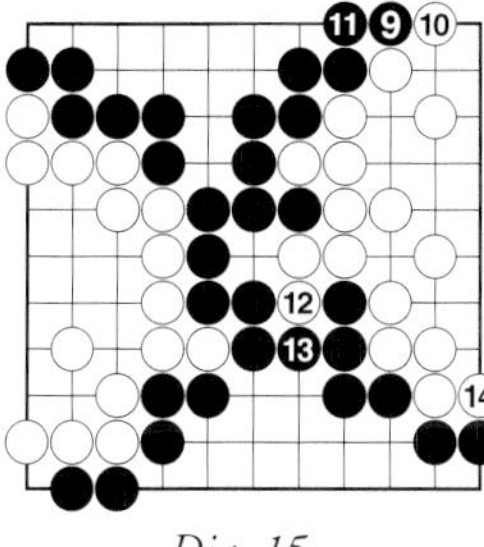

Dia. 15

Diagramm 14: Schwarz spielt zuerst und gewinnt, optimal gespielt, mit einem Punkt.

Wenn man die untere rechte Ecke mit der oberen linken Ecke vergleicht, ist es größer für Schwarz, auf 1 statt auf 4 zu spielen, weil er damit droht, einen weiteren Punkt zu bekommen, wenn er auf 9 spielt. Daher ist Schwarz 1, mit dem Wert von drei Punkten, der korrekte erste Zug.

Anschließend nimmt sich Weiß mit 2 und 4 den anderen Dreipunktezug in der oberen linken Ecke. Schwarz deckt mit 5 in Nachhand, weil keiner der anderen Züge den Verlust der fünf Punkte in Diagramm 5 wert ist.

Die verbleibenden Züge sind alle zwei Punkte oder weniger wert, aber weil Weiß 6 damit droht, auf 15 zu spielen, ist er der größte Zug.

Schwarz 7 ist einen Punkt in Vorhand wert. Die Drohung ist zu groß (drei Punkte), um während dieses späten Stadiums der Partie ignoriert zu werden.

Schwarz 9 muss als nächstes gespielt werden, danach nimmt Weiß mit 10 und 12 oben den letzten Zweipunktezug.

Zum Schluss nimmt Schwarz mit 13 einen weiteren Zug in Vorhand, was ihn in die Lage versetzt, durch 15 den letzten Punkt auf b zu sichern.

Die neutralen Punkte werden mit der Sequenz bis Weiß 18 besetzt und der Spielstand beträgt: Schwarz 27 Punkte, Weiß 26 Punkte. Schwarz gewinnt mit einem Punkt.

Schwarz 9 in Diagramm 14 ist entscheidend. Er ist nur einen Punkt wert, aber er droht damit einen weiteren Punkt zu nehmen, indem auf 13 gespielt wird. Mehr noch, Schwarz 13 droht damit, weitere drei Punkte zu zerstören, daher kann Weiß 14 nicht weggelassen werden. Das ermöglicht Schwarz mit 15 den letzten Endspielpunkt zu besetzen.

Man stelle sich vor, dass Schwarz 9 auf 11 oben rechts in Diagramm 15 spielt, um zwei Punkte in Nachhand zu bekommen. Weiß nimmt einen Punkt auf 12 in Vorhand und dann mit 14 (zwei Punkte wert) den letzten Endspielpunkt. Spielstand: Schwarz 27 Punkte, Weiß 27 Punkte. Unentschieden (*Jigo*)!

Diagramm 16 zeigt das Ergebnis, wenn Schwarz zuerst in der oberen linken Ecke spielt. Schwarz endet in Nachhand, wenn er auf 3 setzt, daher spielt Weiß 4 und zwingt Schwarz zur Antwort auf 5. Weiß 6 und Schwarz 7 werden als nächstes gespielt, aber jetzt hat Schwarz nicht mehr, wie in Diagramm 14, einen lohnenswerten Zug in der unteren rechten Ecke, daher nimmt er mit 9 und 11 oben zwei Punkte in Nachhand. Zum Schluss reduziert Weiß Schwarz mit 12 um einen Punkt.

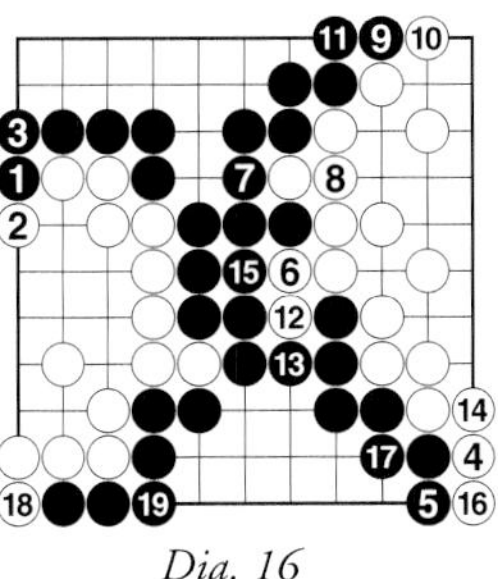

Dia. 16

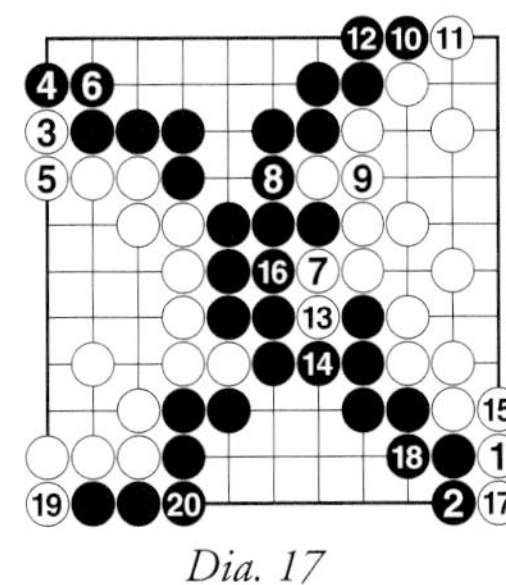

Dia. 17

Nachdem alle neutralen Punkte besetzt sind und der notwendige Deckungszug auf Schwarz 19 gespielt ist, beträgt der Spielstand: Schwarz 26 Punkte, Weiß 26 Punkte. Gleichstand!

Jetzt soll das Endspiel betrachtet werden, wenn Weiß am Zug ist.

In Diagramm 17 spielt Weiß zuerst, optimal gespielt gewinnt er mit drei Punkten.

Weiß spielt seine beiden Vorhandsequenzen unten rechts und oben links. Die verbleibenden Züge werden wie zuvor gespielt. Der Endstand beträgt: Schwarz 24 Punkte, Weiß 27 Punkte. Weiß gewinnt mit drei Punkten.

Es ist lehrreich, die Auswirkung zu betrachten, die ein Vertauschen der Zugreihenfolge in Diagramm 18 hat. Nach Weiß 3 verteidigt Schwarz nicht auf 5, sondern spielt stattdessen auf 4 in der unteren rechten Ecke (drei Punkte). Weiß nimmt den schwarzen Stein auf 2 mit 5 und 7 und reduziert das schwarze Gebiet oben links um fünf Punkte. Schwarz 8 ist weitere zwei Punkte für Schwarz wert. Daher wird der schwarze Verlust in der oberen linken Ecke durch seinen Gewinn unten rechts und in der Mitte ausgeglichen. Nach der Sequenz bis 16 hat Schwarz 25 Punkte und Weiß 28 Punkte. Wieder gewinnt Weiß mit drei Punkten.

Diagramm 19 zeigt ein weiteres Beispiel auf einem 11x11-Brett. Es gibt drei Stellen, an denen große Gewinne gemacht werden können: unten rechts, oben links und unten links.

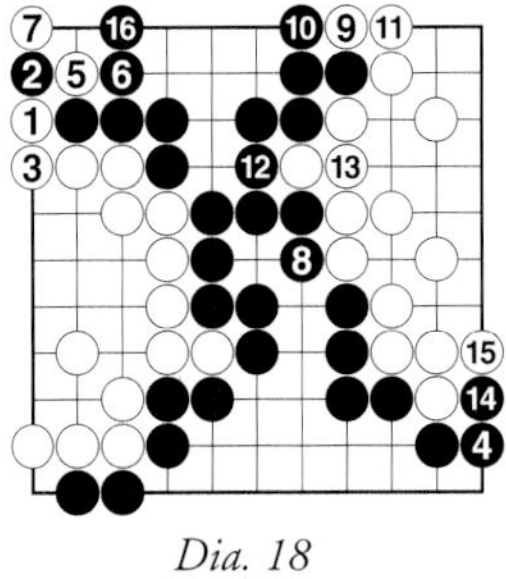

Dia. 18

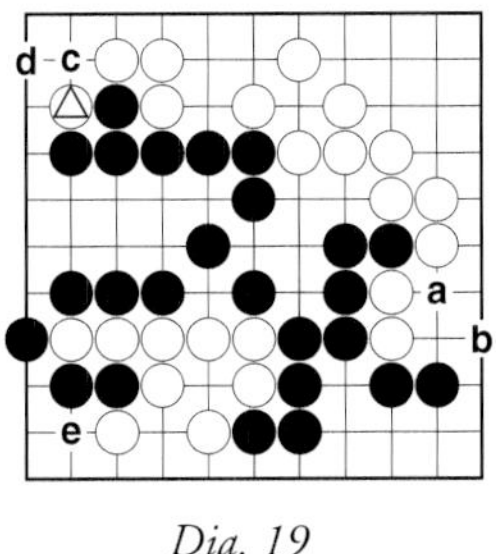

Dia. 19

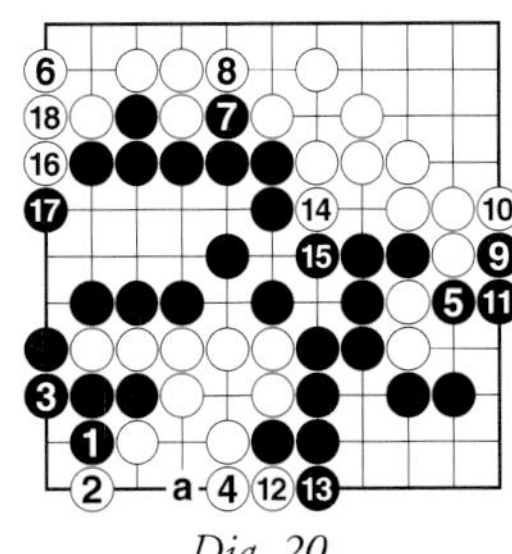

Dia. 20

Unter Berücksichtigung der Anzahl der Punkte, die gemacht werden können, ist unten rechts die größte Stelle. Schwarz a oder Weiß b sind mindestens neun Punkte wert. Jedoch sind beide Züge Nachhand.

Oben links gibt es acht Punkte. Schwarz kann auf c schneiden und den markierten Stein fangen. Weiß andererseits würde gerne auf d verteidigen. Wieder sind beide Züge Nachhand.

Unten links ist e der Schlüsselpunkt für Schwarz und der Punkt links von e ist der Schlüsselpunkt für Weiß. Diese Züge sind drei Punkte in Vorhand für die Seite wert, die hier zuerst spielt. Alle übrigen Züge sind zwei oder weniger Punkte wert.

In Diagramm 20 spielt Schwarz zuerst und optimal gespielt ist das Ergebnis ein Unentschieden.

Auch wenn er nur drei Punkte wert ist, ist es der wichtigste Zug auf dem Brett, sich zuerst 1 zuzuwenden. Er ist Vorhand, weil er damit droht, die weiße Gruppe zu töten. Weiß 2 zwingt Schwarz dazu auf 3 zu verbinden. Diagramm 21 zeigt, wie diese Gruppe verstirbt, wenn Weiß auf 3 nicht mit 4 antwortet – der Punkt bei 3 wird ein falsches Auge. Wenn Weiß mit 2 in Diagramm 22 ein Auge machen würde, könnte Schwarz sich mit 3 vier zusätzliche Punkte in Vorhand sichern, genauso wie er mit 5 einen weiteren Punkt rechts erhält, auch in Vorhand. Indem er auf 2 in Diagramm 20 spielt, kann Weiß ein zweites Auge für seine Gruppe mit 4 statt auf a sichern. Später ist Weiß 12 Vorhand, wenn er das schwarze Gebiet unten um einen Punkt verkleinert.

Absolut gesehen ist es der größte Zug, mit Schwarz 5 zwei Steine zu fangen. Dieser Zug ist elf Punkte in Nachhand wert.

Weiß 6 ist der letzte große Zug und acht Punkte wert. Danach bleiben nur noch Zwei- oder Einpunktzüge übrig. Man beachte, dass Weiß 6 die lohnenswerteste Art der Verteidigung ist. Wenn Weiß auf 1 in Diagramm 23 spielen würde, könnte Schwarz sein Gebiet mit der Sequenz 2 bis 4 um einen weiteren Punkt reduzieren. Weiß 6 in Diagramm 20 verhindert diesen Zug, während er die maximale Anzahl an Punkten erhält.

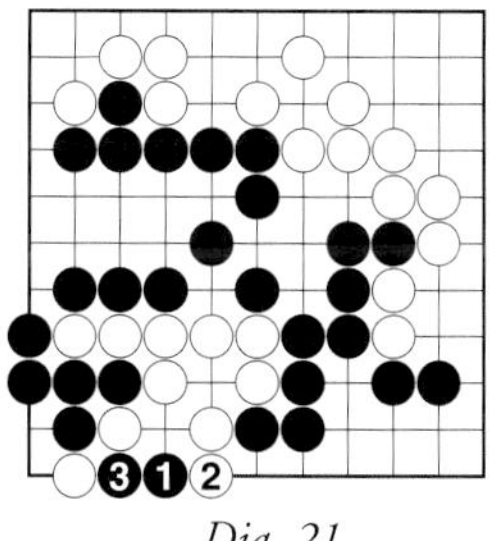

Dia. 21

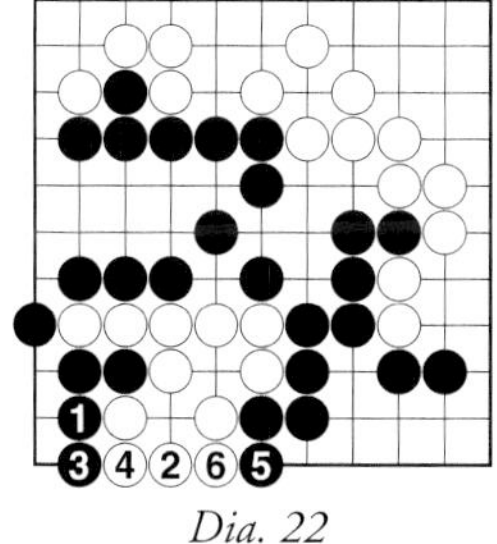

Dia. 22

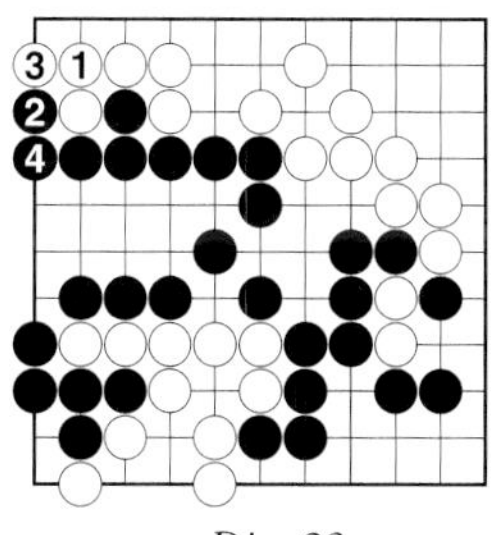

Dia. 23

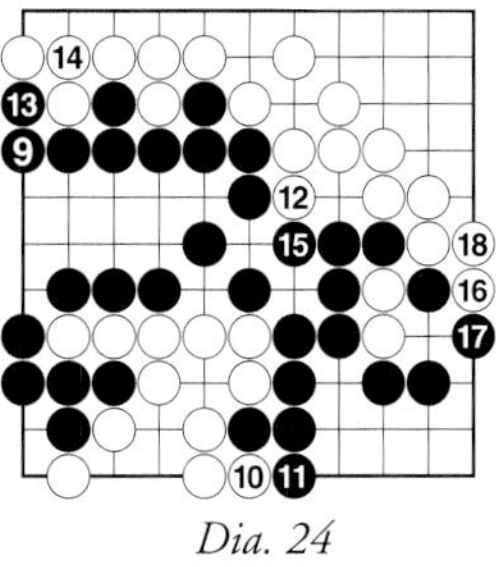
Dia. 24

Schwarz 7 in Diagramm 20 reduziert das weiße Gebiet um einen Punkt in Vorhand. Schwarz 9 und 11 sind zwei Punkte in Nachhand wert. Weiß 12 und 14 erreichen jeweils einen Punkt in Vorhand. Zum Schluss reduziert Weiß 16 das schwarze Gebiet um einen Punkt, aber weil dieser Zug Nachhand ist, hebt Weiß ihn sich bis zuletzt auf. Die Partie ist vorbei, und es sind nur noch neutrale Punkte zu besetzten. Das Ergebnis: Schwarz 26 Punkte, Weiß 26 Punkte. Gleichstand!

Anstelle von 9 in Diagramm 20 könnte Schwarz auf 9 in Diagramm 24 spielen. Das Ergebnis ist nach Weiß 18 wie zuvor ein *Jigo*.

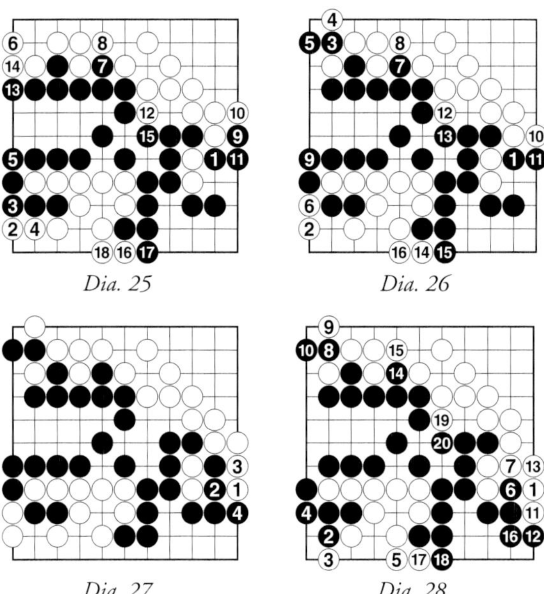
Dia. 25 Dia. 26

Dia. 27 Dia. 28

Schwarz kann die Ecke unten links nicht ignorieren. Wenn er zuerst auf 1 in Diagramm 25 spielt und Weiß den Zug auf 2 erlaubt, verliert er zwei Punkte. Immer, wenn es eine Situation gibt, die für beide Seiten Vorhand ist, sollte man versuchen, diese Vorhandzüge zu spielen. In diesem Fall sollte der Vorhandzug das schwarze Privileg sein, da Weiß mehr zu verlieren hat.

Auch dann noch, wenn Schwarz rechts 1 und links 3 in Diagramm 26 spielt, verliert er, wie die Sequenz bis Weiß 16 verdeutlicht. Man beachte Weiß 10: Das ist ein *Tesuji*, das Weiß hilft, die Vorhand zu behalten und einen Punkt zu machen. Wenn Schwarz nicht auf 11 verteidigt, würde Weiß auf 1 in Diagramm 27 spielen. Die Sequenz bis 4 führt zu einem Gewinn von drei Punkten in Vorhand. In Diagramm 26 gewinnt Weiß mit einem Punkt. In Diagramm 28 spielt Weiß zuerst und gewinnt, optimal gespielt, mit drei Punkten.

Wenn Weiß am Zug ist, ist 1 der ertragreichste Punkt. (Wenn Weiß 1 links auf 2 spielt, gewinnt er mit der gleichen Differenz.) Bis Schwarz 10 bleibt die Reihenfolge der Züge identisch, aber jetzt hat Weiß die Endspielsequenz von 11 bis

13, die die linke untere schwarze Ecke um zwei Punkte reduziert. Der Endstand beträgt: Schwarz 21 Punkte, Weiß 24 Punkte. Weiß gewinnt mit drei Punkten.

Endspielberechnungen und Endspiel-Tesujis

In diesem Abschnitt werden einige einfache Endspielstellungen betrachtet, wobei jeweils die Anzahl der Punkte ermittelt wird, die man erhalten kann, wenn man die entsprechenden Sequenzen spielt. Anschließend werden ähnliche Stellungen dargestellt, in denen man den Gewinn verbessern kann, wenn man ein *Tesuji* spielt.

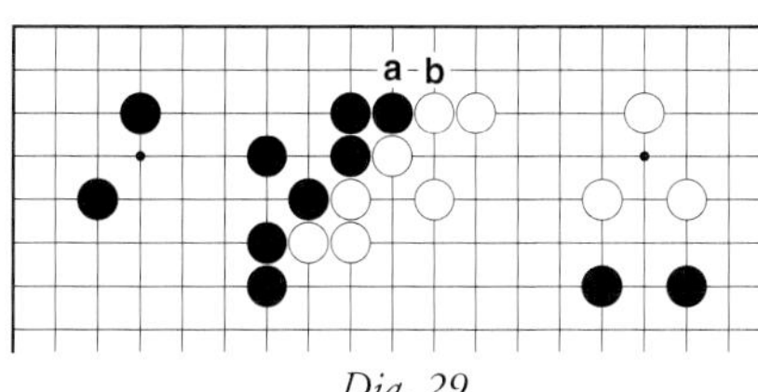

Dia. 29

Zehn Punkte auf der zweiten Reihe

Die in Diagramm 29 dargestellte Stellung ist eine grundlegende Endspielstellung. Die Seite, die als erstes hier spielt, sichert sich zehn Punkte in Nachhand.

Weiß a bzw. Schwarz b sind die Standard-Endspielzüge. Diagramm 30 zeigt die Endspielsequenz, wenn Weiß zuerst spielt. Er spielt 1, zwingt Schwarz auf 2 zu blocken und verbindet dann auf 3. Obwohl Weiß in Nachhand endet, kann er später 1 und 3 in Diagramm 31 in Vorhand spielen – Schwarz muss dann auf 4 verteidigen. Andererseits endet Schwarz in Nachhand, wenn er 1 und 3 in Diagramm 32 spielt, daher kann die Sequenz in Diagramm 31 als weißes Vorrecht betrachtet werden. Deshalb wird dieser Gewinn bei der Berechnung des Wertes der Züge Weiß zugerechnet.

Die Stellung ist effektiv symmetrisch, daher kann Schwarz, wie in Diagramm 33 dargestellt, die gleiche Sequenz für sich in Anspruch nehmen. Später sind Schwarz 5 und 7 ein schwarzes Vorrecht. Schwarz endet in Vorhand, nachdem Weiß 8 gespielt hat.

Wenn man die Stellung in Diagramm 34 betrachtet, kann man sehen, dass die Seite, die die Sequenz beginnt, zehn Punkte in Nach-

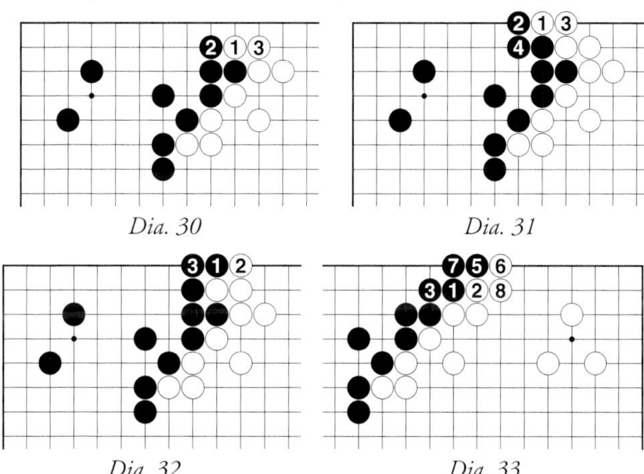
Dia. 30 *Dia. 31* *Dia. 32* *Dia. 33*

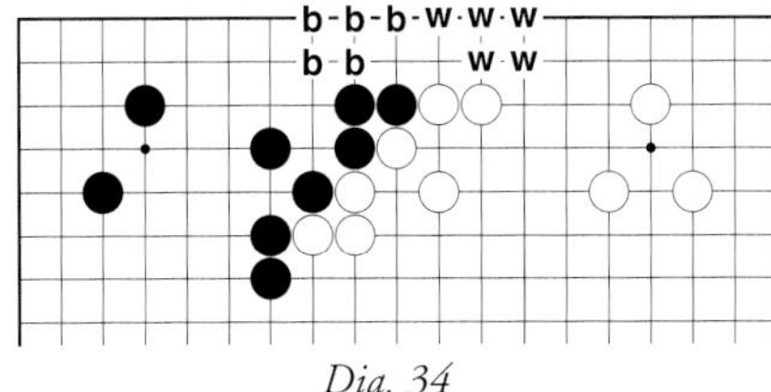

Dia. 34

hand macht. Wenn Weiß die Sequenz in Diagramm 30 beginnt, sind die fünf mit w markierten Punkte sein Gewinn und die fünf mit b markierten Punkte sind der Verlust von Schwarz. Genauso gilt, dass, wenn Schwarz wie in Diagramm 33 die Sequenz beginnt, er die fünf mit b markierten Punkte erhält und Weiß die fünf mit w markierten Punkte verliert. Daher ist hier ein Zug für jede Seite zehn Punkte wert.

Tesujis, um die Vorhand zu behalten

In der Stellung in Diagramm 35 könnte man aus der obigen Überlegung schließen, dass Weiß a oder Schwarz b die Standard-Endspielzüge sein müssten. Wenn Schwarz auf 1 in Diagramm 36 spielen würde, müsste Weiß auf 2 antworten und Schwarz könnte zum Schluss in Nachhand auf 3 spielen.

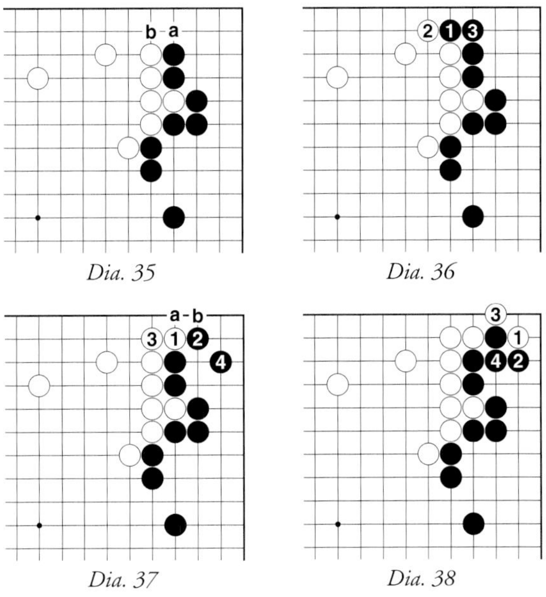

Dia. 35

Dia. 36

Dia. 37

Dia. 38

Wenn Weiß hier beginnt, würde er 1 und 3 in Diagramm 37 spielen, wonach Schwarz wohl auf 4 verteidigt. Wenn Schwarz die Verteidigung unterlässt, könnte Weiß mit 1 in Diagramm 38 klemmen und nach der Sequenz bis Schwarz 4 hat Weiß in der Ecke weitere sechs Punkte in Vorhand zerstört.

Dem Klemmzug mit 2 in Diagramm 39 widerstehen zu wollen ist zwecklos. Weiß gibt mit 3 *Atari* und verbindet mit 5. Das schwarze Gebiet in der Ecke ist komplett verschwunden.

Wie man sieht, scheint die Endspielsituation in Diagramm 35 Weiß zu bevorzugen. Die normalen, von Schwarz eingeleiteten Endspielzüge enden für ihn in Nachhand, während die weißen Züge in Diagramm 37 in Vorhand enden.

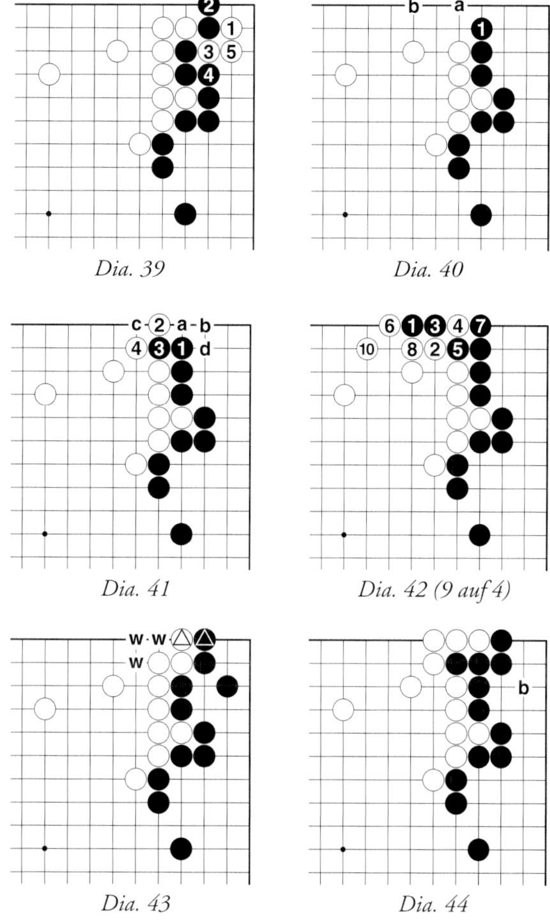

Dia. 39

Dia. 40

Dia. 41

Dia. 42 (9 auf 4)

Dia. 43

Dia. 44

Schwarz kann jedoch die Situation zu seinem Vorteil wenden, indem er auf 1 in Diagramm 40 spielt. Weiß muss das schwarze Eindringen in den oberen Rand verhindern, indem er auf a springt. Wenn er das nicht tut, wird Schwarz bis auf b hineingleiten können. Wenn Weiß Schwarz auf 2 in Diagramm 41 stoppt, endet die Sequenz bis Weiß 4 in Vorhand für Schwarz. Später ist die Sequenz Weiß a, Schwarz b, Weiß c und Schwarz d Vorhand für Weiß, während Schwarz a Nachhand ist. Daher ist diese Sequenz ein weißes Vorrecht.

Schwarz 1 in Diagramm 42 ist als der Affensprung bekannt. Der korrekte Weg, sich gegen ihn in dieser Stellung zu verteidigen, ist die Sequenz bis 8. Wenn man die Diagramme 41 und 42 vergleicht, kann man sehen, dass Schwarz sieben Punkte in Vorhand gewonnen hat.

Wie groß ist Schwarz 1 in Diagramm 41? Wenn Weiß die Sequenz in Diagramm 37 spielt, besteht eine 50:50-Chance, dass Schwarz a oder Weiß b spielen wird, daher wird für die Betrachtung angenommen, dass die schwarzen und weißen Steine am Ende wie in Diagramm 43 stehen. Wenn man die Diagramme 43 und 44 vergleicht, sieht man, dass Weiß die drei mit w markierten Punkte erhält, wenn er die Sequenz in Diagramm 37spielt. Andererseits erhält Schwarz den mit b markierten Punkt, wenn er die Sequenz in Diagramm 41 spielt. Daher geht es um vier Punkte in Vorhand für die Seite, die in diesem Bereich zuerst spielt.

Opfer-Tesujis

In Diagramm 45 kann Weiß die Sequenz von 1 bis 8 in Vorhand spielen und dabei das schwarze Gebiet links und rechts insgesamt um vier Punkte reduzieren, während er gleichzeitig Schwarz davon abhält, das weiße Gebiet zu verkleinern. Schwarz kann jedoch etwas von diesem Verlust vermeiden, indem er mit 1 in Diagramm 46 einen Stein opfert. Weiß muss mit 2 oder mit 2 auf 4 antworten. Wenn Weiß auf 2 spielt, gibt Schwarz mit 3 *Atari* und zwingt Weiß dazu, mit 4 herauszunehmen. Man kann annehmen, dass später die Sequenz von Weiß 1 bis Schwarz 6 in Diagram 47 von Weiß gespielt wird, da sie für ihn Vorhand ist. Wenn man die Diagramme 45 und 47 vergleicht, so sieht man, dass das weiße Gebiet in der Ecke in Diagramm 45 acht Punkte groß ist, in Diagramm 47 aber nur sechs Punkte (inklusive des Gefangenen), also zwei Punkte kleiner ist. Mehr noch: In Diagramm 45 war Schwarz gezwungen, auf den Punkten 2 und 4 zu spielen, in Diagramm 47 dagegen sind diese Punkte frei, daher ist das schwarze Gebiet um zwei Punkte größer. Deshalb sind die Züge 1 und 3 in Diagramm 46 für Schwarz vier Punkte in Vorhand wert.

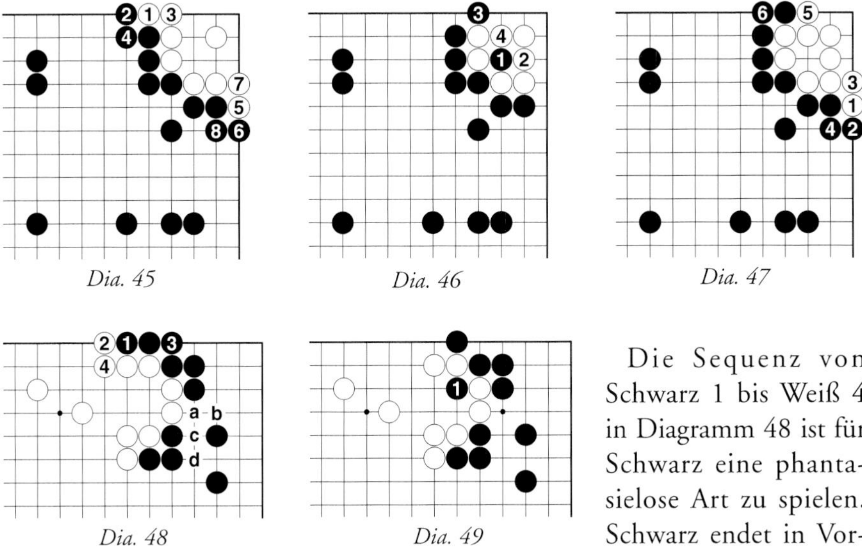

Dia. 45 *Dia. 46* *Dia. 47*

Dia. 48 *Dia. 49*

Die Sequenz von Schwarz 1 bis Weiß 4 in Diagramm 48 ist für Schwarz eine phantasielose Art zu spielen. Schwarz endet in Vorhand, aber später kann Weiß die Sequenz Weiß a, Schwarz b, Weiß c und Schwarz d spielen und drei Punkte in Vorhand zerstören.

Der korrekte Zug für Schwarz ist, auf 1 in Diagramm 49 zu schneiden. Weiß 2 in Diagramm 50 ist die richtige Antwort. Als nächstes spielt Schwarz oben 3 und 5, gibt dann mit 7 *Atari* und zwingt Weiß so, mit 8 noch einmal zu ziehen. Vergleicht man die Diagramme 48 und 50, so ist nicht nur das weiße Gebiet links einen Punkt kleiner, sondern Schwarz war auch in der Lage, 7 in Vorhand

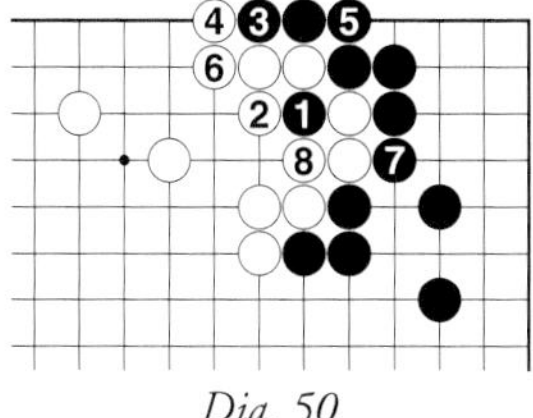
Dia. 50

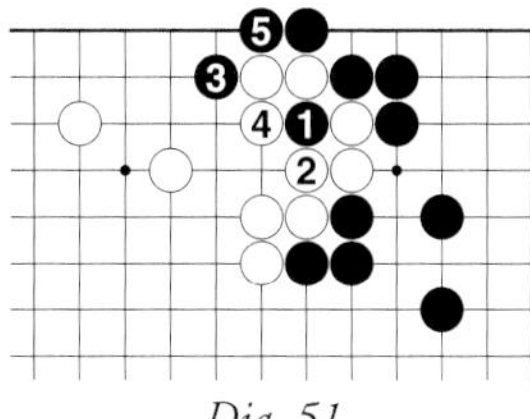
Dia. 51

zu spielen. Wegen seines Schnittes auf 1 in Diagramm 49 hat Schwarz vier Punkte mehr erhalten als in Diagramm 48.

Wenn Weiß glaubt, er könnte einen Vorteil daraus ziehen, dass er 2 in Diagramm 51 spielt, wird es ein schwerer Schock für ihn sein, wenn Schwarz auf 3 anlegt. Weiß bleibt nichts anderes übrig, als mit 4 zu schlagen, wonach Schwarz mit 5 anbindet und das weiße Gebiet im großen Stil reduziert.

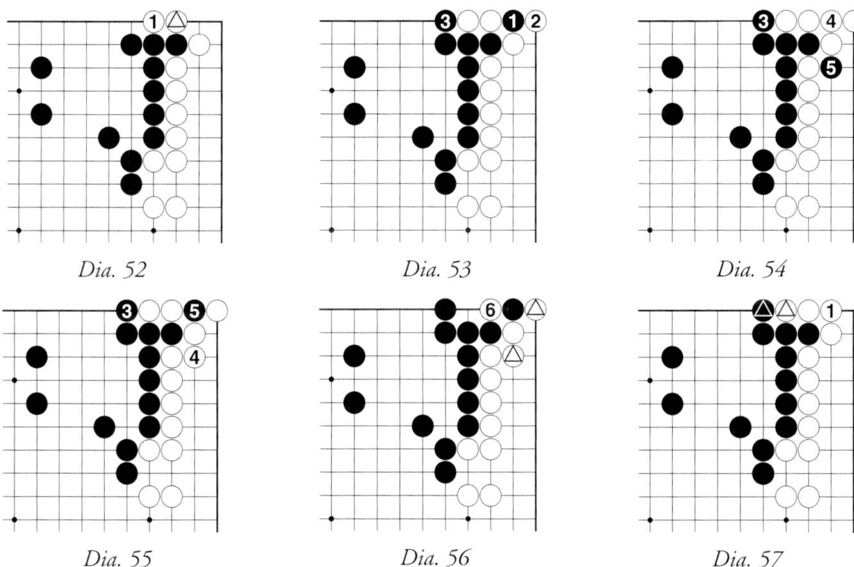
Dia. 52 Dia. 53 Dia. 54

Dia. 55 Dia. 56 Dia. 57

In Diagramm 52 hat Weiß den markierten Stein gespielt. Gegen Ende der Partie spielt Weiß in Erwartung eines Punktes auf 1, aber Schwarz opfert mit 1 in Diagramm 53 einen Stein, denn so kann er zwei Punkte gewinnen. Nach Schwarz 3 kann Weiß nicht mit 4 in Diagramm 54 verbinden. Falls er das tun sollte, würde er feststellen, dass er knapp an Freiheiten ist, wenn Schwarz auf 5 *Atari* gibt. Daher muss Weiß auf 4 in Diagramm 55 verbinden, woraufhin Schwarz mit 5 zwei Steine schlägt. Weiß schlägt dann mit 6 in Diagramm 56 einen Stein zurück.

Der für Weiß richtige Zug ist 1 in Diagramm 57. Später wird er die markierten Steine in Vorhand abtauschen können. Die Diagramme 56 und 57 sollten verglichen werden, um zu sehen, wie viele Punkte Weiß verliert, wenn er auf 1 in Diagramm 52 spielt. Erstens hat Weiß einen Stein gefangen, während Schwarz zwei gefangen hat. Das schwarze Gebiet ist in beiden Diagrammen gleich, aber das weiße Gebiet in Diagramm 56 ist zwei Punkte kleiner als in Diagramm 57 (man beachte die beiden markierten weißen Steine in Diagramm 56). Folglich hat Weiß drei Punkte verloren.

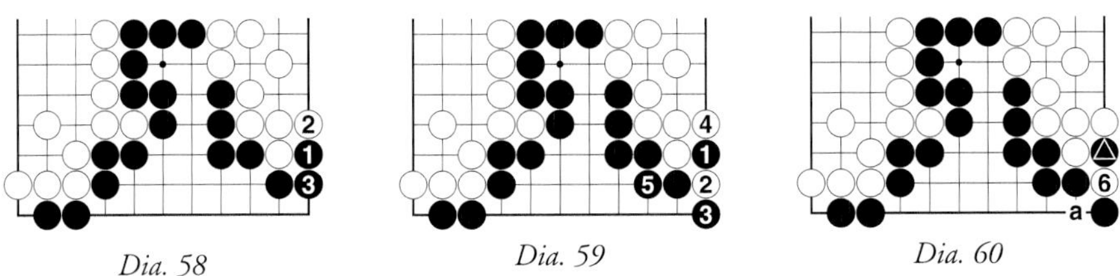

Dia. 58 *Dia. 59* *Dia. 60*

Zurück zu der 11x11-Partie in Diagramm 14 auf Seite 137. Einige Leser werden sich gewundert haben, warum Schwarz nicht auf 1 in Diagramm 58 spielt. Wäre das nicht ein weiterer Punkt gewesen? Wenn Weiß mit 2 antworten würde, wäre das wohl so, aber Weiß würde mit 2 in Diagramm 59 einen Stein einwerfen und schließlich müsste Schwarz auf 5 spielen. Schwarz hat zwei Punkte weniger Gebiet als in Diagramm 14. Er hat jedoch einen Stein geschlagen, so dass er nur einen Punkt verloren hat. Aber Weiß kann mit 6 in Diagramm 60 ein *Ko* anfangen und wenn Weiß das *Ko* gewinnt, hat er den markierten schwarzen Stein als Gefangenen gewonnen und Schwarz gezwungen, auf a zu decken. Im nächsten Kapitel wird das Thema *Ko* näher behandelt.

Oki-Tesujis

Oki-Tesujis sind ebenfalls sehr nützlich, um im Endspiel Punkt zu machen. Schwarz 1 in Diagramm 61 mag wie ein lohnenswerter Endspielzug aussehen, aber tatsächlich ist er sehr nachlässig. Besser wäre das *Oki* auf 1 in Diagramm 62. Die Sequenz bis Weiß 6 endet für Schwarz mit Vorhand. Es bleibt dem Leser überlassen, sich zu vergewissern, dass Diagramm 62 vier Punkte besser ist als die Sequenz in Diagramm 61.

In der Stellung in Diagramm 63 spielt Weiß mit 1 und 3 nor-

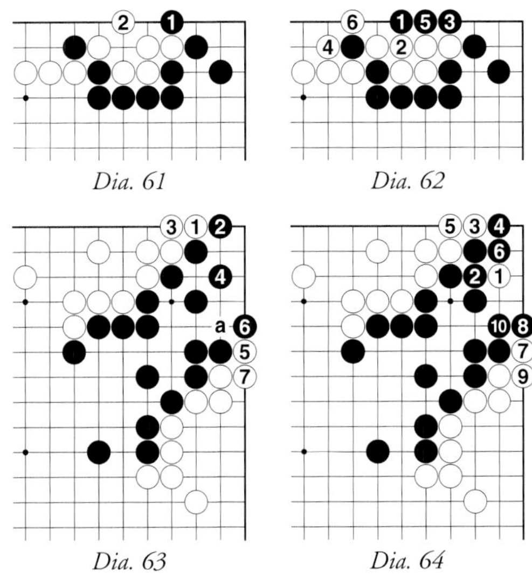

Dia. 61 *Dia. 62*

Dia. 63 *Dia. 64*

male Endspielzüge, aber nachdem Schwarz auf 4 gedeckt hat, enden Weiß 5 und 7 in Nachhand. Man überzeuge sich selbst, dass der Schnitt auf a den schwarzen Stein auf 6 nicht fangen kann. Wenn Weiß jedoch ein *Oki-Tesuji* spielt, kann er diese beiden Endspielsequenzen in Vorhand spielen.

Weiß 1 in Diagramm 64 ist das *Tesuji*. Wenn Schwarz auf 2 verteidigt, spielt Weiß 3 und 5 in Vorhand, gefolgt von 7 und 9, ebenfalls in Vorhand. Wegen Weiß 1 muss Schwarz mit 10 decken. Man überzeuge sich selbst, dass Weiß den Stein auf 8 schlagen kann, wenn Schwarz 10 weglässt.

Schwarz könnte als Antwort auf Weiß 1 auf 2 in Diagramm 65 spielen, aber Weiß hat das *Tesuji* auf 5, woran sich die Sequenz bis Schwarz 8 anschließt. Wenn man die Diagramme 65 und 64 vergleicht, wird man feststellen, dass Diagramm 65 für Schwarz noch einen Punkt schlechter ist als Diagramm 64.

Mit 1 und 3 in Diagramm 66 von rechts anzufangen ergibt das gleiche Ergebnis wie in Diagramm 63. Die Endspielsequenz auf a endet wegen Schwarz 4 mit Nachhand für Weiß.

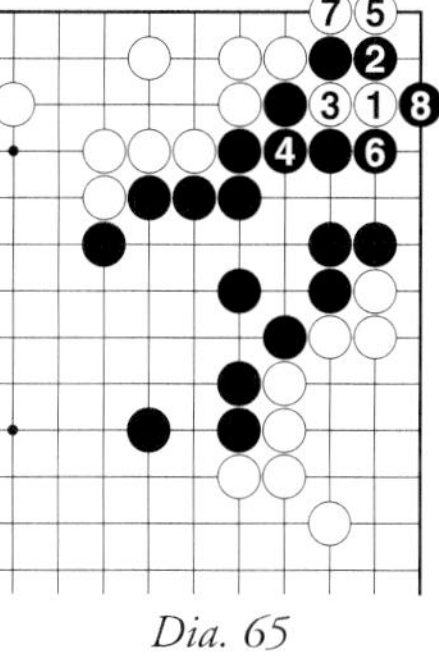

Dia. 65

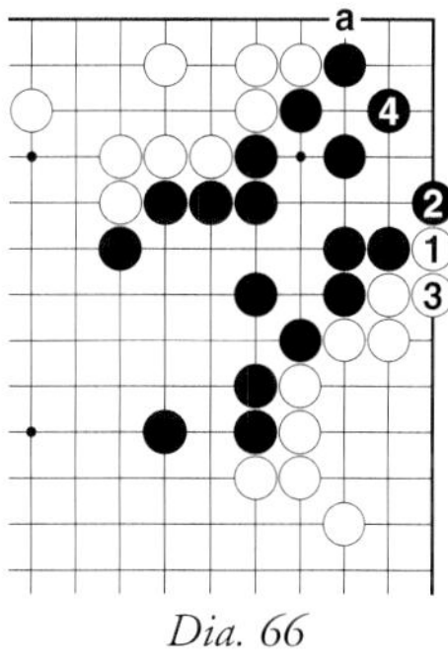

Dia. 66

Endspielprobleme

Problem 1: Ein 11x11-Brett-Problem

Gesucht ist jeweils der beste Endspielzug für Schwarz und Weiß, wenn sie zuerst spielen. Man muss zwei *Tesujis* spielen, um das optimale Ergebnis zu erreichen.

Problem 2: Gesucht ist die beste Endspielsequenz für Schwarz

Dieses Problem entstammt der Partie in Diagramm 19 auf Seite 58. Die Partie hat hier nun das Endspiel erreicht. Gesucht sind die nächsten 15 Züge.

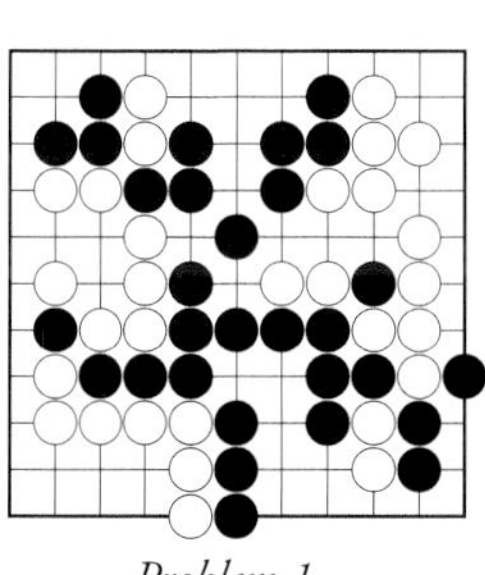
Problem 1

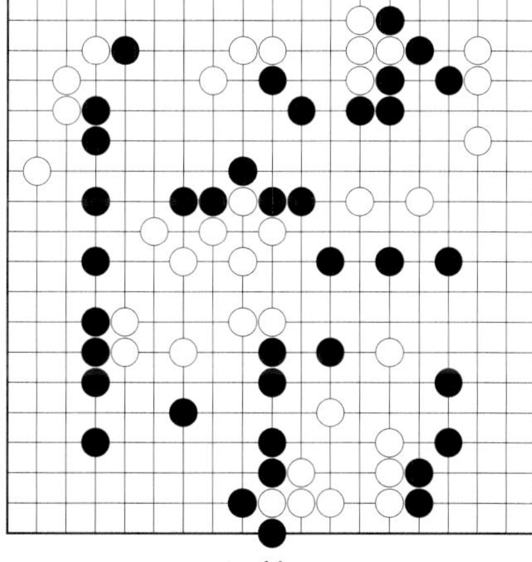
Problem 2

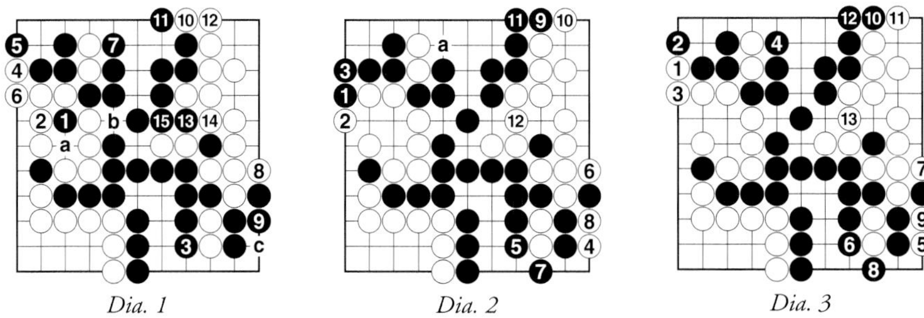

Dia. 1 *Dia. 2* *Dia. 3*

Antwort zu Problem 1

In Diagramm 1 gewinnt Schwarz am Zug – optimal gespielt – mit zwei Punkten. Der Schnitt auf 1 ist ein *Tesuji*, das einen Punkt wert ist, weil Weiß irgendwann zurück kommen und auf a spielen muss, wenn Schwarz auf b *Atari* gibt. Weiß 2 ist die einzige Antwort, denn wenn Weiß mit 2 auf a spielt, kann Schwarz in Vorhand auf 6 spielen.

Schwarz 3 ist der nächstgroße Zug. Wenn Schwarz ihn weglässt, kann Weiß auf c spielen – ein *Tesuji*, das fünf Punkte wert ist.

Die Sequenz von Weiß 4 bis Schwarz 7 ist drei Punkte in Vorhand für Weiß wert. Mit der Sequenz bis 15 gewinnt Schwarz mit zwei Punkten.

In Diagramm 2 ergibt sich, wenn Schwarz nicht die optimalen Züge spielt, als Ergebnis ein *Jigo*. Wenn Schwarz 1 und 3 spielt, sichert er sich drei Punkte in Nachhand (er muss nicht auf a spielen). Wenn Weiß jedoch auf 4 in der unteren rechten Ecke anlegt, erhält er mit der Sequenz bis 8 fünf Punkte. Das Ergebnis bis Weiß 12 ist Gleichstand.

In Diagramm 3 ist Weiß am Zug und gewinnt, wiederum optimal gespielt, mit vier Punkten. Weiß spielt zuerst 1 und 3 in der oberen linken Ecke in Vorhand, dann die Sequenz bis 9 in der unteren rechten Ecke. Mit der Sequenz bis 13 gewinnt er mit vier Punkten.

Antwort zu Problem 2

Wenn Weiß ihre Gruppe in der Mitte mit 25 in Diagramm 19 auf Seite 58 verteidigt, endet das Mittelspiel. Alle schwarzen Gruppen sind sicher und Schwarz liegt nach Punkten klar vorne. Die einzige Chance, die Weiß hat, um Schwarz noch Unannehmlichkeiten zu bereiten, besteht darin, auf dem 3-3-Punkt in die untere linke Ecke zu invadieren. Für Schwarz würde es eine negative Haltung durchscheinen lassen, hier zu verteidigen. Ein solcher Zug hätte nur eine Bedeutung: Verteidigung. Wenn Weiß auf 1 in Diagramm 4 invadiert, ist es die angemessene Strategie, sie in der Ecke leben zu lassen. Eine Möglichkeit ist die Sequenz bis Weiß 9. Weiß kann in der Ecke nur leben, wenn sie ein *Ko* gewinnt.

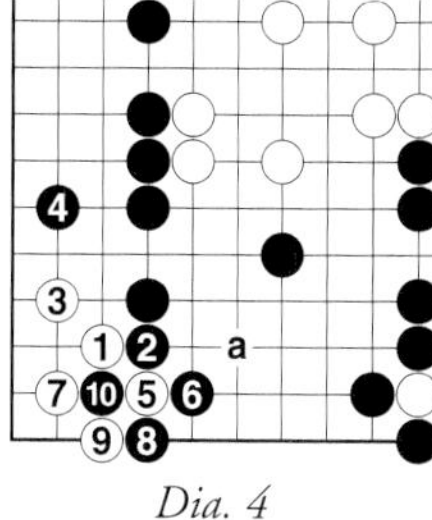

Dia. 4

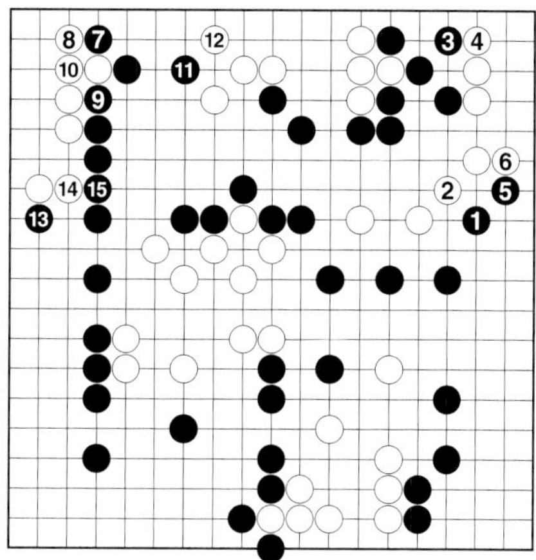

Dia. 5

Wenn Schwarz kein *Ko* spielen will, kann er es einfach beenden, indem er auf a deckt, da er ohnehin vorne liegt. Wichtig ist, Weiß auf jeden Fall in der Ecke eingeschlossen zu halten.

Die angemessene Spielweise wäre die Sequenz bis Schwarz 15 in Diagramm 5. Alle schwarzen Züge vergrößern das schwarze Gebiet, während sie die weißen Stellungen bedrohen. Schwarz 1 vergrößert die rechte Seite, während er droht, die beiden weißen Steine links zu fangen und ein großes Gebiet zu machen. Schwarz 3 verteidigt den Stein zwei Felder weiter links, während er mit der Invasion der Ecke droht. Schwarz 5 bedroht das Leben der weißen Gruppe oben rechts und vergrößert außerdem das schwarze Gebiet. Schwarz 7 und 9 verkleinern das weiße Eckgebiet in der oberen linken Ecke und bereiten 11 vor, der Weiß dazu zwingt, ihre Gruppe oben mit 12 zu verteidigen. Zum Schluss verhindert Schwarz 13 eine weiße Reduktion der linken Seite. Als nächstes würde Weiß die untere linke Ecke mit 16 invadieren – siehe Diagramm 4.

Geschick im Endspiel ist wichtig, wenn man sich vornimmt, ein vielseitiger Spieler zu werden. *The Endgame* von Tomoko Ogawa und James Davies und *Get Strong at the Endgame* sind zwei Bücher, mit denen man das Studium des Endspiels ideal fortsetzen kann. Das letztere sei besonders empfohlen, denn es präsentiert 70 Probleme auf kleinen Brettern, um ein realistisches Umfeld für das Üben des Endspiels bereit zu stellen. Es enthält außerdem einen ausführlichen Abschnitt über Endspiel-*Tesujis* und einen weiteren Abschnitt über den Wert von Standard-Endspielsequenzen.

Kapitel Elf: Ko

Ein *Ko* zu kämpfen ist vielleicht die am schwersten zu beherrschende Go-Technik. In der Lage zu sein, ein *Ko* richtig zu spielen, ist ein Zeichen wirklicher Stärke. Man muss nicht nur kalkulieren, wie viele Punkte das *Ko* selbst wert ist, man muss auch den Wert der eigenen und gegnerischen *Ko*-Drohungen bestimmen können. Zusätzlich muss man herausfinden, welche Seite mehr *Ko*-Drohungen hat, bevor man beginnt, ein *Ko* zu erzeugen oder ein *Ko* zu spielen, dass der Gegner erzeugt hat. Manchmal mag es möglich sein, ein *Ko* zu verhindern, ein anderes Mal ist es besser, das *Ko* zu spielen. Man muss auch den richtigen Zeitpunkt kennen, um ein *Ko* aufzugeben. Ein Beispiel dafür wird auf Seite 153 dargestellt. Nachfolgend werden einige einfache Regeln vorgestellt, die helfen sollen, wenn man mit einem *Ko* konfrontiert ist.

Es gibt keine Ko-Drohungen während der Eröffnung

Einer der ersten *Ko*-Grundsätze ist, dass es zwecklos ist, ein *Ko* während der Eröffnung anzufangen. Das liegt daran, dass es zu diesem Zeitpunkt für beide Seiten nicht ausreichend große *Ko*-Drohungen geben kann. Man mag zwei Züge irgendwo auf dem Brett bekommen, aber das wird den Verlust durch ein *Ko* nicht ausgleichen. Deshalb sollte man niemals Angst davor haben, ein *Ko* zu spielen, das der Gegner während der Eröffnung beginnt. Diagramm 1 zeigt ein Beispiel.

Wenn Schwarz auf 8 *Atari* gibt, gibt Weiß auf 9 ebenfalls *Atari* und lädt Schwarz dazu ein, mit 10 ein *Ko* zu beginnen. Weiß spielt 11, aber das ist keine ausreichend große Drohung, und Schwarz verbindet auf 12 in Diagramm 2. Wenn Weiß an seinen Annäherungszug einen weiteren Annäherungszug auf 13 anschließt, läuft

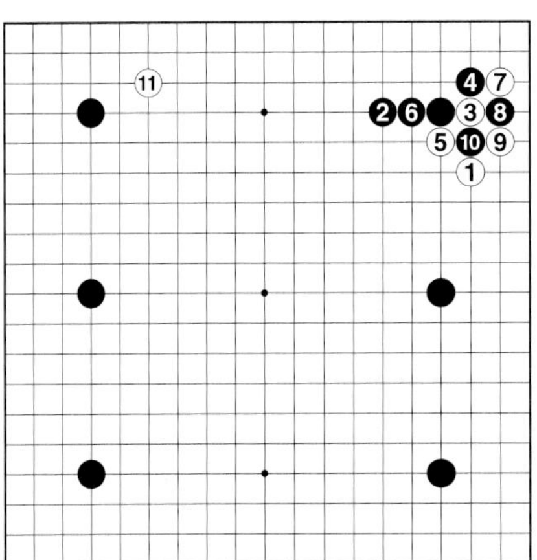

Dia. 1

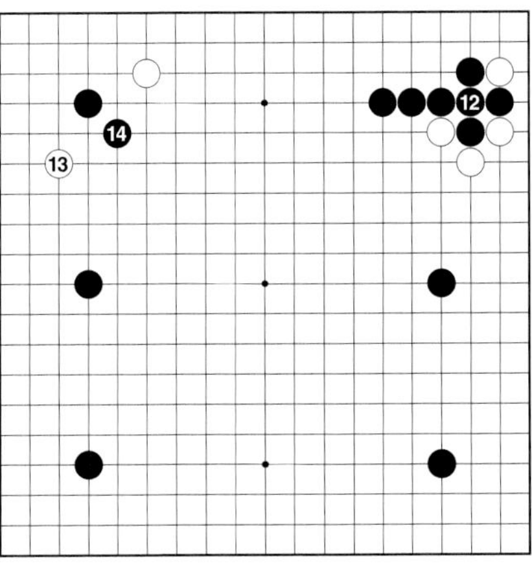

Dia. 2

Schwarz einfach mit 14 in die Mitte. Schwarz hat die obere rechte Ecke gesichert und die drei weißen Steine außen stehen dort fast nutzlos herum.

Die Anzahl der eigenen Ko-Drohungen maximieren

In einem *Ko* sollte die Seite mit den meisten *Ko*-Drohungen das *Ko* gewinnen. Deshalb ist es wichtig sicherzustellen, dass man so viele *Ko*-Drohungen wie möglich aus einer Stellung herausholt. Zur Veranschaulichung soll das Beispiel eines *Ko* aus einer echten Partie betrachtet werden.

Das Beispiel entstammt Problem 1 auf Seite 147. In der Lösung zu dem Problem ist dargestellt worden, dass Weiß mit vier Punkten gewinnen kann, wenn er zuerst spielt und beide Seiten die optimalen Züge spielen. Da Schwarz zurück liegt, würde er die Partie gerne komplizierter gestalten. Eine naheliegende Möglichkeit besteht darin, ein *Ko* anzufangen. Die Züge bis Weiß 5 in Diagramm 3 sind die gleichen wie zuvor, aber Schwarz spielt 6 in der Hoffnung, die gesamte untere rechte Ecke in sein Gebiet zu verwandeln. Weiß kann ein *Ko* nicht vermeiden. Sein einzig möglicher Zug ist auf 7, so dass ein *Ko* beginnt, wenn Schwarz mit 8 schlägt.

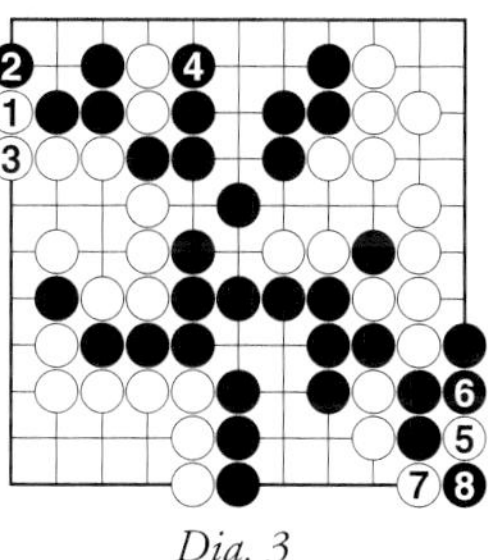

Dia. 3

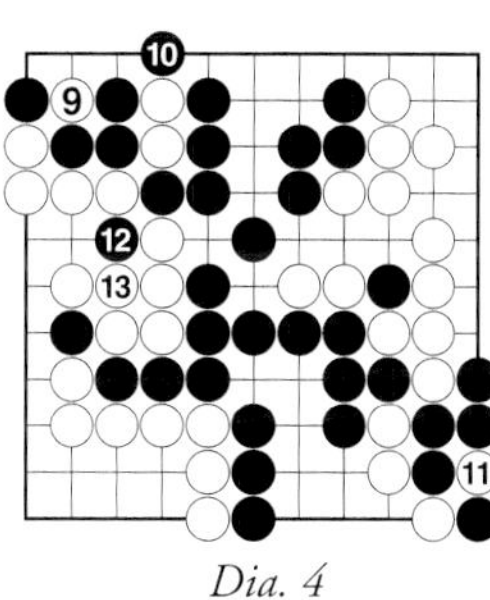

Dia. 4

In dieser Stellung ist Weiß 9 in Diagramm 4 die beste weiße *Ko*-Drohung. Wie man in den folgenden Varianten sehen wird, gewinnt Weiß, indem er diese Drohung spielt, mit der maximalen Differenz (in allen folgenden Varianten gewinnt Weiß, aber man sollte die Anzahl der Punkte beachten, mit der er gewinnt). Schwarz 10 ist ebenfalls die korrekte Antwort auf diese Drohung. Als nächstes schlägt Weiß mit 11 das *Ko* und Schwarz muss eine *Ko*-Drohung spielen. Seine größte Drohung ist 12, worauf Weiß mit 13 antwortet.

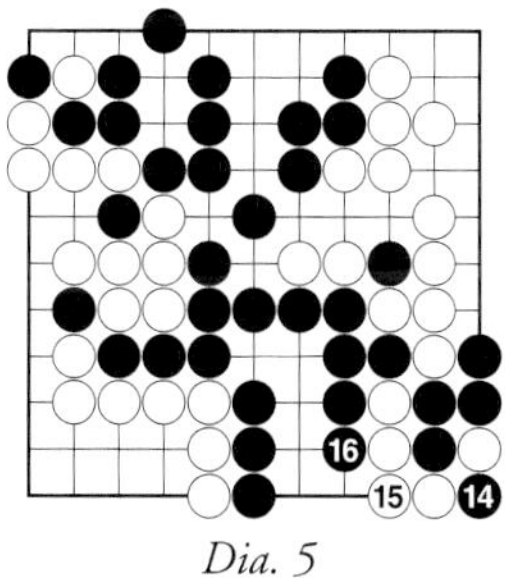

Dia. 5

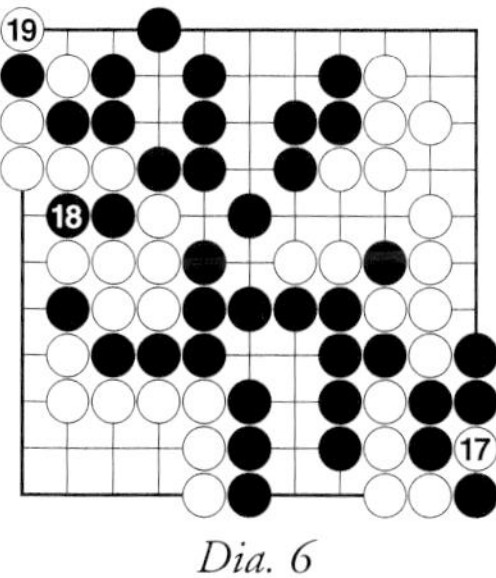

Dia. 6

Das *Ko* wird fortgesetzt, wenn Schwarz mit 14 in Diagramm 5 zurückschlägt. Weiß 15 ist die letzte ausreichend große, weiße *Ko*-Drohung. Dieser

Zug erhöht die Anzahl der Freiheiten der weißen Gruppe, daher muss Schwarz mit 16 antworten, woraufhin Weiß mit 17 in Diagramm 6 das *Ko* zurückschlägt.

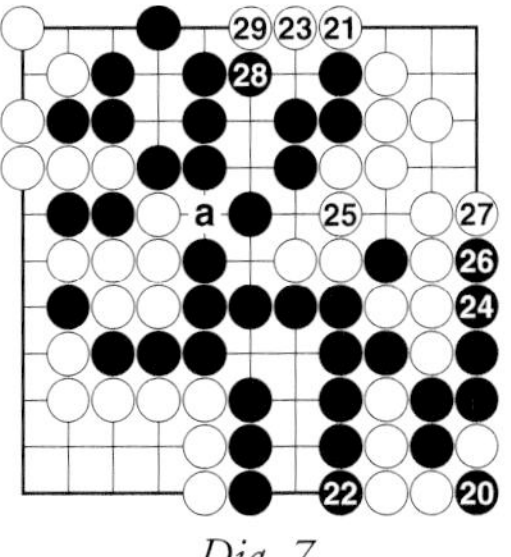

Dia. 7

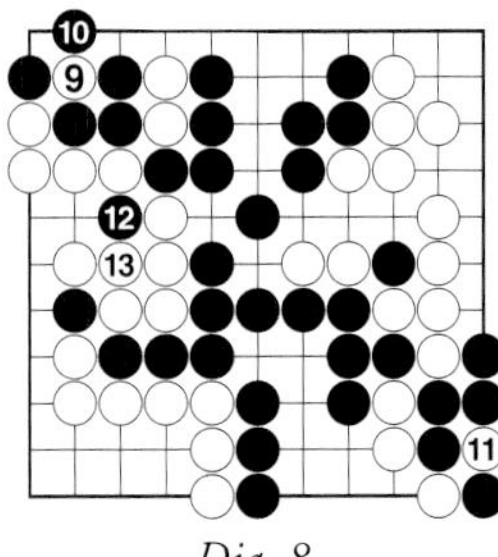

Dia. 8

Die größte schwarze *Ko*-Drohung ist 18, aber als Antwort auf diese Drohung nimmt Weiß mit 19 einen Stein in der oberen linken Ecke mit einem Gewinn von fünf Punkten. Das ist ein Teil des Grundes, warum Weiß 9 in Diagramm 4 die beste *Ko*-Drohung war. Schwarz schlägt mit 20 in Diagramm 7 das *Ko*. Weiß spielt auf 21 eine weitere Drohung, aber für Schwarz ist es am besten, das *Ko* zu beenden, indem er mit 22 schlägt. Nach der Sequenz bis 29 ist die Partie vorbei. Weiß gewinnt mit acht Punkten.

Das ist vier Punkte besser als die Antwort, die in der Lösung im letzten Kapitel gegeben worden ist, daher bringt es für Schwarz nichts, mit 6 in Diagramm 3 ein *Ko* anzufangen.

Man wird sich fragen, ob Schwarz die besten Züge gemacht hat. Was zum Beispiel ist mit 10 in Diagramm 4? Wenn Weiß mit 19 in Diagramm 6 schlägt, gewinnt er fünf Punkte. Wäre es nicht besser, mit 10 in Diagramm 8 zu schlagen?

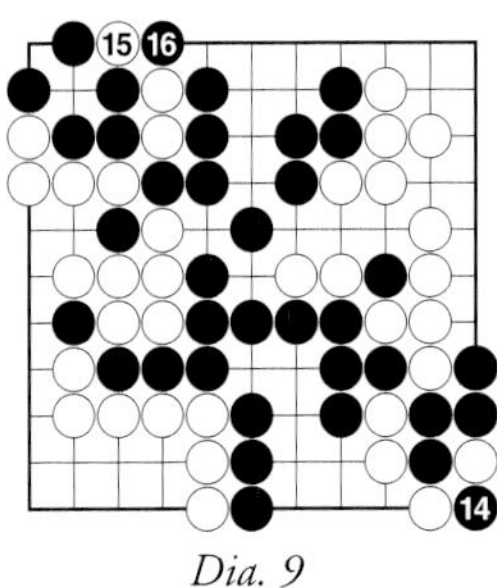

Dia. 9

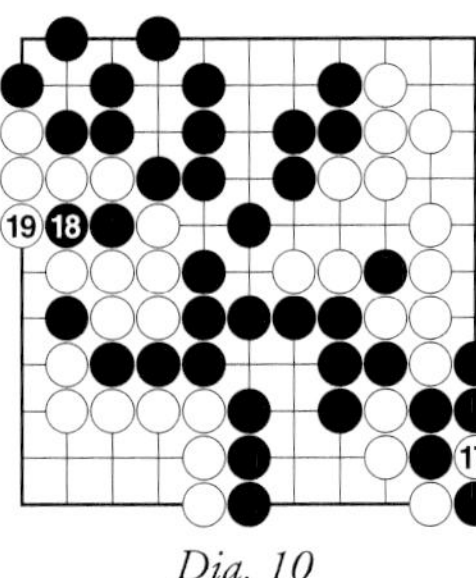

Dia. 10

Nein, das wäre es nicht. Wie vorher würde die Sequenz mit Schwarz 14 in Diagramm 9 weitergehen, aber Weiß hat jetzt auf 15 eine *Ko*-Drohung, die er vorher nicht hatte. Nachdem Weiß mit 17 in Diagramm 10 das *Ko* geschlagen hat, nutzt Schwarz seine letzte große *Ko*-Drohung auf 18, aber Weiß hat auf 21 in Diagramm 11 noch eine Drohung. Nachdem Weiß mit 23 das *Ko* geschlagen hat, ist 24 die größte schwarze *Ko*-Drohung, aber es ist höchstens fünf Punkte wert, wenn Schwarz 26 spielt. Schlagen mit 25 ist andererseits 20 Punkte wert. Nach Weiß 31 sieht man, wenn die neutralen Punkte besetzt sind und der Spielstand gezählt ist, dass Weiß mit 13 Punkten gewinnt.

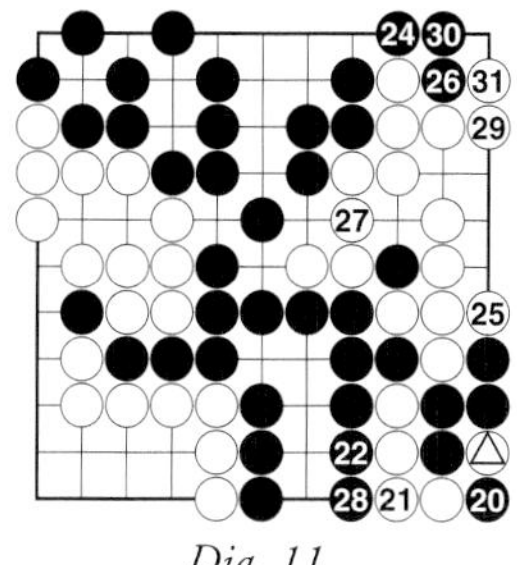
Dia. 11

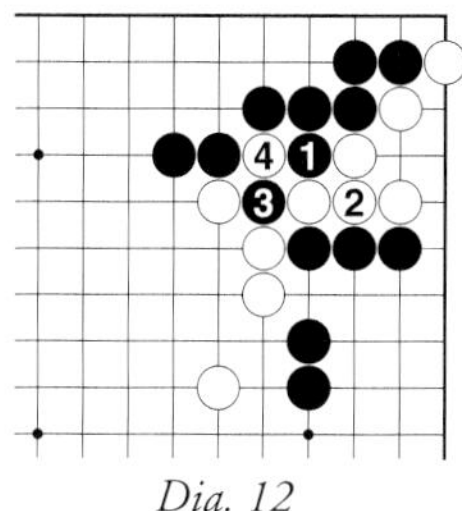
Dia. 12

Aus diesen beiden Varianten erkennt man, dass die Anzahl von *Ko*-Drohungen, die ein Zug hervorbringt, ein wichtiges Element dafür sein kann, ob man ein *Ko* gewinnt oder nicht.

Das Ko zuerst schlagen

Manchmal kann man eine zusätzliche *Ko*-Drohung bekommen, wenn man darauf achtet, wie man ein *Ko* beginnt. Zum Beispiel kann Schwarz in Diagramm 12 ein *Ko* anfangen und damit drohen, einige weiße Steine abzuschneiden, indem er auf 1 und 3 spielt. Nach Schwarz 3 jedoch kann Weiß mit 4 zuerst schlagen. Das bedeutet, dass Schwarz eine *Ko*-Drohung mehr braucht, um zu gewinnen.

In Diagramm 13 verändert Schwarz die Reihenfolge der Züge und wirft zuerst einen Stein auf 1 ein. Dann kann Schwarz, nachdem Weiß mit 2 geschlagen hat, auf 3 spielen und Weiß zwingen, auf 4 zu verbinden. Daraus ergibt sich, dass er mit 5 in Diagramm 14 das *Ko* zuerst schlagen kann.

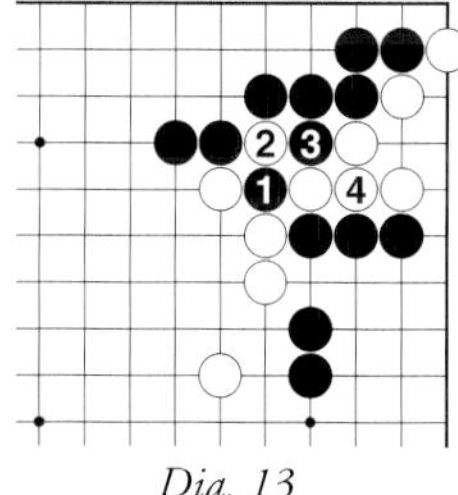
Dia. 13

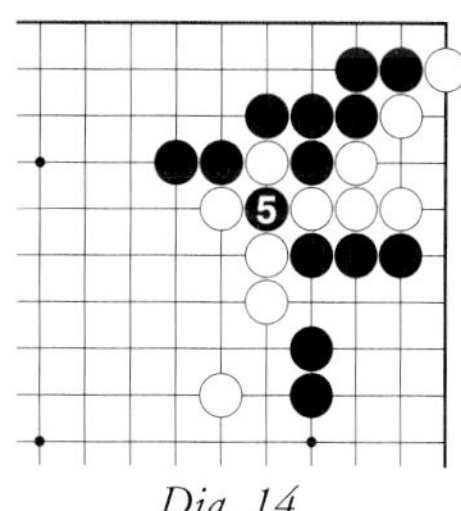
Dia. 14

Man mag denken, dass es kleinlich sei, sich um eine einzige *Ko*-Drohung den Kopf zu zerbrechen, aber eine zusätzliche Drohung kann den Unterschied zwischen dem Gewinn oder dem Verlust eines *Ko* und vielleicht sogar der Partie ausmachen.

Wann beendet man ein Ko?

Es ist nicht immer eine gute Idee, ein *Ko* bis zum bitteren Ende zu spielen, denn bestimmte Arten von *Ko*-Drohungen können selbst zu einem Verlust von Punkten führen. Dazu wird abschließend noch einmal die obige Beispielpartie betrachtet.

Man mag zweifeln, ob es nicht besser für Schwarz sein könnte, das *Ko* fortzusetzen, indem er mit Zug 22 auf 23 in Diagramm 7 deckt. Immerhin hat Schwarz noch eine *Ko*-Drohung auf a.

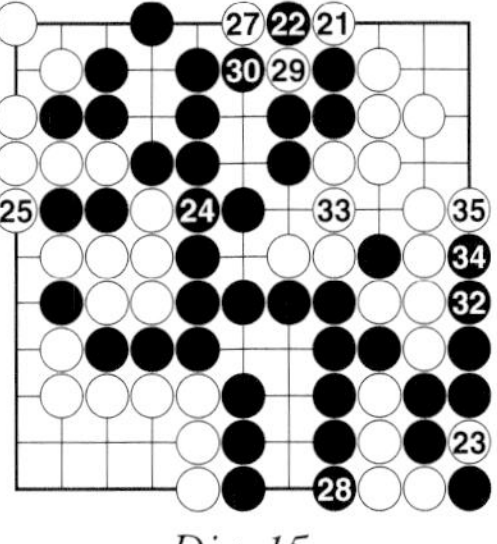

Dia. 15

Wenn man aber die Sequenz in Diagramm 15 durchspielt, sieht man, dass Schwarz nun mit neun statt mit acht Punkten – wie in Diagramm 7 – verliert, da Schwarz den Stein auf 22 verliert. Daher rührt der zusätzliche Punkt. Wie das Beispiel zeigt, ist es wichtig zu wissen, wann man ein *Ko* beenden sollte, statt *Ko*-Drohungen zu spielen, die zum Verlust von Punkten führen.

Es gibt viele andere Varianten, die hier nicht analysiert worden sind, aber es ist eine gute Übung, wenn man sich mit ihnen alleine beschäftigt. Wie zum Beispiel wäre das Ergebnis, wenn Weiß die schwarze *Ko*-Drohung auf 12 in Diagramm 4 ignorieren und das *Ko* beenden würde, indem er die vier schwarzen Steine rechts mit 13 fängt? Probleme wie dieses selbständig sorgfältig auszuarbeiten, ist eine gute Gelegenheit, das eigene Verständnis von *Ko*-Kämpfen zu verbessern.

Glossar

Atari	Steine stehen auf *Atari*, wenn sie mit dem nächsten gegnerischen Zug geschlagen werden können
Dango	Klumpen; klumpige Form
Fuseki	Eröffnungsphase einer Go-Partie
Geta	Netz; Technik zum Fangen gegnerischer Steine
Gote	Nachhand
Hane	Umbiegen; ein Diagonalzug mit Berührung eines gegnerischen Steins
Hasami	Klemmzug (engl. pincer)
Hoshi	Sternpunkt; Vorgabepunkte auf dem Go-Brett
Ikken-Shimari	hoher Eckabschluss
Jigo	Unentschieden
Joseki	formelhaftes Abspiel (in der Ecke)
Keima	Rösselsprung
Kakari	Annährungszug in der Ecke
Ko	Stellung, in der ein Stein geschlagen und der schlagende Stein zurückgeschlagen werden kann
Kogeima-Shimari	Eckabschluss mit einem kleinen Rösselsprung
Komoku	3-4-Punkt in der Ecke
Mokuhazushi	5-3-Punkt in der Ecke
Moyo	Gebietsanlage
Nozoki	Schnittdrohung (engl. peep)
Ogeima	großer Rösselsprung
Ogeima-Shimari	Eckabschluss mit einem großen Rösselsprung
Oiotoshi	Situation, in der mit dem Decken eines *Ataris* ein weiteres *Atari* entsteht
Oki-Tesuji	Platzierungszug (engl. placement)
Ponnuki	Stellung, in der vier Steine einen einzelnen Stein geschlagen haben
San-Ren-Sei	Eröffnung mit drei Zügen auf den *Hoshis* eines Randes
San-San	3-3-Punkt in der Ecke
Seki	Koexistenz zweier gegnerischer Gruppen
Semeai	Wettlauf um Freiheiten auf Leben und Tod
Sente	Vorhand
Shimari	Eckabschluss
Takamoku	5-4-Punkt in der Ecke
Tenuki	Fernbleiben
Tesuji	taktisch hervorragender Zug
Uttegaeshi	Mausefalle; Steine geraten durch einen Opferstein in Freiheitennot und können gefangen werden

Literatur

Die folgenden Titel werden im Buch erwähnt und können, so sie nicht als vergriffen gekennzeichnet sind, über den Hebsacker Verlag unter www.hebsacker-verlag.de bezogen werden. Ostasiatische Namen werden konventionsgemäß mit dem Nachnamen zuerst aufgeführt.

Englischsprachige Einführung:
- Cho Chikun: Go. A Complete Introduction to the Game, Tokio 1998.

Weiterführende Literatur:
- Richard Bozulich: Get Strong at the Opening, Tokio 1996.
  - Get Strong at Joseki, 3 Bde., Tokio 1995 f.
  - Get Strong at Invading, Tokio 1995.
  - Get Strong at Tesuji, 2. Aufl., Tokio 2006.
  - Get Strong at the Endgame, Tokio 1997.
  - Get Strong at Life and Death, Tokio 1997.
  - Get Strong at Handicap Go, Tokio 1998.
- James Davies: Life and Death, 3. Aufl., Tokio 2003.
  - Tesuji, 7. Auflage, Tokio 2005.
- Richard Hunter: Cross-Cut Workshop, Richmond/VA 2001.
  - Monkey Jump Workshop, Richmond/VA 2002.
- Ishida Akira, James Davies: Attack and Defense, 6. Aufl., Tokio 2005.
- Ishida Yoshio, Dictionary of Basic Joseki, 3. Aufl., Tokio 2001.
- Ishigure Ikuro: In the Beginning, 8. Aufl., Tokio 2006.
- Kageyama Toshiro: Kage's Secret Chronicles of Handicap Go, 2. Auflage, Tokio 1987.
- Kano Yoshinori: Graded Go Problems for Beginners, 4 Bde., 3. Aufl., Tokio 2004 ff.
- Kosugi Kiyoshi, James Davies: 38 Basic Joseki, 8. Aufl., Tokio 2007.
- Maeda Nobuoki, Life and Death. Intermediate Level Problems, Richmond/VA 2001.
- Maeda Nobuoki, Problem-Go für Fortgeschrittene, Hamburg 1974.
- Nagahara Yoshiaki: Handicap Go (vergriffen)
- Ogawa Tomoko, James Davies: The Endgame, 2. Aufl., Tokio 2008.

Buchempfehlungen für Neueinsteiger

Die folgenden Titel können sind für Neueinsteiger geeignet und können über den Hebsacker Verlag unter www.hebsacker-verlag.de bezogen werden.

Ebert/Timm et al.: Das Go-Spiel. Eine Einführung in das asiatische Brettspiel

Es handelt sich um das offizielle Einführungsbuch des Deutschen Go-Bundes e.V. Mit diesem Buch wollen die Autoren – allesamt erfahrene Go-Spieler – es dem Leser ermöglichen, die Regeln des Go-Spiels selbständig zu erlernen und darüber hinaus auch einige grundlegende Techniken und erste strategische Prinzipien zu verstehen. Das Buch enthält zahlreiche interessante Übungsaufgaben, die dem Leser das Selbststudium erleichtern sollen.

Koulen: Go. Die Mitte des Himmels

Michael H. Koulen, selbst ein Freund und Kenner des Spiels, entfaltet in diesem Buch die reichhaltige Geschichte des Go und erzählt dabei von dessen kulturgeschichtlicher Verwurzelung ebenso wie von seinen strategischen und philosophischen Hintergründen. Darüber hinaus werden die Spielregeln erklärt und einige ausgewählte Meisterpartien vorgestellt. Das Buch enthält zahlreiche Abbildungen des Go-Spiels aus der japanischen und chinesischen Kunst- und Kulturgeschichte.

Lee Jae-Hwan: Level Up, 12 Bände.

Die gut geschriebenen Bände der „Level Up"-Reihe führen auf eine sehr behutsame Art und Weise in das Spiel ein. Gerade, wenn man etwas Scheu hat, sich mit dem Go-Spiel zu beschäftigen, ist diese Reihe sehr zu empfehlen. In einfachen Schritten wird einem die Welt des Go präsentiert, vom 30. bis zum 10. Kyu.

Graded Go-Problems for Beginners, 4 Bände

Die vier Bände der „Graded Go Problems" richten sich an Anfänger - Band 1 an Spieler von 30 bis 25 Kyu, Band 2 an Spieler zwischen 25 und 20 Kyu, Band 3 an Spieler von 20 bis 15 Kyu und Band 4 an Spieler, die stärker sind als 15 Kyu. Sind die ersten beiden Bände tatsächlich für totale Anfänger geeignet, so können aber die Probleme der Bände 3 und 4 auch für Spieler, die stärker sind als 10 Kyu, eine Herausforderung darstellen.

Elementary Go Series, 6 Bände

Die Titel der Serien-Bände decken alle wichtigen Themen des Go-Spiels ab: In the Beginning, 38 Basic Joseki, Tesuji, Life and Death, Attack and Defense, Endgame

Notizen: